LEVE-TOI ET MARCHE DANS TA DESTINEE

Christiel AGBO

 ISBN : 978-2-9596773-0-4

DEDICACE

À mon Père AGBO Boniface Marie Claude et à ma mère AHOUDJI S. Grace,

- Vous m'avez inculqué des valeurs qui ont fait de moi l'homme que je suis aujourd'hui. Je garde en moi le souvenir de vos sacrifices et de votre grand cœur. Puissiez-vous trouver dans cet ouvrage l'expression de ma profonde reconnaissance. Je vous aime !

À Marie Odile GOUTORBE,

- J'aurais aimé que tu puisses voir l'aboutissement de cette œuvre mais hélas, tu nous as quittés trop tôt. Saches que ton souvenir restera gravé dans mon cœur et je prie que tu sois infiniment comblée dans la félicité éternelle.

REMERCIEMENTS

- À toi mon Dieu, le créateur de toute chose sans qui je ne suis rien. Tu m'as accompagné et inspiré tout au long de ce processus. Tu m'as forgé peu à peu afin que je devienne ce vase et cette lumière du monde. Que toute la gloire te soit rendue.

- Au Coach William DJAMEN. Tout ceci n'aurait pas été possible sans la formation des talents et surtout la formation sur la marque. Je bénis le Seigneur pour votre vie et je suis convaincu que vous et votre épouse Coach Johanna n'êtes encore qu'au début de ce que vous allez accomplir.

- A Siân Olivia Mafiamba, coach en écriture, conférencière, actrice, productrice de cinéma, pour son accompagnement dans cette belle aventure, son aide et sa disponibilité au travail de consultation sans oublier ses réguliers encouragements.

SOMMAIRE

AVANT-PROPOS

Il faut que l'ignorance meure pour que naisse le savoir
Amadou Hampâté BÂ
(1901-1991)

Pendant mon adolescence, je suis tombé un jour sur l'un des nombreux ouvrages qui constituaient la collection de mon père. Cet ouvrage s'intitulait *''Quand se brisent les chaines''* et son auteur, le professeur Norbert HUGEDÉ (1932-2003), dénonçait au travers de ses pages les maux qui minaient la société à l'époque et argumentait sur la nécessité plus que capitale de rééduquer les citoyens sur le plan des valeurs morales, intellectuelles et religieuses. Nous étions alors en 1967. Au moment où j'ai découvert ce livre, nous étions entre les années 2006 et 2008, ce qui signifiait que plus de 40 ans venaient de s'écouler. Pourtant, j'avais l'impression en lisant ce livre qu'il venait tout juste de paraître car les réalités décrites collaient parfaitement au quotidien de la société que ce soit en Afrique ou ailleurs. Jusque-là, je ne m'étais jamais posé ce genre de questions mais depuis cette époque, j'ai commencé à mener des réflexions personnelles sur la direction que nous donnons à nos vies en tant qu'êtres humains, sur le genre de sociétés que nous aspirons à construire et sur l'héritage des valeurs morales, intellectuelles, culturelles et religieuses que nous voulons léguer à nos enfants. Au moment où j'écris ces lignes, nous vivons dans un monde où la plupart se vendrait corps et âme pour obtenir le moindre succès, où la célébrité à l'ère des réseaux sociaux s'acquiert si vite dès lors qu'on se veut la coqueluche d'un public plus habitué à s'abreuver de la propagande des médias mainstream qu'à réfléchir. Un monde où beaucoup (pas tous, heureusement) refusent de reconnaitre et de rechercher la voix de la vérité qui se tapis pourtant au fond de leur être et qui ne demande qu'à les guider, dès lors qu'ils se montreront assez courageux et assez réfléchis pour se poser les bonnes questions en résistant aux entrainements aveugles d'une civilisation corrompue par le matérialisme.

Je tiens ici à rendre hommage à cet illustre professeur qui aujourd'hui n'est plus, mais qui à travers ses écrits a semé en moi des graines qui m'ont poussées dans cette quête de savoir ce que devrait être la vie d'un être humain et le rôle de la destinée sur le chemin de son plein accomplissement. Je suis convaincu que les messages qui doivent trouver des échos dans les cœurs sont ceux-là qui cherchent à élever l'homme plutôt qu'à le flatter, à le délivrer plutôt qu'à le séduire, à l'aider à retrouver les chemins de l'idéal, lui donner encore une raison d'espérer. Lui indiquer le droit et le devoir quand tout lui parle de violence, le consoler quand il se décourage et quand il gémit, croulant sous le poids d'un univers dont il ne comprend pas les principes, le sortir des ténèbres de l'ignorance, des préjugés, des croyances limitantes et des comportements autodestructeurs. Bref, éveiller ne serait-ce qu'en quelques-uns une vocation d'hommes pleinement accomplis car il ne s'agit pas de plaire aux foules mais d'atteindre les consciences. Mon but, à l'instar du Professeur Norbert HUGEDÉ à son époque, est de faire prendre à chacun la mesure des tyrannies de toutes sortes qui nous oppressent, en tant qu'individus en général et en tant qu'africains en particulier, moins pour faire l'inutile procès de notre civilisation que pour dénoncer envers elle tant notre aveuglement que notre complicité. Je veux m'adresser avant tout à l'Homme du quotidien qui se débat au milieu de ses contingences sociales en lui révélant les ornières de sa formation intellectuelle, ses mille préjugés ; l'amener à descendre en lui-même pour découvrir au plus profond de son cœur l'oppression par excellence qui est exercée sur lui à travers ses passions, ses égoïsmes ; puis, lui indiquer les chemins de sa liberté au travers de la recherche de sa destinée divine. J'ai parlé de destinée divine. Peut-être ne comprenez-vous pas de quoi il s'agit. Que vous soyez sachant[1], croyant ou non croyant, vous constaterez avec moi que depuis le siècle dernier, plus précisément après la seconde guerre mondiale, avec les avancées scientifiques et technologiques, le monde tend à se diriger vers une forme de vie au sein de laquelle « Dieu sera devenu inutile ». Or, à mon sens, de la même manière qu'un poisson ne saurait vivre indéfiniment hors de l'eau, de la même manière l'homme est voué à l'anéantissement s'il pense pouvoir se passer de l'entité dont il est originaire et qui l'a créé pour un but précis.

Tel est le message qu'il me tient à cœur de libérer dans ma génération et pour lequel je voudrais maintenant

---

[1] Parmi les personnes qui croient au monde spirituel ou à une entité supérieure, je fais une distinction entre celles qui croient par conformisme, par habitude car ayant grandi dans un environnement où les personnes autour d'elles avaient ce genre de croyances et les personnes qui croient parce qu'elles ont vécu ou ont été témoins d'une ou plusieurs expériences où elles ont reconnu la main ou la présence du divin dans leur vie. De telles personnes, désormais ne se contentent plus de croire mais savent pourquoi et en quoi elles croient.

trouver les mots qui conviennent. À travers les différentes thématiques que j'aborderai, je voudrais inviter le lecteur à une profonde introspection, tout en souhaitant de tout cœur à cet ouvrage qu'il puisse amener quelques âmes nobles à s'examiner, à faire le point en elles-mêmes et à se lancer dans la quête de leur destinée divine.

1.
La société post-moderne

Il faut plus que jamais nous rattacher à la liberté. Nous avons le souci de libérer les esprits, de les ouvrir, de les éclairer, nous avons le devoir de combattre ce que nous croyons fermement être des doctrines d'erreur.

Charles PEGUY
(1873-1914)

Je me souviens encore, qu'il n'y a pas si longtemps, au début des années 2000, tous ces réseaux sociaux qu'on connait aujourd'hui (Facebook, YouTube, Snapchat, Instagram, Tik Tok et j'en passe) étaient des mythes. En moins de 20 ans, les réseaux sociaux ont pris le pouvoir sur tous les continents. L'information en temps réel, la liberté d'expression, les échanges entre personnes se trouvant à des extrémités opposées du monde avec toutes les retombées positives qui s'en suivent, la rapidité des transactions commerciales etc. tout cela apparait aujourd'hui si génial et si merveilleux qu'on a le droit de se dire que le progrès a du bon. Et il faut le reconnaitre, beaucoup de progrès technologiques ont du bon. J'ai envie de citer ici Karl MARX qui a déclaré que l'élément différentiel entre l'animal et l'homme était que celui-ci était capable de « produire ses conditions d'existence » (1846), de transformer le monde et ainsi de ne plus être soumis aux seuls aléas de la nature. Cependant, toute évolution n'est pas forcément synonyme d'amélioration et les choses deviennent compliquées lorsque ce qu'on appelle le progrès ne tient pas suffisamment compte de la nature humaine qui n'évolue pas aussi vite que la technologie et qui aujourd'hui a tendance à en devenir de plus en plus l'esclave. Parmi les nombreux analystes du monde contemporain, il y a en particulier un qui se distingue de par les théories qu'il développait déjà en 1981 ; il s'agit de Jean BAUDRILLARD. Jean BAUDRILLARD est l'un des sociologues du post modernisme les plus influents de notre époque et mondialement connu pour son analyse et sa critique de la société post moderne notamment les médias, la pop culture, la société de consommation et les simulations virtuelles en tout genre. Son influence sur la pop culture est telle, qu'on la retrouve dans la saga *Matrix*, succès du box-office mondial paru en 1999 (année de sortie du premier opus) et réalisé par les frères WACHOWSKI. Pour rappeler le contexte du film, une intelligence artificielle supérieure a pris le contrôle de l'humanité et exploite l'énergie des humains tout en les maintenant endormis dans un état végétatif. Pendant leur sommeil, les humains vivent dans une réalité virtuelle où tout leur semble normal, tellement normal que peu d'entre eux sont conscients de vivre dans une réalité simulée par un code : la Matrix. Au début du premier opus de la saga, on aperçoit Néo, l'acteur principal, qui est l'un des prisonniers de cette simulation et qui a une vie tout à fait banale. À ses heures perdues, il est un vendeur de CD piratés et dans l'une des scènes, on peut le voir dissimuler son argent ainsi que quelques CD dans un livre apprêté pour l'usage. Ce livre, c'est *''Simulacre et Simulation''* de Jean BAUDRILLARD. Même si BAUDRILLARD refuse la paternité de cette saga parce qu'elle ne reflète pas fidèlement ses théories, il n'en demeure pas moins qu'elle a eu et continue d'avoir une influence considérable sur la pop culture et le monde en général (je pense ici, entre autres, à l'expression *Red Pill* ou *Pilule Rouge* qui est très usitée aujourd'hui par les créateurs de contenu).

L'un des points que soulève Jean BAUDRILLARD concerne la saturation d'information dans la société post moderne. Je rappelle qu'il parlait déjà de ce problème dans les années 1980, avant qu'internet et les réseaux sociaux n'existent. À l'époque, c'était plutôt la radio, la télévision et les journaux qui régnaient en maitres. Aujourd'hui, leur présence est largement amplifiée et même surclassée par les réseaux sociaux et internet. Il y a tellement d'informations à absorber que l'on en devient passif. Le bombardement constant d'informations ne nous laisse pas le temps de réfléchir, d'analyser, de réaliser ce qui est en train de se passer. On est comme paralysé car la quantité d'informations est telle qu'on n'arrive même plus à la traiter. Nous en consommons en permanence, très souvent à notre insu puisque notre subconscient enregistre tout ce que nous percevons et c'est ce qui nous conditionne à entretenir le rythme voulu par une société de consommation. Les Hommes prennent rarement conscience des raisons réelles qui guident leurs actions. Dans la plupart des cas, M. Tout le Monde croit qu'il a décidé de l'achat de sa voiture en connaissance de cause, après avoir minutieusement comparé les caractéristiques techniques des différents modèles proposés sur le marché. On peut sans grand risque d'erreur affirmer qu'il se trompe. Alors qu'il s'imagine sûrement que seul son jugement personnel intervient dans cette décision, en réalité ce jugement est un mélange d'impressions gravées en lui par des influences extérieures qui contrôlent ses pensées à son insu. Une personne qu'il respecte ou qu'il envie a peut-être acheté la même voiture quelques temps auparavant ; ou bien M. Tout le Monde a voulu prouver à son entourage qu'il avait les moyens de s'offrir une voiture de cette classe… Les psychologues de l'école de Freud, en particulier, ont montré que nos pensées et nos actions sont des substituts compensatoires de désirs que nous avons dû refouler. Autrement dit, il nous arrive de désirer telle chose, non parce qu'elle est intrinsèquement précieuse ou utile, mais parce que, inconsciemment, nous y voyons un symbole d'autre chose dont nous n'osons pas nous avouer que nous le désirons. Un homme qui achète une voiture se dit probablement qu'il en a besoin pour se déplacer, alors qu'au fond de lui, il préférerait peut-être ne pas s'encombrer de cet objet et sait qu'il vaut mieux marcher pour rester en bonne santé. Son envie tient vraisemblablement au fait que la voiture est aussi un symbole du statut social, une preuve de réussite, et même une façon d'attirer l'attention de la gente féminine. Ce grand principe voulant que nos actes soient très largement déterminés par des mobiles que nous nous dissimulons vaut autant pour la psychologie collective que pour la psychologie individuelle.

Pour faire écho à cette logique et, dans le même temps aller plus loin, Jean BAUDRILLARD affirme que la société post moderne est une société codée dont la matérialisation la plus concrète dans la société de consommation est le signe ou si vous voulez la marque. Le signe est devenu aujourd'hui plus important que l'objet qu'il représente. Vous en voulez la preuve ? Livrez-vous à cette petite expérience. Supposons par exemple que vous souhaitez acquérir un nouveau téléphone. Dans la majorité des cas, vous allez d'abord penser à l'IPhone, mais pas à cause de la qualité de ce produit

- qui est indéniable – même si c'est l'argument principal que vous avancerez davantage pour vous convaincre vous-même. Votre choix sera beaucoup plus motivé par le désir de consommer le signe de cette marque à cause de ce qu'il représente, à cause du statut que le produit portant ce signe semblera vous conférer. En effet, *Apple* est connue comme une marque destinée en priorité aux artistes et aux créatifs. Beaucoup y associent même un certain statut social. Ce faisant, le consommateur, dans son esprit, assimile cette marque à l'art, à la création, à une position sociale et il imagine même peut-être qu'un MacBook serait l'outil idéal pour libérer son potentiel artistique et intellectuel. Il n'y a qu'à regarder à quel point le MacBook et l'IPhone sont répandus aujourd'hui. Cela va même beaucoup plus loin car Steve JOBS a réussi à donner à la marque *Apple* une identité si forte qu'elle est davantage identifiée à un life style qu'à une entreprise qui crée et fabrique des produits. C'est la raison pour laquelle on observe un très fort clivage entre d'une part, les fans indéfectibles de la marque et d'autre part les détracteurs. Les premiers sont prêts à faire la queue pendant des heures, voire des jours devant les magasins et/ou à dépenser des sommes folles pour être les premiers à mettre la main sur des produits qui les passionnent, contribuent probablement à leur identité et dans lesquels ils voient une dimension mythique. Cet exemple est applicable dans une mesure plus ou moins égale à toutes les marques.

Dans un passage de *''Simulacre et Simulation''*, Jean BAUDRILLARD explique que : *« Pour devenir objet de consommation, il faut que l'objet devienne signe c'est-à-dire extérieur de quelque façon à une relation qu'il ne fait plus que signifier. Il est consommé non jamais dans sa matérialité mais dans sa différence ; la relation n'est plus vécue, elle s'abstrait, elle s'abolit dans un objet signe où elle se consomme. La logique différentielle de la valeur signe constitue le stade avancé de la marchandise où celle-ci s'impose comme code c'est-à-dire comme lieu géométrique de circulation des modèles et donc comme medium total d'une culture »*.

Dans la société de consommation, pour que l'objet devienne objet de consommation, il faut que ce dernier devienne signe, il faut que le produit devienne la marque pour qu'au final on ne consomme plus le premier mais plutôt son identifiant qu'on appellera Apple, McDonald, Tesla et bien d'autres. La société de consommation a besoin de codes pour effacer la matière première ou le sens premier qu'avait la consommation de cette matière pour ne plus devenir que consommation de la marque, consommation du signe. Dans un entretien qu'il avait donné en 2003 dans le numéro 19 de la revue Philosophoire, il expliquait l'évolution de l'objet vers le signe en disant ceci : *« je pense qu'il y a des objets et qu'il y a des signes. Au début, il y a un système de représentation de l'objet par le signe, puis un moment donné il y a une prédominance du signe qui de plus en plus élimine la référence objet et là on entre dans une phase de la simulation qui propose la disparition du référent »*. Vous vous doutez bien qu'il ne s'agit pas d'un processus qui a lieu du jour au lendemain. Cela peut prendre des années : au départ on a l'objet, ensuite cohabitation de la marque et de l'objet et ensuite éviction de l'objet par la marque ou le signe qui existe désormais par lui-même.

Cette analyse n'a pas pour but de dénigrer la consommation des marques en général ; elle a pour but de vous révéler une logique qui se cache derrière nos choix de consommations qui bien souvent ne dépendent pas d'un raisonnement éclairé. D'une part, une marque est d'abord censée être l'expression de valeurs auxquelles on croit et on est attachées. D'autre part, l'être humain est fait de telle manière qu'il a toujours besoin de croire en quelque chose quoi qu'on en dise. C'est la raison pour laquelle si vous devez consommer un produit ou un service qui est attaché à une marque, vous ne devez pas le faire par conformisme mais parce que vous connaissez l'histoire et vous adhérez aux valeurs de la marque que vous consommez. Souvenez-vous de l'épisode avec Cristiano RONALDO lorsqu'il a dédaigné une cannette de Coca Cola en mondovision, recommandant plutôt à tous ceux qui le suivent de préférer l'eau ; ou encore celui de Kylian MBAPPÉ qui a refusé de participer à une série d'obligations marketing imposées aux Bleus au profit de diverses marques (Volkswagen, Uber Eats, Orange, Xbox, Coca-Cola et Konami) parce qu'il n'adhère pas à ce qu'elles représentent. Nul besoin d'être une célébrité pour adopter ces mêmes principes car en le faisant, ce sont vos valeurs, votre identité que vous défendez. Si vous prenez le temps de vérifier que la qualité d'un produit répond à vos attentes avant de l'acheter pourquoi ne pas le faire pour l'enseigne qui vous le fournit ?

Ceci me permet d'introduire un autre point qui est la prédominance des apparences sur la réalité, de l'illusion sur le tangible qui prend aujourd'hui des proportions inqualifiables comme dans la matrix. Jean BAUDRILLARD explique que la particularité de l'époque moderne[2] était de chercher du sens derrière les apparences - comme par exemple l'étude du subconscient chez FREUD ou la compréhension du sens profond de la valeur du travail chez MARX - mais dans la société post moderne, la recherche du sens a disparu, les choses n'ont plus besoin de faire sens ou d'exister par rapport à un référent. L'origine, les racines, la continuité historique n'ont plus d'importance dans la société post moderne. L'homme post moderne pense qu'il n'a plus besoin d'exister par rapport à un référent ; ce peut être les valeurs religieuses, l'histoire de ses origines, la famille, les racines culturelles ou ethniques. Il pense qu'il peut exister par lui-même ou en tout cas, il existe surtout par les signes qui l'entourent c'est-à-dire par les marques de vêtements qu'il porte, le matériel qu'il achète, la voiture qu'il conduit, les endroits chics qu'il fréquente, les destinations de rêve qu'il peut s'offrir et j'en passe. C'est ainsi que désormais beaucoup d'hommes font tout pour paraître riches afin d'attirer des femmes et beaucoup de femmes se parent de tous les artifices afin de paraître belles pour attirer des

---

[2] Les historiens ont déterminé des périodes majeures de l'histoire :

- La préhistoire, qui commence avec l'apparition de l'homme il y a 3 millions d'années ;
- L'Antiquité, qui débute vers –3000 lorsqu'apparaît l'écriture et qui se termine avec la chute de l'empire romain d'occident en 476 ;
- Le Moyen Âge, qui s'étend de 476 à 1492, date de la découverte de l'Amérique ;
- La période moderne, qui commence en 1492 et qui se poursuit jusqu'en 1789, année de la Révolution française ; la période est marquée par l'avènement du capitalisme et de l'Etat-Nation ;
- La période contemporaine ou post-moderne qui commence à la fin de l'époque moderne et qui se poursuit jusqu'à nos jours.

hommes. Tout porte à croire aujourd'hui que c'est l'habit qui fait le moine. Cette culture de l'apparence a permis d'ailleurs à plus d'un de tromper beaucoup de monde en se faisant passer pour ce qu'il n'est pas. L'un des cas les plus intéressants auxquels je pense est celui de Anna SOROKIN, plus connue sous le nom de Anna DELVEY.

Anna SOROKIN, née le 23 janvier 1991 à Domodedovo, en Russie, est une escroqueuse naturalisée allemande où elle s'installe en 2007, à l'âge de 16 ans, avec sa famille. Son père, Vadim SOROKIN, est un conducteur de poids lourds devenu chauffagiste, tandis que sa mère travaille dans une petite épicerie avant de se restreindre plus tard au rôle de femme au foyer. Elle a également un frère cadet. Elle s'illustre dès l'école primaire par son amour des magazines de mode, affirmant publiquement qu'elle veut absolument travailler dans la mode. Son film préféré est *Lolita malgré moi*. En 2013, elle décroche un stage à Paris, au sein du magazine français *Purple*. C'est pendant ce stage qu'elle commence à se faire appeler Anna DELVEY et à se faire passer pour une héritière allemande, affirmant qu'elle est née à Cologne. Dès le début de son stage, elle s'improvise assistante personnelle des rédacteurs et photographes plus haut placés. En public, elle prétend faire partie de l'équipe à temps plein du journal jusqu'à gagner une certaine notoriété au sein du milieu français de la mode, l'appartenance au magazine lui permettant de se rendre dans les clubs privés les plus difficiles d'accès. Pendant son stage, elle porte des vêtements produits par des marques de luxe à des prix bien au-delà d'un revenu de stagiaire. Pendant la deuxième moitié de l'année 2013, après son stage, elle voyage aux États-Unis et en Europe aux frais de clients, de partenaires et d'anciens collègues de *Purple*. Fin septembre 2013, elle se rend à la semaine de la mode (Fashion Week) de Paris, où elle fait partie des 20 plus grands influenceurs présents d'après *10 Days in Paris*, qui indique également qu'elle travaille à *Purple*, bien que ce ne soit probablement plus le cas à cette période. Le site éditorial répondra plus tard à une journaliste avoir inclus le nom d'Anna DELVEY pour la remercier d'un travail non rémunéré qu'elle a effectué pour la rédaction. C'est également à cette époque qu'elle commence à se rendre de plus en plus souvent et de plus en plus longtemps à New York, où elle agrandit rapidement son cercle social. Elle commence également à faire référence à un projet de création d'une fondation d'art contemporain, la Anna Delvey Fundation (ADF).

En 2016, elle s'installe à New York sous le nom d'Anna DELVEY, identité d'une prétendue riche héritière allemande. Elle s'invente une histoire d'héritière d'une fortune de 60 millions de dollars, affirmant qu'ils sont détenus dans des comptes à l'étranger auxquels elle n'a pas accès, mais qui couvriront tous ses frais à ses 25 ans. Interrogée sur l'origine de sa fortune, elle invente différentes histoires faisant de son père tantôt un diplomate, tantôt un magnat de l'énergie ou un antiquaire ; elle mentionne parfois un « passé artistique » dû à sa famille, sans plus de précisions. Elle se dit allemande, mais certaines personnes se rendent compte qu'elle ne maîtrise pas bien cette langue ; cela ne porte pas à conséquence dans son cercle social où les gens tendent à ne pas parler de leur vie privée. En janvier de la même année, Anna organise une grande soirée d'anniversaire dans l'un de ses restaurants favoris, *Sadelle's* à SoHo, un quartier de l'arrondissement de Manhattan. Quelques jours plus tard, le restaurant contacte plusieurs invités de la fête d'anniversaire, dont Michael Xufu HUANG[3], pour leur demander les coordonnées de DELVEY, qui n'a jamais réglé la soirée. Pour couvrir ses dépenses, DELVEY signe des chèques sans provision et affirme que ses banques ont encore bloqué les fonds, ou se fait payer des services par ses proches et ne les rembourse jamais. Elle se lie au passage d'amitié avec Macaulay CULKIN, l'acteur principal du film *''Maman j'ai raté l'avion''* et parrain des enfants de Michaël JACKSON. Elle organise des grands dîners au *Coucou* et y invite des PDG, des artistes, des athlètes et de nombreuses célébrités New-Yorkaises. Martin SHKRELI[4], invité à une de ses soirées, y fait jouer *Tha Carter V*, l'album de Lil Wayne qu'il a acheté avant la sortie officielle pour l'écouter avant le reste du monde. Elle a tout misé sur les apparences

---

[3] Michael Xufu HUANG (Chinois: 黃勖夫; né en 1994) est le cofondateur du X Museum de Pékin. Il est également mécène d'art chinois, collectionneur et curateur. En 2017, il est le lauréat américain Forbes 30 under 30. Il est aujourd'hui le seul jury du monde de l'art à avoir sélectionné les candidats pour les listes 2018, 2019, 2020 et 2021 aux Etats-Unis et en Asie à Forbes. Les activités de collecte d'art de HUANG ont conduit le New York Times à le profiler en 2017 comme « something of a next-generation Jeffrey Deitch of China ». Il est également le plus jeune et le premier membre asiatique du conseil d'administration du New Museum de New York et a siégé à son Conseil international du leadership.

[4] Martin SHKRELI est un ancien gestionnaire de fonds d'investissement américain, spécialisé dans les entreprises de soins de santé. Il est le cofondateur de MSMB Capital Management, de Retrophin Inc et le fondateur de Turing Pharmaceuticals AG, ainsi que le cofondateur de Retrophin LLC, une société de biotechnologie fondée en 2011. Inconnu avant le 21 septembre 2015, il s'est fait connaître pour avoir augmenté le prix d'un médicament, le Daraprim, d'un facteur de plus de 55. Le médicament passa ainsi de 13,50 à 750 dollars, créant un scandale aux États-Unis et dans le reste du monde, cimentant sa réputation comme l'homme « le plus détesté des États-Unis ».

afin d'intégrer le cercle social vaste et étincelant de la bourgeoisie New-Yorkaise. Toutes les personnes qui l'ont côtoyé s'accordaient à dire qu'elle aimait se trouver aux bons endroits, qu'elle portait toujours des vêtements vraiment chics - *Balenciaga*, ou peut-être *Alaïa* - et elle avait même réussi à emprunter un jet privé (sans régler la note) pour se rendre à la conférence annuelle ultra sélective sur l'investissement de Berkshire Hathaway (Omaha) animée par Warren BUFFETT. Personne ne savait exactement d'où venait Anna ou quelle était la source de sa richesse. Il faut dire que lorsque vous êtes super riche, vous pouvez vous montrer oublieux de temps en temps. C'est peut-être pourquoi personne n'a rien soupçonné lorsque Anna faisait des choses qui semblaient étranges pour une personne riche : appeler un ami pour lui faire mettre un taxi de l'aéroport sur sa carte de crédit, ou demander à dormir sur le canapé de quelqu'un, ou emménager dans l'appartement de quelqu'un avec l'accord tacite de payer le loyer, et puis... ne pas le faire. Peut-être qu'elle avait tellement d'argent qu'elle en a perdu la trace ; en tout cas c'est ce que la plupart pensait.

Anna nourrissait l'ambition de créer un empire avec son patrimoine fictif, affirmant vouloir redistribuer l'énorme fortune dont elle a hérité au lieu de la garder pour son usage personnel. Elle comptait créer son club privé, le Anna Delvey Club, et sa galerie d'art, la Anna Delvey Foundation. Cette dernière accueillera de nombreuses œuvres d'art contemporain et un studio ouvert aux artistes. De plus, elle souhaite y installer de nombreux magasins éphémères gérés par l'artiste Daniel ARSHAM[5], qu'elle a rencontré pendant son stage chez *Purple.* Elle y prévoit également des expositions de Urs Fischer, Damien Hirst, Jeff Koons, et Tracey Emin. En somme, un projet très ambitieux. Pour ce faire, Anna chercha à louer la *Church Missions House* - un bâtiment historique de New York de 4 000 m2, situé au coin de Park Avenue et de la 22e rue, et s'élevant sur six étages -, propriété du célèbre magnat de l'immobilier Aby ROSEN[6].

---

[5] Daniel ARSHAM (né en 1980) est un artiste contemporain américain dont le travail englobe dessin, peinture, sculpture, installation, vidéo, scénographie… Cultivant une esthétique quasi-archéologique, Daniel ARSHAM transforme des éléments contemporains (industriels, technologiques) en fossiles pétrifiés. Comme figés par l'éternité, à l'instar de la ville de Pompéi. Drapés, peintures de bustes antiques arborant des cubes à la place des yeux (et rappelant Giorgio De Chirico), sculptures d'objets oscillant entre ultra-contemporain et obsolescence annoncée, les œuvres de Daniel ARSHAM projettent le futur dans le passé antique. Entre esthétique de la ruine, hyperréalisme, surréalisme et classicisme, son travail s'inscrit dans l'histoire de l'art, de manière excessivement datée d'un côté, et totalement atemporelle de l'autre. Actuellement, le travail de Daniel ARSHAM est représenté par la Galerie Perrotin (Paris, New York, Hong Kong, Séoul, Tokyo), Moran Bondaroff (Los Angeles), la Baro Galeria (Sao Paulo), Pippy Houldsworth (Londres), la Galerie Ron Mandos (Amsterdam), notamment.

[6] Aby J. ROSEN (né le 16 mai 1960) est un magnat de l'immobilier germano-américain vivant à New York. Il a cofondé RFR Holding, qui possède un portefeuille de 93 propriétés évaluées à plus de 15,5 milliards de dollars dans des villes telles que New York, Miami, Las Vegas et Tel Aviv. Parmi les plus importantes on note : le 11 Howard (hôtel dans lequel Anna DELVEY a d'ailleurs séjourné pendant 3 mois. Elle arrosait le personnel de gros pourboires à 100 dollars et se lia d'amitié au passage avec une des réceptionnistes qui lui a fait bénéficier du carnet d'adresses VIP de l'hôtel), le Seagram Building, W South Beach, The Jaffa Tel Aviv, Gramercy Park Hotel, Paramount Hotel et Miracle Mile Shops at Planet Hollywood Resort & Casino.
ROSEN est également membre, investisseur fondateur et propriétaire du Core Club à New York. Collectionneur réputé d'art moderne et contemporain, il possède plus de 800 pièces d'après-guerre, dont plus de

Grâce à ses relations, elle a pu entrer en contact avec Gabriel CALATRAVA, l'un des fils du célèbre architecte Santiago CALATRAVA[7]. La société de conseil immobilier de sa famille, CALATRAVA GRACE, l'avait aidée à « sécuriser la promesse de bail », en tout cas c'est ce qu'elle affirmait pour se donner encore plus de crédibilité. En outre, elle avait besoin d'un financement à hauteur d'au moins 25 millions de dollars pour matérialiser son projet. Dans un premier temps, elle se tourna d'abord vers des investisseurs privés, leur expliquant qu'il lui fallait cette somme en plus des 25

---

100 œuvres d'Andy WARHOL. Sa collection comprend des pièces de Jean-Michel BASQUIAT, Alexander CALDER, Damien HIRST, Richard PRINCE et Jeff KOONS.

[7] Architecte et ingénieur, par ailleurs sculpteur, peintre et céramiste, Santiago CALATRAVA VALLS est célèbre sous le nom de Santiago CALATRAVA. Les expositions de ses œuvres commencent en 1985, avec la présentation de neuf de ses sculptures dans une galerie d'art de Zurich. Deux expositions ont marqué une nouvelle étape dans la reconnaissance de son activité artistique : une rétrospective à l'Institut royal des architectes britanniques (Royal Institute of British Architects), à Londres, en 1992, et l'exposition Structure and Expression au Museum of Modern Art de New York, en 1993. La dernière exposition comprenait l'installation dans le Sculpture Garden of Shadow Machine du musée d'une sculpture monumentale avec des « doigts » ondulants en béton. L'exposition la plus complète consacrée à son œuvre fut Santiago CALATRAVA : artiste, architecte, ingénieur, présentée au palais Strozzi à Florence, en Italie (2000-2001).
Des expositions comparables furent montées en 2001 à Dallas, au Texas (à l'occasion de l'inauguration du nouveau Meadows Museum) et à Athènes, à la Galerie nationale, Musée Alexandro SOUTZOS. En 1984, CALATRAVA a dessiné et construit le Pont Bach de Roda, commandé pour les Jeux olympiques de Barcelone. Ce fut le début des projets de ponts qui établirent sa réputation internationale. Parmi les autres ponts remarquables qui suivirent, il y eut : Le pont de l'Alamillo, commandés pour l'Exposition universelle de Séville (1987-1992) ; Le Campo Volantin Footbridge à Bilbao (1990-1997) ; Le pont Alameda et une station de métro à Valence (1991-1995).

millions qu'elle prétendait déjà avoir. Le bail du bâtiment à lui seul, sans aménagements, devait coûter 30 à 40 millions de dollars par an. Mais les négociations tournèrent court et elle finit par se tourner vers les banques. Pour l'aider à obtenir un prêt, l'un de ses « amis financiers » lui suggéra de contacter Joel COHEN, mieux connu sous le nom de Jordan BELFORT[8], alias le loup de Wall Street. COHEN travaillait maintenant chez GIBSON DUNN, un grand cabinet connu pour sa pratique immobilière. Il l'a mise en contact avec Andy LANCE, un partenaire qui avait exactement le type d'expertise qu'Anna recherchait. Ce dernier, après avoir rempli le formulaire d'admission de nouveaux clients de GIBSON DUNN, qui comprenait des cases à cocher confirmant que le client avait les ressources nécessaires pour payer et n'embarrasserait pas la société, mit Anna en contact avec plusieurs grandes institutions financières, dont CITY NATIONAL BANK et FORTRESS INVESTMENT GROUP, basées à Los Angeles. Les banques concernées découvriront finalement qu'elle a fourni de faux papiers pour obtenir son prêt, tandis que plusieurs de ses amis et

---

[8] Jordan BELFORT, né le 9 juillet 1962, est un ancien courtier américain qui s'est reconverti en tant que conférencier et motivateur. À 26 ans, il fonde avec Kenny GREENE une entreprise de courtage, *Stratton Oakmont*. Il passa 22 mois en prison pour détournement de fonds, introductions en bourse illégales et blanchiment d'argent à la fin des années 1990. Propulsé sur le devant de la scène en raison du succès du film de Martin SCORSESE, *Le loup de Wall Street* inspiré de sa vie, Jordan joue de cette notoriété pour revenir aux affaires. Il écrit un livre en 2009, *Catching the Wolf of Wall Street*, et un ouvrage sur les techniques de vente, *Way of the Wolf*, en 2017. En janvier 2020, il attaque la société de production du film ''*Le Loup de Wall Street*'' et leur réclame 300 millions de dollars, estimant avoir été victime d'une arnaque montée par les producteurs. En août 2020, il s'associe à la société de formation de traders *RagingBull* pour former la nouvelle génération de financiers.

fournisseurs l'attaqueront en justice pour vol, abus de confiance, grivèlerie[9] et escroquerie. En octobre 2017, elle est finalement arrêtée à Los Angeles après s'être enfuie de New York en partie pour se soustraire aux poursuites judiciaires qui commençaient à l'acculer. Le 25 avril 2019, elle est jugée coupable de vol aggravé par la Cour suprême de Manhattan et encourt quatre à douze ans de prison. Elle sera également condamnée à une amende de 24.000 dollars et à verser 199.000 dollars de dommages et intérêts.

➢ INTERPRÉTATION :

Vous allez peut-être penser que le cas d'Anna SOROKIN est un peu extrême, ce qui n'est pas faux dans un sens mais dans l'autre, son histoire nous enseigne un principe qui peut être utilisé dans la vie quotidienne de manière positive ou négative. Anna avait réellement l'intention de monter sa fondation qui constituait un projet colossal vu les sommes astronomiques en jeux et compte tenu de son âge (elle avait autour de 23 ans à l'époque) et de ses origines, elle savait qu'il était impossible qu'on lui accorde la moindre crédibilité surtout dans le cercle New-Yorkais réputé très

[9] La grivèlerie ou vol de service est un délit voisin de l'escroquerie, qui consiste à profiter d'un service (notamment dans la restauration et l'hôtellerie) avec l'intention de ne pas payer. Il faut établir l'intention de ne pas payer pour prouver le délit (par exemple commander un plat sans avoir les moyens de le payer). Il s'agit d'une expression plutôt vieillie dans le langage courant, où l'on utilise de préférence les termes « resquille » (du provençal resquilhar : glisser, patiner), « addition volante », « filouterie d'auberge » (en Suisse, uniquement dans la restauration et l'hôtellerie) ou « resto basket ».

fermé. Jessica PRESSLER[10] raconte dans son article qu'au cours de ses reportages sur Anna DELVEY, les gens n'arrêtaient pas de lui demander : *« Pourquoi cette fille? Elle n'était pas super chaude,* ont-ils souligné, *ou super charmante ; elle n'était même pas très gentille. Comment a-t-elle réussi à convaincre une énorme quantité de gens cool et prospères qu'elle était quelque chose qu'elle n'était clairement pas ? »* Mais bientôt, elle a fini par réaliser ce qu'Anna avait en commun avec les gens qu'elle avait étudiés dans les pages de magazine : *« elle voyait quelque chose que les autres n'avaient pas. Anna a regardé l'âme de New York et a reconnu que si vous distrayez les gens avec des objets brillants, avec de grandes liasses d'argent, avec les indices de richesse, si vous leur montrez l'argent, ils seront pratiquement incapables de voir autre chose. Et le truc était : ''c'était si facile'' dit-elle. ''L'argent, comme il y a une quantité illimitée de capital dans le monde, vous savez ?'' Anna m'a dit à un moment donné : ''Mais il y a peu de gens qui sont talentueux'' ».*

En réalité, ce que Anna avait compris, c'était comment elle pouvait utiliser à son avantage un principe de psychologie qu'on appelle **l'effet de halo**. Il s'agit d'une des

[10] Jessica PRESSLER est rédactrice au magazine *New York*. Elle est l'ancienne rédactrice en chef du blog d'information du magazine, *Daily Intelligencer*, et une collaboratrice régulière de *GQ et Elle*. En 2015, PRESSLER a été nominé pour le National Magazine Award. C'est elle qui a en quelque sorte rendu Anna DELVEY célèbre à travers son article *"Maybe She Had So Much Money She Just Lost Track of It"* (Peut-être qu'elle avait tellement d'argent qu'elle en a juste perdu la trace), paru le 10 juin 2018.

nombreuses formes de **biais cognitifs**[11] qui influencent la pensée rationnelle de l'être humain. Les biais cognitifs sont des formes de pensée qui dévient de la pensée logique ou rationnelle et qui ont tendance à être systématiquement utilisés dans diverses situations. Ils constituent des façons rapides et intuitives de porter des jugements ou de prendre des décisions qui sont moins laborieuses qu'un raisonnement analytique qui tiendrait compte de toutes les informations pertinentes. Ces processus de pensées rapides sont souvent utiles mais sont aussi à la base de jugements erronés typiques. Dans notre vie de tous les jours, nous ne voyons pas les gens pour ce qu'ils sont réellement, contrairement à ce qu'on pourrait penser, mais plutôt tel qu'ils paraissent. Et les apparences sont souvent trompeuses, c'est bien connu. Depuis l'enfance, nous sommes entrainés dans différents contextes sociaux à afficher le visage le plus adapté aux circonstances, celui qui donnera une impression positive aux autres. Certains semblent défendre les causes les plus nobles et se montrent toujours comme des personnes consciencieuses qui travaillent dur. Nous prenons ces

---

[11] Le concept de biais cognitif a été introduit au début des années 1970 par les psychologues Daniel KAHNEMAN (prix Nobel d'économie 2002) et Amos TVERSKY pour expliquer certaines tendances vers des décisions irrationnelles dans le domaine économique. Depuis, une multitude de biais intervenant dans plusieurs domaines ont été identifiés par la recherche en psychologie cognitive et sociale.
Certains biais s'expliquent par les ressources cognitives limitées (temps, informations, intérêt, capacités cognitives). Lorsque ces dernières sont insuffisantes pour réaliser l'analyse nécessaire à un jugement rationnel, des raccourcis cognitifs (appelés heuristiques) permettent de porter un jugement rapide. D'autres biais reflètent l'intervention de facteurs motivationnels, émotionnels ou moraux ; par exemple, le désir de maintenir une image de soi positive ou bien d'éviter une dissonance cognitive (avoir deux croyances incompatibles) déplaisante.

masques pour la réalité, ensuite nous nous laissons influencer par **l'effet de halo** c'est-à-dire que lorsque nous remarquons des qualités positives ou négatives chez une personne, nous déduisons qu'elle doit avoir aussi d'autres qualités positives ou négatives qui semblent aller de pair alors qu'en réalité nous n'en savons rien. Les individus au physique avantageux ou qui ont une allure vestimentaire soignée nous apparaissent généralement dignes de confiance, en particulier les responsables politiques. Si un individu réussit, nous l'imaginons également consciencieux et doté d'un sens moral, méritant pleinement sa réussite alors que beaucoup de gens peuvent avoir obtenu certaines positions au prix d'actions à la moralité douteuse mais cela ils le cachent bien, du moins pendant un temps plus ou moins long. C'est ce qui s'est passé dans le cas d'Anna SOROKIN. Elle était très ambitieuse et aurait pu réussir si elle avait pris le temps de soigner sa personnalité narcissique et son délire mégalomane qui trouvent leurs racines dans les relations conflictuelles qu'elle entretenait avec ses parents depuis l'enfance, en particulier son père. Lorsque vous vous baladez sur les réseaux sociaux ou que vous rencontrez des personnes ayant une allure susceptible de vous influencer, faites désormais attention à l'influence du biais d'apparence car c'est un principe propre à la nature humaine et nul n'y échappe. Même dans l'histoire de la Bible, le prophète Samuel, malgré sa sagesse s'est laissé prendre à ce jeu quand il s'est agi de consacrer un nouveau roi pour Israël. N'eut été le rappel à l'ordre de Dieu, il aurait consacré un frère de David à la place de ce dernier.

1 Samuel 16 Verset 6-7 : *Lorsqu'ils entrèrent, il se dit, en voyant Eliab : « Certainement, celui que l'Eternel désigne*

par onction est ici devant lui. » Mais l'Eternel dit à Samuel : « Ne prête pas attention à son apparence et à sa grande taille, car je l'ai rejeté. En effet, l'Eternel n'a pas le même regard que l'homme : l'homme regarde à ce qui frappe les yeux, mais l'Eternel regarde au cœur. »

La culture de l'apparence a aussi fortement favorisé l'éclosion des personnalités narcissiques dans le mauvais sens du terme. Les réseaux sociaux ont certes contribué à la croissance exponentielle de telles personnalités (j'ai oublié de préciser qu'Anna publiait également les moindres détails excitants de sa vie, ce qui a contribué à sa chute) mais les racines sont plus profondes que cela. Il faut savoir que **nous sommes tous des narcissiques à différents degrés**. Dans une conversation, nous sommes tous impatients de prendre la parole, de raconter notre histoire, de donner notre avis. Nous apprécions les gens qui partagent nos idées parce qu'ils reflètent ''notre bon goût''. S'il nous arrive de refuser la contradiction, de nous montrer tranchants dans nos propos, nous considérons cette puissance d'affirmation comme une qualité positive parce que c'est la nôtre, tandis que d'autres, plus timides, vont la juger détestables. Nous sommes tous sensibles à la flatterie en raison de notre amour propre. Nous sommes tous quelque part des égocentriques. Cependant, construire un ''moi'' que nous pouvons aimer est une étape saine de notre développement. Il n'y a pas de honte à posséder une saine estime de soi car sans estime personnelle nous serions tous des grands narcissiques. Dans *''Les lois de la nature humaine''*, Robert GREENE[12]

[12] Grand amoureux d'histoire, de littérature et de la France en particulier, Robert GREENE parle plusieurs langues couramment (dont le français).

distingue : les narcissiques sains, les narcissiques fonctionnels, les grands narcissiques et les leaders narcissiques. La plupart d'entre nous, sommes dans la catégorie des narcissiques fonctionnels.

Dès notre naissance, explique GREENE, nous les humains, réclamons un besoin d'attention illimité. Notre survie et notre bonheur dépendent des liens que nous tissons avec les autres, en particulier nos parents. Le moment clé de la construction du ''moi'', d'une identité qui soit durable et aimable se situe entre l'âge de 2 et 5 ans. En nous séparant peu à peu de la figure maternelle, nous nous retrouvons face à un monde qui ne nous apporte pas de gratification immédiate. Nous prenons également conscience de notre solitude et malgré tout, de notre dépendance à nos parents pour survivre. Comment y répondre ? En nous identifiant aux aspects les plus positifs de nos parents : leurs forces, leur capacité à nous apaiser et en les intégrant en nous. Si nos parents nous encouragent dans nos premiers efforts d'indépendance, s'ils valident notre besoin de nous sentir fort et reconnaissent nos qualités uniques, alors notre image de nous-mêmes s'enracine et nous pouvons lentement nous construire à partir de cette base solide. **Les grands narcissiques** ont une faille énorme dans ce développement, c'est pourquoi ils ne peuvent jamais se construire un sentiment d'eux-mêmes qui soit cohérent et réaliste. Les mères ou les pères des grands narcissiques peuvent être eux-mêmes de grands narcissiques, trop égocentriques pour

---

Diplômé de Berkeley, Californie, en lettres classiques, il est également l'auteur de : L'art de la séduction ; Power, les 48 lois du pouvoir ; les 33 lois de la guerre ; la 50ème loi (coécrite avec le rappeur 50 cent) et Atteindre l'excellence.

reconnaitre à leur enfant le droit de se construire sa propre personnalité en encourageant ses premières tentatives d'émancipation. Ils vont alors le priver de l'attention nécessaire dont il a besoin ou au contraire être de véritables pieuvres, des personnes surinvesties dans la vie de leur enfant, qu'ils étouffent de leur attention, l'isolent des autres et vivent à travers lui. À travers ses progrès, ils trouvent le moyen de valider leur propre estime personnelle. Ils ne lui laissent pas la place de construire son propre sentiment d'identité. Dans l'histoire de tous les grands narcissiques ou presque, on retrouve soit de l'abandon, soit de l'attention excessive. Conséquence : ces individus n'ont pas de ''moi'' solide dans lequel ils peuvent se réfugier, pas de fondations pour développer leur estime d'eux-mêmes. Ils sont totalement dépendants de l'attention des autres pour se sentir vivants et valables. Dans l'enfance, si ces narcissiques sont extravertis, ils sont capables de fonctionner assez bien voire de s'épanouir. Ils deviennent maîtres dans l'art d'attirer et de monopoliser l'attention, et peuvent apparaitre vifs et captivants. Leur entourage peut voir dans leurs qualités le signe d'une future réussite sociale mais sous la surface, ces enfants sont en train de devenir dangereusement accros à ces shoots d'attention pour se sentir entiers et dignes de valeur. S'ils sont introvertis, ils vont se réfugier dans l'imaginaire et se construire un ''moi'' fictif supérieur aux autres. Puisque cette image d'eux-mêmes, complètement déconnectée de la réalité ne sera pas validée par les autres, ils auront des moments de doute profond et de dégoût d'eux-mêmes. Ils se verront soit comme des dieux, soit comme des vers de terre. Ne possédant pas de noyau d'identité stable et cohérent, ils peuvent s'imaginer être n'importe qui, changeant de personnalité au gré de leur imagination. Les saisons de décadence des grands narcissiques commencent généralement entre 20 et 30 ans. Arrivés à cet âge, ils n'ont pas pu développer leur thermostat interne. Les extravertis ont constamment besoin d'attirer l'attention pour se sentir vivants et appréciés (vous comprenez maintenant pourquoi tant de personnes sont devenues accros aux vues et aux like sur les réseaux, et postent leur quotidien ou des photos provocantes ou des vidéos absurdes à la moindre occasion). Ils ont le goût du drame et du spectaculaire, aiment se mettre en scène, s'exhibent, se donnent en spectacle. Ils doivent sans cesse changer d'amis et de public. Quant aux introvertis, ils plongent encore plus profondément dans leur ''moi'' imaginaire. Mal à l'aise en société mais affichant leur supériorité, ils ont tendance à s'aliéner les autres, ce qui les isole encore davantage. Dans les deux cas, l'alcool, la drogue ou toute autre forme d'addiction peut devenir une béquille indispensable pour les apaiser dans leurs moments de doute et de dépression inévitables. S'ils sont insultés ou contestés, ils n'ont pas de défense, pas d'arme intérieure pour les apaiser ni valider leur valeur alors ils réagissent avec une violente colère et sont animés d'une soif de vengeance face à ce qu'ils ressentent comme une injustice. C'est le seul moyen qu'ils connaissent pour apaiser leur insécurité intérieure. Dans ce type de bataille, ils vont jouer les victimes, réussissant à semer le trouble dans les esprits, voire à s'attirer la sympathie d'un certain nombre de personnes. Ils sont irritables et hypersensibles. Ils prennent tout ou presque personnellement. Ils peuvent devenir assez paranoïaques et s'inventer des ennemis partout *(''les gens sont contre moi'', ''ils sont jaloux'', ''ils ne veulent pas que je réussisse'').* Vous pouvez lire l'impatience ou l'indifférence sur leur visage à chaque fois que vous leur parlez de quelque chose qui ne les concerne pas directement. Ils réorientent alors instantanément la conversation sur eux, racontant une histoire ou une anecdote destinée à masquer leur insécurité sous-jacente. Ils peuvent être sujets à des accès de jalousie s'ils voient d'autres personnes obtenir l'attention qu'ils pensent mériter. Ils manifestent souvent une assurance excessive qui contribue à les mettre sous le feu des projecteurs, dissimulant soigneusement leur vide intérieur et leur sentiment d'identité fragmentée. Faites attention à cette confiance affichée qui est purement compensatrice ! Concernant leur rapport à autrui, les grands narcissiques ont un mode relationnel inhabituel difficile à comprendre. Ils ont tendance à considérer les autres comme des prolongements d'eux-mêmes, des objets au service de leur ''moi''. Ils se servent de l'autre pour être vu et validé. Ils veulent les contrôler comme ils contrôlent leurs bras ou leurs jambes. Dans une relation amoureuse, ils vont lentement inciter leurs partenaires à se couper de leurs amis ou même leurs familles qui sont à leurs yeux des rivaux qui leurs volent la vedette et les privent de l'attention qu'ils sont les seuls à mériter. Certains grands narcissiques très talentueux réussissent à trouver une sorte d'équilibre et de soulagement dans leur travail. Ils savent canaliser leur énergie et obtenir l'attention tant désirée grâce à leurs réalisations et à leurs succès même s'ils restent assez imprévisibles, instables et explosifs. C'était le cas de Steve JOBS. Toutefois, la plupart ont du mal à se concentrer sur leurs tâches, manquant d'estime personnelle, ils s'inquiètent sans cesse de ce que les autres pensent d'eux et en étant trop centrés sur eux-mêmes, ils ont du mal à focaliser leur attention ailleurs que sur leur petite personne ainsi qu'à gérer l'impatience et l'anxiété liées au travail, les entrainant ainsi à changer fréquemment d'emplois et de carrières. Incapables de bénéficier d'une reconnaissance véritable à travers leurs réalisations, ils dépendent sans cesse du besoin d'attirer artificiellement l'attention. Ils sont très forts pour inverser les rôles et amener les autres à se sentir coupables.

Même si les grands narcissiques sont des personnes dangereuses et toxiques, il existe un type de narcissique encore plus dangereux en raison du niveau de pouvoir qu'il peut atteindre : **le leader narcissique**. La quasi-totalité des dictateurs, des tyrans, des leaders abusifs politiques et religieux tombent dans cette catégorie. En général, ils sont plus ambitieux que les grands narcissiques et peuvent ponctuellement canaliser leur énergie dans le travail. Affichant une belle confiance, ils attirent l'attention et gagnent des adeptes, disent et font des choses que les autres n'osent pas et leur prétendue sincérité suscite l'admiration. Ils peuvent être des visionnaires et par la confiance qui rayonne d'eux, s'entourer de personnes qui les aident à concrétiser leurs idées. Ils sont experts dans l'art d'utiliser les autres. S'ils ont du succès, ils mettent en marche une dynamique implacable. De plus en plus de gens sont captivés et leur font confiance, ce qui ne fait que renforcer leur ego. Si quelqu'un ose les contester, ils sont capables de rentrer dans une fureur terrible car ils sont extrêmement susceptibles. Ils aiment jeter de l'huile sur le feu et provoquer des drames, ce qui leur permet de justifier leur pouvoir. Eux-seuls sont capables de résoudre les problèmes qu'ils créent et une fois de plus cela leur donne l'occasion de faire l'objet de toutes les attentions. Travailler sous leur direction est toujours source d'instabilités. Ils deviennent parfois chefs d'entreprises en raison de leur charisme et de cette capacité à rallier de nombreuses personnes à leurs causes d'autant qu'ils peuvent avoir beaucoup de flair et de créativité. Malheureusement, leur propre instabilité intérieure finit souvent par se refléter dans l'entreprise ou le groupe qu'ils dirigent. Ils sont incapables de développer une structure et une organisation cohérente. Il faut qu'ils contrôlent tout et tout le monde réduisant les autres à l'état d'objets à leur service. Ils ne savent pas se concentrer pour créer quelque chose de durable et ont tendance à détruire tout ce qu'ils créent.

Concernant les **narcissiques fonctionnels,** ce qui les empêche d'être plus égocentrique que nécessaire, c'est un sentiment d'identité cohérent sur lequel ils peuvent compter et un ''moi'' qu'ils peuvent aimer. Cela créé une certaine résilience intérieure. Certes, nous pouvons avoir des moments de narcissisme plus poussé notamment en cas de déprime ou de difficultés relationnelles mais nous finissons toujours par revenir à notre équilibre initial. Les narcissiques fonctionnels ne se sentent pas constamment blessés ou dans l'insécurité. Ils n'ont pas toujours besoin de capter l'attention et sont capables d'orienter leur propre attention vers l'extérieur, de la focaliser sur leur travail et sur la création de relations interpersonnelles.

Les **narcissiques sains** possèdent un sentiment d'identité plus fort et encore plus solide que celui des narcissiques fonctionnels. Ils rebondissent plus vite après des blessures ou des insultes. Ils n'ont pas besoin d'être autant validés par les autres et ils finissent toujours par prendre conscience de leurs limites et de leurs défauts. Ils sont capables de se moquer de leurs failles et de ne pas prendre pour eux les affronts qu'on leur fait. Comme ils acceptent une image complète d'eux-mêmes, avec leurs qualités et leurs défauts, leur estime personnelle est plus réelle et plus complète. Ils sont capables d'orienter plus souvent et plus facilement leur attention et leur amour vers leur travail et devenir de grands artistes, de grands créateurs ou de grands inventeurs. Parce qu'ils savent se concentrer sur ce qu'ils font, ils réussissent généralement ce qu'ils entreprennent, ce qui leur fournit l'attention et la validation nécessaires. Ils peuvent avoir des moments de doute et d'insécurité intérieure mais leur travail leur permet de ne pas rester trop centrés sur eux-mêmes et de libérer leur excès d'égocentrisme. Ils peuvent également diriger leur attention sur les autres et développer leur empathie. C'est à ce type que nous devrions tous aspirer.

J'attire votre attention sur ces différents types de personnalité afin que vous sachiez non seulement identifier celle à laquelle vous appartenez mais aussi reconnaitre les profils négatifs et vous en éloigner. Il ne s'agit pas de juger mais d'apprendre à vous connaitre car c'est justement ce défaut de connaissance de soi qui favorise certaines dérives que nous observons et nous rend sensibles à la manipulation des effets de mode et des idées préconçues.

Dans la société post-moderne, beaucoup de rapports qui existent sont devenues des jeux de rôle, des simulations. Je pense surtout aux relations amoureuses et à la sexualité. Aujourd'hui, les jeunes (et pas seulement) prennent comme modèles les scénarios des films romantiques et encore plus ceux des films pornographiques. Qu'on le veuille ou pas, l'image qu'on a de la romance de façon générale a été forgée par le cinéma. Du côté des femmes, cela commence généralement dans l'enfance avec des dessins animés comme *Cendrillon, la belle et la bête, Blanche Neige* etc. qui ont tous en commun le fait de décrire une vision idyllique de l'amour qui relève complètement de l'irréel. On ne se rend pas compte mais cet imaginaire s'imprime facilement dans le subconscient à un âge où on est si facilement influençable et beaucoup même arrivées à l'âge adulte rêvent toujours de réaliser cet imaginaire parfait, les entrainant ainsi de déceptions en déceptions. Ce schéma se trouve renforcé dans l'adolescence avec les télénovelas et certains films romantiques. Je me souviens encore de ces feuilletons coqueluches des années 2000 dont on ne ratait pas un épisode. Des noms comme *les feux de l'amour*, *Marimar, Luz Clarita, Rubi, El diablo, La belle-mère, La Chacala, La fille du jardinier* feront peut-être sourire ceux d'entre vous qui les reconnaitront. Nos vies de couples deviennent donc sans qu'on ne s'en rende compte une théâtralisation de l'imaginaire perçu dans les films qui nous ont influencés dans notre jeunesse.

Le même phénomène s'observe chez les hommes mais beaucoup plus au niveau de la sexualité avec l'influence de la pornographie. En France par exemple, selon une étude publiée sur le site du Ministère de la santé, à 12 ans, près d'un enfant sur trois a déjà été exposé à la pornographie. Aujourd'hui, il n'a jamais été aussi facile pour les mineurs d'accéder à des contenus pornographiques, de manière délibérée ou accidentelle. Mais cette situation n'est pas toujours connue des parents : seulement 7% d'entre eux estiment que leurs enfants regardent de la pornographie au moins une fois par semaine. Si la majorité des parents sont conscients que le numérique augmente le risque d'accès aux contenus inappropriés, la première exposition à la pornographie arrive de plus en plus tôt, la plupart du temps avant 12 ans, et elle est très souvent involontaire : un jeune sur deux affirme être tombé dessus par hasard, et plus de la moitié estime avoir vu ses premières images pornographiques trop jeune. Logiquement, il s'en suit que près d'un quart des jeunes déclare que la pornographie a eu un impact négatif sur leur sexualité en leur donnant des complexes et 44% des jeunes ayant des rapports sexuels déclarent reproduire des pratiques qu'ils ont vues dans des vidéos pornographiques. L'une des conséquences qui en résulte est que la sexualité devient une question de performance, un sport de haut niveau où on met en jeu son estime personnel d'un côté comme de l'autre (même si la pression repose bien plus sur les hommes). On essaye constamment de reproduire consciemment ou inconsciemment des scénarios romantique et sexuel qui relèvent de la fiction mais on se rend compte ensuite qu'ils ne résistent pas à la réalité de la nature humaine quand celle-ci nous rattrape et on est déçu.

À qui la faute ? Peut-être à la société qui a adopté aujourd'hui une logique consumériste de la sexualité. En effet, le marché de la consommation s'est aujourd'hui déplacé de l'échange de marchandises à l'échange humain. La sexualité qui était de l'ordre du privé, de l'intime voire même du sacré est devenue un produit marchand qu'on exploite entre autres au travers des applications de rencontre, des speed dating. Le nombre, la performance sont devenus plus importants que les émotions et l'industrie de la pornographie représente un pendant extrême de cette marchandisation des corps. J'oubliais, il y a également l'industrie des poupées sexuelles qui est en pleine expansion. Bientôt avec les évolutions de l'intelligence artificielle, elles seront dotées d'interfaces de communication achevant de leur donner toutes les apparences d'une vraie femme que certains, d'ailleurs, traitent déjà comme telles. Quelque part, on a fait sauter tous les tabous et tout finalement, suivant cette logique peut devenir marchandable. Bientôt, même les amis pourront se marchander. C'est d'ailleurs une tendance qu'on observe déjà au Japon où il existe des sites où on peut louer une personne pour une heure, 2 heures ou une après-midi juste pour parler. Cette logique marchande s'applique même aussi au fœtus avec le phénomène de la gestation pour autrui légalisé dans certains pays.

Dans une telle société où le rapport aux parents, aux amis, à la famille s'effrite les seuls référents qui restent sont la télévision, les médias sociaux et internet, c'est-à-dire un ensemble de canaux qui le clair du temps nous présentent des univers virtuels qui nous aspirent en leur sein – il suffit de regarder le temps qu'on y consacre – et que nous finissons par prendre pour la réalité. Et ici, nous devons être alertés sur une chose : la distinction entre la réalité et le monde virtuel devient progressivement de plus en plus difficile à faire. Pour la première fois dans l'histoire de l'humanité, les hommes et les femmes ont développé plus d'activités dans un monde virtuel, plus d'activités dans la matrice que dans le monde réel. La date de mars 2020 restera peut-être dans l'histoire de l'humanité le moment clé de ce basculement. La vie dans le monde virtuel des réseaux sociaux et d'internet est en train de devenir plus importante que la vie réelle. Aujourd'hui, beaucoup parmi nous sont davantage soucieux de l'image qu'ils donnent sur Facebook, sur Instagram, sur Tik Tok que de celle qu'ils donnent dans la réalité. Au moment où j'écris ces lignes, il est justement question du scandale médiatique créé par l'affaire Dubaï Porta Potty où l'image affichée sur les réseaux sociaux par certaines influenceuses est remise en cause. Beaucoup parmi nous se sentiraient plus atteints dans leur amour propre suite à un mauvais commentaire, ou au manque de ''like'' ou de vues sur les réseaux que dans le monde réel. Les personnes qui ne nous connaissent pas dans la vraie vie vont se baser sur les photos et autres publications postées sur les réseaux sociaux pour se faire une opinion de nous et dans pas mal de cas se donnent même le droit de nous juger. Même les employeurs, quand ils se donnent la peine de faire des enquêtes, vont davantage épier nos comportements sur les réseaux sociaux et se faire tout au moins une première opinion de notre personne à partir de cela alors que la réalité est très souvent complètement différente.

Aujourd'hui *Facebook* a changé de nom pour celui de *Meta* en raison des futurs développements qui sont en train de se faire, preuve que nous sommes à l'aube d'un glissement civilisationnel du réel vers le virtuel. Il est même déjà possible d'acheter des espaces dans le monde virtuel pour une utilisation à des fins diverses. Je ne doute pas qu'il y aura certainement des avancées qui seront profitables à tous comme l'a été internet à bien des égards mais à quel prix ? Pour autant, il ne s'agit pas non plus d'être pessimiste. Tout ceci n'est pas irréversible mais pour cela il faudrait que l'on réapprenne à aimer la vie en dehors des réseaux sociaux et cela passe par la connaissance de qui on est. Nous devons nous mettre en quête de découvrir ce qui fait notre particularité, ce qui fait de chacun de nous des êtres uniques. Vous n'y avez peut-être jamais pensé mais pourquoi avons-nous une empreinte digitale unique ? Nous sommes pourtant près de 8 milliards mais chacun est unique dans son identité génétique, ses goûts, son caractère, sa façon de voir la vie, ses pensées, ses talents individuels. Chacun d'entre nous à quelque chose à offrir au monde mais pour ça il faut d'abord en être conscient et chercher à sortir de sa zone de confort pour le manifester. Le monde virtuel des réseaux est justement si séducteur, si attrayant parce qu'il nous installe dans une zone qui nous évite l'effort et cela se traduit d'ailleurs par une phrase qui est devenue très populaire et qui n'a pas fini de conquérir son lot d'adeptes : *j'ai la flemme !* Vous souriez ? On l'a si souvent prononcée qu'on le fait maintenant presque sans y penser. Il y a même des personnes pour qui sortir de chez elles juste pour faire un achat quelconque à 200 mètres devient pénible tellement leur zone de confort s'est réduite car oui, c'est le danger qui nous guettera au fur et à mesure que la technologie des réalités virtuelles évoluera. D'ailleurs à ce propos, il y a une façon de penser qui s'est insinuée dans l'esprit de plusieurs et qui peut s'avérer dangereuse. C'est l'idée selon laquelle la technologie est désormais là pour faire à notre place les tâches ennuyeuses exigeant de la pratique et de l'apprentissage et que la vie au regard des générations précédentes est désormais plus facile. Ce n'est pas complètement faux mais toute évolution n'est pas synonyme d'amélioration, je l'ai déjà dit. Tout au long de l'histoire, des hommes et des femmes se sont sentis prisonniers des limites de leur environnement, de leur manque de contact avec la réalité et de leur faible capacité à changer le monde autour d'eux. Ils ont alors cherché toute sortes de raccourcis à travers des rituels magiques, des méthodes dites secrètes ou encore l'usage de drogues, choses qui vous le remarquerez sont toujours d'actualité malgré la prétendue modernité. Cet appétit de raccourcis magiques est encore là aujourd'hui plus que jamais, sous la forme de recettes simples conduisant au succès qui pullulent d'ailleurs sur internet et de méthodes mystiques prodiguées par quelque charlatan ou cercle secret. Toutes ces quêtes sont centrées sur quelque chose qui n'existe pas : un chemin facile vers le pouvoir, une solution rapide pour s'enrichir qui ne demande pas d'effort. Et pendant que tant de gens s'égarent dans ces fantasmes sans fin, ils ignorent le seul pouvoir qu'ils détiennent réellement : le potentiel du cerveau humain. L'expression de ce potentiel se retrouve dans les grandes inventions et découvertes, les chefs d'œuvres de l'architecture et des arts, les prouesses technologiques. En vérité, l'ère dans laquelle nous sommes n'est pas celle où la technologie rend tout facile, mais une époque de complexité croissante qui touche tous les domaines. Dans le domaine des affaires la concurrence est de plus en plus rude car mondialisée. Les entrepreneurs doivent se familiariser avec un univers beaucoup plus vaste que par le passé ce qui leur impose plus de connaissances et de compétences. Dans le domaine scientifique, l'avenir ne s'oriente plus vers une spécialisation croissante mais vers une hybridation de différents domaines, une pluridisciplinarité. Dans le domaine artistique, les goûts et les styles évoluent à un rythme effréné et les artistes doivent gérer le changement et apprendre à innover et se démarquer, ce qui exige souvent d'avoir un minimum de connaissance dans des domaines autre que celui de leur art. Même dans le domaine sportif, les exigences sont encore plus élevées que par le passé et il faut fournir plus d'efforts pour être à un bon niveau sans parler de ceux qui ambitionnent d'être les meilleurs. Dans toutes ces sphères, le cerveau humain et notre capacité d'adaptation sont plus sollicités que jamais. Plusieurs domaines de connaissances recoupent constamment le nôtre et cela est aggravé de façon exponentielle par les informations disponibles grâce à internet. Par conséquent, chacun se doit de posséder plusieurs formes de connaissances et une gamme de compétences dans des domaines différents. Il devient vital de savoir structurer de vastes quantités d'informations. L'avenir appartient à ceux qui apprennent le plus de compétences en lien avec leurs talents et centres d'intérêts, et ensuite les combinent de façon créative. Ceux qui se laissent distraire par les médias et les plaisirs futiles ne pourront jamais mobiliser la concentration nécessaire pour développer cette qualité.

Un exemple marquant dont Robert GREENE parle dans son livre *''Atteindre l'excellence''* est celui de Yoky MATSUOKA[13]. L'enfance de Yoky MATSUOKA fut une période de troubles et de confusions. Elle a toujours eu le

[13] Yoky MATSUOKA (松岡陽子 Matsuoka Yōko, né vers 1972 au Japon) est le PDG et fondateur de YOHANA (une filiale indépendante de Panasonic). Elle a été CTO de Google Nest, cofondatrice de Google X et a précédemment occupé les postes de vice-présidente de la technologie et de l'analyse chez Twitter, de responsable de la technologie chez Apple et de vice-présidente de la technologie chez NEST. Auparavant, elle a été professeure adjointe d'informatique à l'Université Carnegie Mellon et professeure agrégée d'informatique à l'Université de Washington, directrice du laboratoire de neurobotique de Washington, directrice du Center for Sensorimotor Neural Engineering. Elle est boursière MacArthur en 2007. À l'Université de Washington, ses recherches ont combiné les neurosciences et la robotique – parfois désignées par MATSUOKA par le mot valise *neurobotique* – pour créer des prothèses plus réalistes.

sentiment d'être différente des autres. Ce n'était pas tant la façon dont elle s'habillait ou avait l'air, mais ses intérêts qui la distinguaient. Adolescente au Japon au début des années 1980, on s'attendait à ce qu'elle se concentre sur un sujet particulier qu'elle transformerait en carrière. Mais en vieillissant, ses intérêts n'ont fait que s'élargir. Elle aimait la physique et les mathématiques, mais était également attirée par la biologie et la physiologie. Elle était également une athlète talentueuse avec un avenir en tant que joueuse de tennis professionnelle, jusqu'à ce qu'une blessure coupe court. En plus de tout cela, elle aimait travailler avec ses mains et bricoler avec des machines. Mais en vrai, elle n'avait aucune idée de ce qu'elle voulait devenir, ni la façon dont elle pouvait trouver sa place dans le monde de son époque. Tous ces domaines qu'elle aimait lui permettaient d'exprimer des facettes différentes de sa personnalité. Or au Japon, il est obligatoire de choisir une carrière en général très spécialisée. Quel que soit son choix, elle aurait à sacrifier tout le reste ce qui l'attristait profondément. Un jour, elle s'amusa à imaginer un robot capable de jouer au tennis avec elle. En construisant une pareille machine, elle pourrait satisfaire tous ses centres d'intérêts à la fois mais ce n'était qu'un rêve.

Après avoir fréquenté une académie de tennis en Floride, elle convainquit ses parents de la laisser vivre aux Etats-Unis et s'inscrivit à l'université de Californie à Berkeley. Elle eut du mal à choisir sa branche d'étude car aucune ne couvrait tous ses centres d'intérêts. Faute de mieux, elle s'orienta en génie électrique. Un jour, elle confia à l'un de ses professeurs son rêve de construire un robot joueur de tennis. À sa grande surprise, ce dernier l'invita à faire partie de son laboratoire de recherche en robotique. Ses travaux dans ce labo s'avérèrent si prometteurs qu'elle fut reçue au MIT et travailla dans le laboratoire d'intelligence artificielle du pionnier de la robotique Rodney BROOKS[14]. À cette époque, ce dernier développait un robot doté d'intelligence artificielle et Yoky se porta volontaire pour concevoir la main et le bras. Elle avait toujours été fascinée par la complexité et la puissance de la main humaine, et avec la chance de combiner tant de ses centres d'intérêts (mathématiques, physiologie et construction de choses), il semblait qu'elle avait enfin trouvé son créneau.

Cependant, alors qu'elle commençait son travail sur les mains, elle réalisa une fois de plus à quel point elle était différente dans sa façon de penser. Les autres étudiants du département étaient pour la plupart des hommes, et ils avaient tendance à tout réduire à des questions d'ingénierie c'est-à-dire comment emballer le robot avec autant d'options mécaniques que possible afin qu'il puisse se déplacer et agir

---

[14] Rodney BROOKS est le professeur Panasonic de robotique (émérite) au MIT. Il est aussi entrepreneur en robotique et est actuellement le CTO et co-fondateur de ROBUST AI. Avant cela, il était fondateur, président et directeur technique de RETHINK ROBOTICS (il s'est déroulé du 1er septembre 2008 au 3 octobre 2018 et s'appelait à l'origine HEARTLAND ROBOTICS). Il est également fondateur, ancien membre du conseil d'administration (1990 - 2011) et ancien directeur technique (1990 - 2008) d'iROBOT CORP (Nasdaq: IRBT). Le Dr Brooks est l'ancien directeur (1997 - 2007) du LABORATOIRE D'intelligence artificielle du MIT, puis du Laboratoire d'informatique et d'intelligence artificielle du MIT (CSAIL). Il a obtenu des diplômes en mathématiques pures de l'Université Flinders d'Australie-Méridionale et un doctorat en informatique de l'Université Stanford en 1981. Il a occupé des postes de recherche à l'Université Carnegie Mellon et au MIT, et un poste de professeur à Stanford avant de rejoindre la faculté du MIT en 1984. Il a publié de nombreux articles sur la vision par ordinateur, l'intelligence artificielle, la robotique et la vie artificielle.

de manière raisonnablement humaine. Ils considéraient leur robot comme intrinsèquement une machine. Le construire signifiait résoudre une série de problèmes techniques et créer une sorte d'ordinateur en mouvement qui pourrait imiter certains schémas de pensée de base.

Yoky, elle, avait une approche très différente. Elle voulait créer quelque chose d'aussi réaliste et anatomiquement correct que possible. C'était le véritable avenir de la robotique, et pour atteindre un tel objectif, il fallait s'engager dans des questions qui étaient à un niveau beaucoup plus élevé – qu'est-ce qui rend quelque chose vivant et organiquement complexe ? Pour elle, il était aussi important d'étudier l'évolution, la physiologie humaine et les neurosciences que de s'immerger dans l'ingénierie. Peut-être que cela compliquerait son cheminement de carrière, mais elle suivrait ses propres inclinations et verrait où elles mènent. Elle prit une décision clé : elle commencerait par construire un modèle de main robotique qui reproduirait la main humaine aussi fidèlement que possible. En tentant une tâche aussi énorme, elle serait obligée de vraiment comprendre comment chaque partie fonctionnait. Par exemple, en essayant de recréer tous les différents os de la main, elle est tombée sur toutes sortes de bosses et de rainures apparemment non pertinentes. L'os au niveau de l'articulation de l'index a une bosse qui le rend plus grand d'un côté. En étudiant ce détail, elle a découvert que sa fonction était de nous donner la capacité de saisir des objets au centre de la main avec plus de puissance. Il semblait étrange qu'une telle bosse évolue expressément à cette fin. C'est probablement une mutation qui a fini par faire partie de notre évolution, car la main est devenue de plus en plus importante dans notre développement. Poursuivant dans cette ligne, elle a travaillé sur la paume de sa main robotique, dont elle avait déterminé qu'elle était à bien des égards la clé de la conception.

Pour la plupart des ingénieurs, les mains robotiques ont été conçues pour une puissance et une maniabilité optimales. Ils intégreraient toutes sortes d'options mécaniques, mais pour que cela fonctionne, ils devraient emballer tous les moteurs et câbles à l'endroit le plus pratique, la paume, ce qui la rendrait complètement rigide. Après avoir conçu des mains comme celle-ci, ils les transmettaient ensuite aux ingénieurs logiciels pour essayer de comprendre comment ramener la maniabilité. Cependant, en raison de la rigidité intégrée, le pouce ne serait jamais capable de toucher l'index et les ingénieurs se retrouveraient inévitablement avec la même main robotique très limitée. Yoky a traité la question dans le sens inverse. Son objectif était d'abord de découvrir ce qui rend la main adroite, et il était clair qu'une condition essentielle était d'avoir une paume flexible et incurvée. En pensant à ce niveau supérieur, il est alors devenu clair que les moteurs et les câbles devaient être placés ailleurs. Au lieu de coincer la main avec des moteurs partout pour que tout puisse bouger, elle a déterminé que la partie manœuvrable la plus importante de la main était le pouce, la clé de nos compétences de préhension. C'est là qu'elle mettrait plus de puissance. Elle a continué sur cette voie, découvrant de plus en plus de détails qui entraient dans la merveilleuse mécanique de la main humaine. Alors qu'elle travaillait de cette manière particulière, d'autres ingénieurs se moquaient d'elle et de son étrange approche biologique. *« Quelle perte de temps ! »*, lui diront-ils. En fin de compte, cependant, ce qu'elle a appelé sa ''main de banc d'essai anatomiquement correcte'' est rapidement devenue le modèle de l'industrie, révélant de toutes nouvelles possibilités pour les mains prothétiques, justifiant son approche et gagnant sa renommée et sa reconnaissance pour ses compétences en ingénierie. Elle finit par créer une discipline entièrement nouvelle qu'elle appela : la neurobotique, la conception de robots simulant le système nerveux humain et se rapprochant de la vie même.

Dans de nombreux domaines, nous avons tendance à être confrontés à la même maladie mentale, que nous appellerons : le verrouillage technique. En résolvant des problèmes avec un itinéraire standard, nous nous enfermons dans la résolution de problèmes dans l'itinéraire standard enraciné, qui est toujours plus simple. Dans le processus, nous perdons la vue d'ensemble, le but de ce que nous faisons, comment chaque problème auquel nous sommes confrontés est différent et nécessite une approche différente. Nous adoptons une sorte de vision en tunnel. Ce verrou technique afflige les gens dans tous les domaines car ils perdent le sens de l'objectif global de leur travail, de la question plus large à l'étude, de ce qui les pousse à faire leur travail en premier lieu.

Yoky MATSUOKA a trouvé une solution à cela et c'est ce qui l'a propulsée à l'avant-garde de son domaine. Cela est venu comme une réaction contre l'approche d'ingénierie qui prévalait dans la robotique. En élargissant sa réflexion sur ce qui rend la main humaine si étrangement parfaite, sur comment la main a influencé qui nous sommes et comment nous pensons, elle a évité de se concentrer étroitement sur des questions techniques sans comprendre la situation dans son ensemble. Penser à un niveau aussi élevé libère l'esprit pour enquêter sous tous les angles différents : pourquoi les os de la main sont-ils ainsi ? Qu'est-ce qui rend la paume si malléable ? Comment le sens du toucher influence-t-il notre pensée en général ? Tout cela lui a permis d'entrer profondément dans les détails sans perdre le sens du pourquoi.

Vous devez également en faire un modèle pour votre propre travail. Votre projet ou le problème que vous résolvez doit toujours être lié à quelque chose de plus grand, une question plus grande, une idée globale, un objectif inspirant. Chaque fois que votre travail commence à se sentir obsolète, vous devez revenir au but et à l'objectif plus larges qui vous ont poussé en premier lieu. Cette idée plus grande régit vos plus petites voies d'investigation et vous ouvre beaucoup plus de voies de ce type. En vous rappelant constamment votre but, vous éviterez de fétichiser certaines techniques ou de devenir trop obsédé par des détails triviaux. De cette façon, vous jouerez dans les forces naturelles du cerveau humain, qui veut rechercher des connexions à des niveaux de plus en plus élevés[15].

Cet exemple que j'évoque n'est pas anodin car il est question ici de la manière dont nous pensons et percevons la réalité surtout dans la société actuelle. Le changement de notre condition devra nécessairement passer par le changement de nos habitudes, de la manière dont nous

---

[15] https://www.geekwire.com/2012/excerpt-yoky-matsuoka-created-modern-robotic-hand/

pensons et percevons le monde. Et en parlant justement de perception, j'en arrive à un phénomène qui est l'un des socles sur lesquels reposent nos sociétés et qui, selon l'usage qu'on en fait, peut être un outil redoutable de construction ou de destruction. Vous allez voir !

2.
La propagande

La propagande est à la démocratie ce que la violence est à un État totalitaire.

Noam CHOMSKY

J'ai abordé brièvement cette question dans le chapitre précédent lorsque je parlais de la consommation mais étant donné la densité du sujet, il était préférable de lui réserver un chapitre à part. Je commencerai par vous révéler une réalité dont vous ne devriez pas vous offusquer car dans le monde où nous vivons, il s'agit d'un mal nécessaire. La stabilité de toute société implique un important volet dédié à la manipulation consciente et intelligente, des opinions et des habitudes des masses. Ceux qui manipulent ce mécanisme social imperceptible forment ce qu'on appelle un gouvernement invisible qui dirige véritablement le pays. Cela ne veut pas dire que les élites officielles ne jouent pas leur rôle au contraire, elles sont une partie intégrante de ce système pour ne pas dire son visage public. Cela ne veut pas dire non plus que le mécanisme est infaillible et qu'il produit invariablement l'effet recherché car n'oublions pas qu'il a pour but d'influencer l'élément le plus complexe qui soit : la nature humaine. Toutefois quand il est bien ficelé, il a tendance à atteindre ses objectifs assez souvent avec le plus grand nombre. Dans les sociétés dites démocratiques, ce système est encore moins perceptible car tout ou presque, en apparence donne une impression de liberté. Mais la réalité est que dans beaucoup de secteurs, nous sommes gouvernés par des hommes dont nous ignorons tout, qui modèlent nos esprits, forgent nos goûts, nous soufflent nos idées. Ils nous gouvernent en vertu de leur autorité naturelle, de leur capacité à formuler les idées dont nous avons besoin, de la position qu'ils occupent dans la structure sociale. Peu importe comment nous réagissons individuellement à cette situation puisque dans la vie quotidienne, que l'on pense à la politique ou aux affaires, à notre comportement social ou à nos valeurs morales, de fait nous sommes dominés par ce nombre relativement restreint de gens en mesure de comprendre les processus mentaux et les modèles sociaux des masses.

En théorie, chacun peut se faire son opinion sur les questions d'intérêts publiques et sur celles qui concernent la vie privée. Mais dans la pratique, si tous les citoyens devaient étudier par eux-mêmes l'ensemble des informations abstraites d'ordre économique, politique et moral en jeu dans le moindre sujet, ils se rendraient vite compte qu'il leur est impossible d'arriver à quelque solution que ce soit. Nous avons donc volontairement accepté de laisser à un gouvernement le soin de passer les informations au crible pour mettre en lumière les problèmes principaux, afin de ramener les choix à des proportions réalistes. Nous acceptons que nos dirigeants et les organes de presse dont ils se servent pour toucher le grand public nous désignent les questions dites d'intérêt général ; nous acceptons qu'un guide moral ou spirituel, ou simplement une opinion répandue nous prescrivent un code de conduite social standardisé auquel, la plupart du temps, nous nous conformons. Auparavant, dans beaucoup de sociétés africaines pour ne citer que celles-là, le rôle qu'on attribue à la propagande était rempli de manière plus saine par des comités de sages qui choisissaient les dirigeants, dictaient notre comportement en public et en privé, décidaient des mœurs vestimentaires et des aliments que nous mangions parce qu'ils étaient censés être les meilleurs pour nous. Aujourd'hui, nous avons opté pour la méthode opposée, celle de la libre concurrence, et c'est dans le soucis de faire en sorte que ce modèle fonctionne le mieux possible que la société accepte de laisser à la classe dirigeante et à la propagande le soin d'organiser cette libre concurrence. On peut critiquer certains des phénomènes qui en découlent, notamment la manipulation des informations, l'exaltation de la personnalité, la fétichisation des célébrités et tout le battage de masse autour de personnalités politiques, de produits commerciaux ou d'idées sociales. Cependant, même s'il arrive que les instruments permettant d'organiser et de polariser l'opinion publique soient mal employés, cette organisation et cette polarisation sont nécessaires à une vie en société bien ordonnée. Les travaux de Wilfred TROTTER[16] et Gustave LE BON[17] ont conduit à la

[16] De nationalité britannique, Wilfred TROTTER (1872-1939) est un des pionniers de la neurochirurgie, également connu pour ses travaux sur la psychologie sociale à laquelle il apporte la notion de "comportement de masse" ("Herd behavior", comportement grégaire) dans *The Instincts of the Herd in Peace and War*. Il poursuit et popularise ainsi en anglais les travaux du sociologue français Gustave LE BON.

[17] Gustave LE BON (1841-1931), est un médecin, anthropologue, psychologue social et sociologue français. Polygraphe, intervenant dans des domaines variés, il est l'auteur de 43 ouvrages en 60 ans, traduits en une dizaine de langues de son vivant et plusieurs fois réédités entre 1890 et 1920, dans lesquels il aborde, parmi d'autres sujets, le désordre comportemental et la psychologie des foules. LE BON reste une

conclusion que la pensée au sens strict du terme n'avait pas sa place dans la mentalité collective qui est plutôt guidée par l'impulsion, l'habitude ou l'émotion. À l'heure du choix, le premier mouvement de la masse est en général de suivre l'exemple d'un leader qui a su gagner sa confiance. C'est là un des principes les plus fermement établis de la psychologie des foules, qui opère en fixant à la hausse ou à la baisse le prestige d'une destination exotique (par exemple Dubaï), en suscitant une ruée sur telle nouveauté ou un mouvement de panique à la bourse, en créant l'engouement qui va déterminer le succès d'un livre, d'un film ou d'une façon de penser. Et dans le cas où la foule ne peut pas calquer sa conduite sur celle d'un leader et doit se déterminer seule, elle procède au moyen de clichés, de slogans ou d'images symbolisant tout un ensemble d'idées ou d'expériences.

Beaucoup trouveront que le mot ''propagande'' a une connotation négative mais en réalité, pour déterminer si on a affaire à une bonne ou une mauvaise propagande, il faut d'abord se prononcer, et sur **le mérite de la cause qu'elle sert (c'est-à-dire déterminer à qui profite réellement la cause défendue)**, et sur **la véracité des informations publiées**. La propagande au vrai sens du terme est une forme parfaitement

---

personnalité controversée. D'une part, à une époque où la méthode devient importante, son « amateurisme » gêne ses contemporains tels que DURKHEIM, sans que cela ait vraiment d'influence sur son début de carrière. D'autre part, LE BON présente dans ses travaux des tendances plutôt anticléricales. Il admet des différences au niveau des stades de développement des civilisations, et soutient la théorie du biologiste darwinien allemand Ernst HAECKEL (1834-1919). Il consacre un gros volume illustré à la Civilisation des Arabes. Après une mission aux Indes, il publie, en 1887, un autre ouvrage majeur, *Les Civilisations de l'Inde*. *Psychologie des foules* marqua un tournant dans la carrière du « célèbre docteur ». Cette œuvre, parue en 1895, reste la plus célèbre aujourd'hui.

légitime de l'activité humaine. Une organisation sociale, religieuse ou politique qui professe certaines valeurs et entreprend de les faire connaître, de vive voix ou par écrit, pratique la propagande. Si une assemblée d'Hommes estime avoir découvert une vérité précieuse, c'est pour elle un devoir de la répandre. Et quand ces Hommes réalisent qu'ils doivent s'organiser pour diffuser très largement et efficacement la vérité, ils ne doivent pas hésiter à utiliser la presse et les réseaux sociaux pour lui assurer la plus grande circulation possible. La propagande ne devient mauvaise et répréhensible que lorsque ses auteurs s'emploient délibérément et en connaissance de cause à propager des mensonges, ou à produire des effets préjudiciables au bien public. Pour que vous compreniez davantage comment le concept est utilisé, je vais m'appuyer sur quelques exemples.

Exemple N°1 :

En Amérique, au début du XXe siècle (1902), le transport individuel était encore un luxe décalé par rapport à une infrastructure routière balbutiante mais efficace : le tramway. Les tramways américains urbains et interurbains véhiculaient quelques millions de passagers sur 35 000 kilomètres de lignes électrifiées. Ils constituaient un moyen de transport commode, sûr et infiniment plus écologique que la voiture et le moteur à combustion. Cependant, ils ont fini par disparaitre des grandes villes américaines au milieu des années 1950 au profit de la voiture individuelle à laquelle certains voulaient ouvrir les villes. Comment donc ? Vous allez comprendre. Dès les années 1920, General Motors, Firestone et la Standard Oil de Californie se sont attelés à la tâche de convaincre l'opinion publique d'opter, en matière de transport urbain, pour une solution polluante, inefficace et extrêmement coûteuse. L'intermédiaire était alors une entreprise écran, la National City Lines qui, progressivement, acheta et contrôla les compagnies qui possédaient les tramways dans des dizaines de villes (New York, Los Angeles, Philadelphie, Saint Louis, etc.) ; on procéda ensuite à leur démantèlement progressif, au profit d'autobus achetés par un fournisseur appartenant au trio General Motors, Firestone et Standard Oil. Enfin, en parallèle, on mènera une action politique par le National Highway Users Conference afin de promouvoir, avec succès, la construction d'autoroutes. Le déroulement de cette campagne peut être regroupé en 4 étapes[18] :

1- Organiser l'obsolescence des tramways : cela consista à contester le monopole des compagnies de tramways au nom de la libre entreprise, ce « bon sens » libéral apparenté à la logique Shadock du *« pourquoi faire mieux à plusieurs quand on peut faire pire chacun dans son coin ? »*. Le but était clairement de présenter le tramway comme un obstacle à la bonne marche d'une économie moderne. L'industrie de l'automobile acheta par des pots-de-vin sa liberté de saturer le trafic, disputant sur la chaussée même le monopole aux compagnies de tramways. Bientôt, un essaim vrombissant et crachotant de Ford T s'abattit sur les villes américaines comme des sauterelles sur un champ de maïs.

---

[18]Source : https://blogs.mediapart.fr/bertrand-rouzies/blog/060418/comment-les-etats-unis-ont-saborde-leurs-reseaux-de-tramways

2- Organiser l'inefficacité et la lenteur des tramways dans les transports : Entre 1915 et 1927, le nombre de voitures à New York bondit de 40.000 à 612.000, ce qui ralentit considérablement les tramways. Des taxis collectifs pirates, les Jitney bus, happant les clients potentiels aux arrêts de tramways, pratiquaient une concurrence sauvage au risque de provoquer des accidents mortels. Vitesse et souplesse de conduite, glorifiées au cinéma par les premières cascades spectaculaires réalisées par Harold Lloyd, Buster Keaton ou Laurel et Hardy, favorisèrent également la voiture au détriment du tramway.

3- Organiser la non-rentabilité : Quoiqu'on les présentât comme des monstres monopolistiques, les compagnies de tramways étaient extrêmement régulées. En plus de payer des redevances aux municipalités, elles étaient tenues d'entretenir la chaussée. À New York, elles y consacraient 23 % de leurs revenus. La chaussée, fortement sollicitée par la multiplication des voitures individuelles, se dégrada beaucoup plus vite, ce qui greva le budget des compagnies de tramways. Celles-ci se retrouvèrent à subventionner paradoxalement leur pire ennemie, l'automobile, dont le conducteur, lui, ne payait aucun droit d'usage. En outre, faute d'une actualisation des contrats de concession, demeurés inchangés depuis les années 1880-1890, le nickel fare (le ticket à 5 cents) ne parvenait plus à couvrir le doublement du salaire horaire obtenu pendant la Première Guerre mondiale et la présence d'un second employé dans chaque tramway.

4- Rachat, démantèlement et liquidation par la concurrence, avec la bénédiction de l'État :

Dans les années 1930, afin de lisser les pics de consommation et d'optimiser la production de leurs centrales, General Electric et Insull avaient racheté la plupart des compagnies de tramways. Elles ne jouirent pas longtemps de ce contrôle. En 1935, le Wheeler Rayburn Act contraignit les électriciens à les vendre. Une myriade de microentreprises éphémères naquit et s'éteignit presque aussitôt, incapable de dégager un bénéfice. Mais juste avant de rendre l'âme, elles étaient rachetées pour rien par le cartel qui avait tant fait par son lobbying à la Chambre des représentants pour précipiter leur ruine : General Motors, Standard Oil et Firestone, associés à deux petites entreprises de transport routier, Rapid Transit Company et Yellow Coach Bus Company. Il (ledit cartel) ne tarda pas à fermer les lignes et à les remplacer par des bus à essence, qui assuraient un débouché juteux à la pétrochimie en pleine ascension, tandis que le boom de la construction poussait le modèle de l'urbanisation en tache d'huile. Le programme durera en tout trois décennies au terme desquelles les tramways des villes seront remplacés par les voitures individuelles et les autobus. En 1959, découvertes, les compagnies impliquées seront traduites en justice. Reconnues coupables de conspiration criminelle, elles devront acquitter une amende symbolique de… 5000 dollars (environ 50 912,54 $ aujourd'hui).

On pourrait croire qu'il s'agissait d'une simple question d'intérêt économique pour quelques entreprises mais cela va bien au-delà ; raison pour laquelle elles ont été simplement condamnées à payer une amende symbolique. Le développement de l'automobile allait de pair avec celui de l'exploitation pétrolière et des raffineries. De plus, il y avait un avantage politique immédiat pour les États-Unis, dans les commencements de l'affrontement avec le bloc de l'Est, à encourager le basculement vers le tout-pétrole : réduire les capacités de nuisance, c'est-à-dire de blocage économique, de l'industrie charbonnière, fortement syndiquée et revendicatrice, réputée acquise au communisme. Le pétrole, grâce aux pipelines et aux tankers, est beaucoup moins dépendant du transport routier national. Son réseau énergétique est moins intensif et sa mise en œuvre repose sur des effectifs limités. L'un des objectifs du plan Marshall était de subventionner dans l'Europe dévastée le recours au pétrole, de façon à désarmer les mineurs et leurs syndicats. Les fonds de l'European Recovery Program (ERP) permirent la construction ou l'agrandissement de nombreuses raffineries et l'achat massif de générateurs au fioul. Dans les années 1950, la moitié du pétrole destiné à l'Europe était subventionnée par l'ERP. Comme par hasard, les grandes villes françaises abandonnèrent à ce moment-là leurs propres réseaux de tramways. Ainsi la ville de Rouen ferma le sien, qui était l'un des plus étendus de France, en 1953, au profit du trolleybus, puis du bus tout court. Le tramway y est réapparu en 1994, pour une desserte moindre. Le tout-nucléaire s'étant substitué en France au tout-pétrole, le transport collectif urbain électrique a connu un retour en grâce très relatif, puisque des métropoles travaillaient déjà au développement de la voiture individuelle autonome, main dans la main avec les industriels d'un secteur automobile archi polluant qui n'entend pas voir sa prééminence remise en cause. Vous connaissez maintenant l'un des moyens par lesquels l'industrie de l'automobile s'est répandue à travers le monde.

Exemple N°2 :

Dans les années 1920, la firme de tabac LUCKY STRIKE a mandaté Edward BERNAYS[19], le père de la propagande moderne, afin qu'il trouve un moyen d'augmenter les ventes de l'industrie de la cigarette. Il a mis en place une stratégie aussi perfide qu'efficace qui consistait à persuader les femmes de se mettre à fumer. À l'époque, les fumoirs étaient encore réservés aux hommes et les seules femmes qui fumaient étaient essentiellement les prostituées. Pour atteindre son but, il fallait qu'il arrive à modifier la perception de la cigarette chez les femmes. La première stratégie consista à persuader les femmes de fumer des cigarettes au lieu de manger pour mincir. BERNAYS commença par promouvoir l'idéal de minceur lui-même, en faisant appel à des photographes, des artistes, des journaux et des magazines pour promouvoir la beauté des femmes minces. Les autorités médicales se mirent à encourager de fumer des cigarettes plutôt que manger des sucreries et on

---

[19] Edward L. BERNAYS, né à Vienne en novembre 1891, est mort plus que centenaire à Cambridge, Massachusetts, en mars 1995. Son nom reste le plus souvent inconnu du grand public, et pourtant BERNAYS a exercé, sur les États-Unis d'abord puis notamment sur les démocraties libérales, une influence considérable. Il est généralement reconnu comme l'un des principaux créateurs (sinon le principal) de l'industrie des relations publiques et donc comme le père de ce que les Américains nomment le spin, c'est-à-dire la manipulation – des nouvelles, des médias, de l'opinion – ainsi que la pratique systématique et à large échelle de l'interprétation et de la présentation partisanes des faits. Il est l'auteur de *Propaganda, comment manipuler l'opinion en démocratie*. Il est également le neveu de Sigmund FREUD (1856-1939), le père de la psychanalyse.

persuada les ménagères que garder des cigarettes à portée de main était une nécessité sociale.

La première campagne réussit. Les femmes se mirent à fumer plus de cigarettes et l'industrie du tabac augmenta ses revenus. LUCKY STRIKE devint alors le leader du marché en termes de croissance. Mais un tabou demeurait encore sur le tabagisme des femmes en public. Edward BERNAYS consulta le psychanalyste Abraham BRILL, selon qui il était normal que les femmes veuillent fumer, du fait de leur émancipation, de leurs désirs réprimés, de porter moins d'enfants et de faire le travail d'hommes ou de leur ressembler, ce qui fait de la cigarette un étendard de liberté. Edward BERNAYS recruta alors dans cette optique un groupe de femmes pour fumer des cigarettes *« torches de la liberté »* lors du défilé du dimanche de Pâques 1929 à New York. L'événement fut soigneusement scénarisé pour promouvoir le message voulu. Edward BERNAYS a d'ailleurs écrit à ce propos :

« Parce que l'événement devait apparaître comme une information neutre sans aspects publicitaires, les actrices devaient être exclues. D'autre part, si des jeunes femmes défendant le féminisme - du Parti des femmes, par exemple - pouvaient participer, et par là même faire de la publicité au mouvement, serait également positif... Si elles doivent être belles, elles ne doivent pas être trop stéréotypées. Trois pour chaque église devraient suffire. Bien sûr, elles ne doivent pas simplement fumer en descendant les marches de l'église. Elles doivent se joindre au défilé de Pâques, en soufflant la fumée de manière ostentatoire. »

Le défilé se déroula comme prévu, tout comme la publicité qui suivit et des vagues de femmes se mirent à fumer à travers le pays. Le 1er avril 1929 sur la Cinquième Avenue, à la demande de l'industrie du tabac, il a notamment organisé des visuels et le défilé médiatisé de fumeuses jeunes et jolies. Elles affirmaient leur indépendance et leur émancipation par l'acte de fumer en public en revendiquant le slogan selon lequel elles avaient allumé ''Les torches de la liberté''.

Le principe de la manipulation de l'opinion consiste à associer à un usage une signification qui va permettre de légitimer cet usage voire de le promouvoir socialement. À travers cette manifestation, la cigarette n'était plus vue comme un signe de vulgarité, mais un symbole de réappropriation du phallus masculin, un symbole de conquête de l'émancipation. Et cette image était beaucoup plus efficace car on ne s'adresse plus simplement à la raison, on s'adresse aux représentations inconscientes, aux symboles, aux archétypes. Et on substitue à la fonction de l'objet sa représentation symbolique. Aujourd'hui, quand on voit une femme qui fume, on ne se dit pas que ce qui en est à l'origine c'est la stratégie de propagande de BERNAYS. On se dit plutôt que les femmes fument comme les hommes fument et que c'est tout simplement le signe d'une égalité conquise au prix d'une longue lutte. Sauf que voilà : cette lutte n'était qu'une mise en scène et les seules bénéficiaires de l'opération, jusqu'à aujourd'hui, ont été les firmes de tabac. Le génie de la manipulation des opinions, c'est de faire en sorte que l'opinion personnelle fasse oublier le but initial, c'est de faire en sorte que notre sensibilité occulte les raisons objectives. Le but de BERNAYS n'avait jamais été de libérer les femmes de l'oppression masculine mais d'augmenter les ventes de l'industrie du tabac. Et le cynisme de cette entreprise est d'avoir transformé aux yeux de l'opinion une stratégie de manipulation collective en une conquête du progrès ! Vous comprenez mieux maintenant pourquoi je disais plus tôt que toute évolution fut-elle technologique n'est pas une amélioration ? La prochaine fois qu'on voudra vous faire adhérer à une idée, un concept, un comportement ou même une norme sous prétexte que « les temps ont changé », qu'il faut défendre le progrès, la démocratie et même dans certains cas les droits de l'homme, prenez d'abord un moment de recul et demandez-vous si :

1- on vous dit vraiment toute la vérité,
2- qui seront les bénéficiaires immédiats, à moyen ainsi qu'à long terme du projet qu'on vous présente et,
3- à qui ou à quoi la mise en œuvre ou non de ce qui est défendu portera préjudice.

Il ne s'agit pas non plus de devenir sceptique et de soupçonner le mal partout. Bien des causes et des valeurs méritent d'être défendues de toute notre énergie pour le bien de la société. Ce dont il faut faire preuve, c'est de discernement.

Image N°1 : Le pêcheur qui bat l'eau

Un pêcheur pêchait dans une rivière. Il avait tendu ses filets, et en avait barré le courant d'une rive à l'autre ; puis ayant attaché une pierre au bout d'une corde de lin, il en battait l'eau, pour que les poissons affolés se jetassent en fuyant dans les mailles du filet. Un des habitants du voisinage, le voyant faire, lui reprocha de troubler la rivière et de les forcer à boire de l'eau trouble. Il répondit : *« Mais si la rivière n'est pas ainsi troublée, force me sera à moi de mourir de faim ».*

C'est exactement ce qui se passe dans les Etats : les démagogues y font d'autant mieux leurs affaires qu'ils ont jeté leur pays dans la discorde[20].

Exemple N°3 :

En 2009, les récoltes de riz furent très abondantes en Corée du sud (en tout 160.000 tonnes). L'ennui, c'est que depuis un certain temps les sud-coréens s'étaient mis à consommer davantage les nouilles importées depuis la chine au détriment du riz produit localement. Le gouvernement, pour amener la population à changer ses habitudes, a organisé des campagnes pour la sensibiliser au fait que les producteurs de riz sud-coréens se retrouvaient en difficultés pour écouler les produits sur le marché local. Conséquence : la population a presque arrêté de consommer les nouilles au profit du riz sud-coréen afin de soutenir les producteurs locaux. Dans ce dernier cas, on peut se rendre compte que c'est l'intérêt national que l'on cherchait à préserver.

J'ai mentionné précédemment qu'il était impossible pour chaque citoyen d'analyser tous les contours de chaque question avant de prendre une décision, raison pour laquelle on laisse ce soin à l'Etat la plupart du temps. Mais c'est

---

[20] Le pêcheur qui bat l'eau, Fable N° 27, Esope: Œuvres complètes: Les 358 fables et annexes (French Edition)

justement là le danger, car notre tendance naturelle à la paresse et à rechercher le plaisir nous pousse à négliger des domaines qui nous affectent directement, et cela donne la latitude à untel ou untel d'influencer notre façon de penser ou nos choix parfois dans la mauvaise direction.

Image N°2 : L'Orateur Démade

L'orateur Démade parlait un jour au peuple d'Athènes. Comme on ne prêtait pas beaucoup d'attention à son discours, il demanda qu'on lui permit de conter une fable d'Ésope. La demande accordée, il commença ainsi :

- *Déméter, l'hirondelle et l'anguille faisaient route ensemble ; elles arrivèrent au bord d'une rivière ; alors l'hirondelle s'éleva dans les airs, l'anguille plongea dans les eaux.*

Et là-dessus il s'arrêta de parler.

- *Et Déméter,* lui cria-t-on, *que fit-elle ?*
- *Elle se mit en colère contre vous*, répondit-il, *qui négligez les affaires de l'État, pour vous attacher à des fables d'Ésope.*

Ainsi parmi les hommes, ceux-là sont déraisonnables qui négligent les choses nécessaires et préfèrent celles qui leur font plaisir[21].

[21] L'Orateur Démade, Fable N° 96, Esope: Œuvres complètes: Les 358 fables et annexes (French Edition)

Si les choses sont ainsi dans les sociétés d'aujourd'hui, c'est parce que les progrès technologiques en matière de communication et d'information ont rendu infiniment plus facile l'influence qu'il est possible d'exercer sur les biais cognitifs qui façonnent le comportement de l'être humain (voir chapitre 1). On peut regrouper les biais cognitifs en 4 catégories (la liste n'est pas exhaustive) : les biais de raisonnement, les biais de jugement, les biais de comportement et les biais de prise de décision[22].

A- LES BIAIS DE RAISONNEMENT :

On y retrouve :

1- Le biais de confirmation : c'est la tendance, très commune, à ne rechercher et ne prendre en considération que les informations qui confirment les croyances qu'on a déjà par rapport à un sujet et à ignorer ou discréditer celles qui les contredisent.

2- Le biais de croyance : le biais de croyance se produit quand le jugement sur la logique d'un argument est biaisé par la croyance en la vérité ou la fausseté de la conclusion. Ainsi, des erreurs de logique seront ignorées si la conclusion correspond aux croyances. Maintenir certaines croyances peut représenter une motivation très forte. Lorsque des croyances sont menacées, le recours à des arguments non vérifiables augmente ; la désinformation, par exemple, mise sur la puissance des croyances.

---

22 Sources : http://www.psychomedia.qc.ca/psychologie/biais-cognitifs, *30 biais cognitifs qui nuisent à la pensée rationnelle,* Publié le 22 février 2015 ; https://www.toupie.org/Biais

3- La croyance en un monde juste : comme elle l'indique, c'est la tendance à croire que le monde est juste et que les gens méritent ce qui leur arrive. Des études ont montré que cette croyance répond souvent à un important besoin de sécurité. Différents processus cognitifs entrent en œuvre pour préserver la croyance que la société est juste et équitable malgré les faits qui montrent le contraire.

4- Le biais de représentativité : c'est un raccourci mental qui consiste à fonder son jugement ou à prendre une décision à partir d'un nombre limité d'éléments que l'on considère comme représentatifs d'une population beaucoup large. Ce biais cognitif revient à se baser sur une représentation de la réalité ou sur des stéréotypes plutôt que sur une analyse statistique ou à généraliser à partir de cas particuliers ou d'exemples, sans se baser sur un raisonnement logique et probabiliste.

C'est suivant cette logique que certains ont tendance à dire que tous les hommes sont pareils (infidèles par exemple) ou que toutes les femmes sont matérialistes. C'est aussi ce qui amène les gens à associer des individus issus de telle région, de tel pays ou ayant telle couleur de peau à un certain type de comportements, de façons de penser, de qualités ou de défauts.

5- L'illusion de corrélation : elle consiste à percevoir une relation entre deux événements non reliés ou encore à exagérer une relation qui est faible en réalité. Par exemple, l'association d'une caractéristique particulière chez une personne au fait qu'elle appartienne à un groupe particulier alors que la caractéristique n'a rien à voir avec le fait qu'elle appartienne à ce groupe. On peut aussi parler de la probabilité de l'apparition de certains évènements pendant la pleine lune qui est surestimée ; le lien entre les signes astrologiques et les traits de personnalité.

6- L'illusion de savoir : L'illusion de savoir est un biais de raisonnement conduisant un individu, face à une situation en apparence identique à une situation commune, à réagir de façon habituelle, sans éprouver le besoin de rechercher les informations complémentaires qui auraient pu mettre en évidence une différence par rapport à la situation commune. Autrement dit, quand deux situations se ressemblent, l'illusion de savoir est la tendance à ne pas chercher plus loin. En effet, les mêmes effets ne proviennent pas nécessairement des mêmes causes. Ex : vous n'obtenez pas de réponses d'une personne que vous avez cherché à contacter et vous en déduisez, à la lumière d'une expérience précédente, qu'elle vous ignore alors qu'en réalité elle n'a peut-être pas remarqué vos tentatives ou alors a simplement oublié de vous répondre.

7- L'effet de vérité illusoire : l'effet de vérité illusoire (ou effet d'illusion de vérité) est la tendance à croire qu'une information est vraie après une exposition répetée. Vous avez compris. C'est l'un des principes qui est très utilisé dans la publicité et les médias d'informations.

8- Le biais de la disponibilité en mémoire : il désigne la tendance ou le mode de raisonnement des personnes qui, sur une question donnée, privilégient et surestiment les informations immédiatement disponibles à notre mémoire, en particulier lorsqu'elles sont stéréotypées. Les personnes s'abstiennent de rechercher de nouvelles informations qui pourraient éclairer la question sous un autre jour, de manière plus générale, plus rationnelle, plus objective. C'est en particulier le cas avec des évènements qui ont une forte charge émotionnelle - favorisant leur remémoration - ou qui sont en concordance avec nos croyances.

Il s'agit donc d'une solution de facilité qu'emprunte notre cerveau face à une infinité de stimuli en prenant un raccourci fondé sur les idées qui lui viennent le plus rapidement en mémoire. Il est renforcé par la proximité de la source : famille, amis, etc., au détriment des données statistiques plus lointaines et plus complexes à comprendre. Il peut aussi être la résultante d'autres biais cognitifs :

- le biais rétrospectif qui fait que l'on se souvient plus facilement des informations les plus récentes sur un évènement passé que des informations plus anciennes ou des scénarios qui n'ont pas abouti à cet évènement.
- le conservatisme qui est basé sur la prise en compte de situations fréquemment rencontrées dans le passé,
- la rumeur du moment qui est établie sur des informations répétées à plusieurs reprises et par plusieurs sources.

Ainsi, si l'on a obtenu une information récente sur un évènement donné qui a eu telle conséquence, on aura tendance à penser qu'un évènement du même type aura toujours la même conséquence. Comme autre exemple, le fait d'avoir acheté récemment un certain type de voiture nous amènera à en remarquer de nombreux autres exemplaires

chaque fois que l'on prend la route, ce qui n'était pas le cas avant l'achat.
Conclusion : la bonne solution, la réponse la plus pertinente, la meilleure opinion, ne sont pas nécessairement celles qui nous viennent en premier à l'esprit, même si notre intuition peut s'avérer souvent exacte.

B- LES BIAIS DE JUGEMENT :

Les biais de jugements se subdivisent encore en deux catégories :

- **Les Jugements sur soi et sur les autres**

1- L'illusion positive ou biais de supériorité : c'est un optimisme irréaliste lié à une évaluation exagérée de ses capacités. Les études ont montré que la majorité des gens ont tendance à se considérer meilleurs que la moyenne sur une diversité de capacités, ce qui est nécessairement erroné. Un exemple d'illusion positive très répandue est l'illusion de supériorité morale qui entraine que nous ne semblons pas voir nos défauts et nos absurdités mais nous remarquons très bien ceux des autres.

On note aussi, *l'excès de confiance*. Ce biais a été mis en évidence par des expériences en psychologie qui ont montré que, dans divers domaines, beaucoup plus que la moitié des participants estiment avoir de meilleures capacités que la moyenne. Ainsi, plus que la moitié des gens estiment avoir une intelligence supérieure à la moyenne.

2- L'erreur fondamentale d'attribution : parfois appelée biais d'attribution, c'est la tendance générale à sous-évaluer les causes externes (situations, évènements extérieurs, autrui) au profit des causes personnelles (dispositions personnelles, traits de personnalité, intentions, efforts) qui sont surestimées quand il s'agit des actions posées par les autres, ce qui revient à attribuer systématiquement à l'individu la responsabilité de sa conduite. Par contre, quand il s'agit de nos actes, nous avons tendance à sous-estimer notre degré de responsabilité et à privilégier les circonstances extérieures.

3- L'effet Dunning-Kruger : L'effet Dunning-Kruger est le résultat de biais cognitifs qui amènent les personnes les moins compétentes à surestimer leurs compétences et les plus compétentes à les sous-estimer. Cet effet a été démontré dans plusieurs domaines.

4- Le biais d'auto complaisance : c'est la tendance à s'attribuer le mérite de ses réussites et à attribuer ses échecs à des facteurs extérieurs défavorables.

5- L'effet Barnum ou effet Forer : Le biais de l'effet barnum (ou effet Forer) consiste à accepter une vague description de la personnalité comme s'appliquant spécifiquement à soi-même. Les horoscopes jouent beaucoup sur ce phénomène.
6- L'effet de halo : L'effet de halo se produit quand la perception d'une personne ou d'un groupe est influencée par l'opinion que l'on a préalablement pour l'une de ses caractéristiques. Par exemple, une personne de belle apparence physique sera perçue comme intelligente et digne de confiance. L'effet de notoriété est aussi un effet de halo.

7- *le biais de projection :* c'est le fait de projeter faussement ses sentiments, ses pensées et ses croyances actuelles sur le futur.

- **Les jugements sur des événements passés, présents ou futurs**

1- Le biais rétrospectif : c'est la tendance à surestimer, une fois un événement survenu, comment on le jugeait prévisible ou probable.

2- Le biais de négativité : c'est la tendance à donner plus de poids aux informations et aux expériences négatives qu'aux positives et à s'en souvenir davantage.

3- Le biais de normalité : c'est une tendance à croire que les choses fonctionneront à l'avenir comme elles ont fonctionné normalement dans le passé et donc à sous-estimer, par exemple, la probabilité d'un événement exceptionnel tel qu'une catastrophe et ses effets possibles. C'est l'un des biais qui agissent de manière pathologique chez les joueurs compulsifs.

4- Le biais d'optimisme : c'est une tendance à accorder plus d'attention aux bonnes nouvelles qu'aux mauvaises. En situation de stress, l'anxiété limite beaucoup les risques du biais cognitif d'optimisme.

C- <u>LES BIAIS DE COMPORTEMENT :</u>

On y retrouve :

1- Le biais de conformisme : C'est la tendance à penser et agir comme les autres le font. C'est ce qui explique que dans un groupe (parti politique, cercle religieux, cercle social) les gens ont tendance à penser ou à agir de la même manière. L'homme est un animal social ne l'oublions pas. La loi des moyennes prend ici tout son sens (on est la moyenne des 5 personnes avec lesquelles on passe le plus de temps ; celui qui marche avec les sages devient sage, celui qui marche avec les insensés s'en trouve mal). C'est aussi ce biais qui est parfois à l'œuvre lorsque des personnes s'arrêtent pour observer les victimes d'un accident sans appeler les secours ou ignorent la victime d'un malaise sans lui porter assistance. Puisque personne d'autre ne semble se préoccuper de la situation, elles ne font rien non plus par conformisme. Ne soyez donc pas surpris de constater à quel point l'être humain peut être manipulable.

2- L'ignorance pluraliste : L'ignorance pluraliste, un concept introduit en 1930 par les psychologues Floyd ALLPORT et Daniel KATZ, désigne un phénomène dans lequel une majorité de membres d'un groupe rejettent en privé une norme, mais supposent à tort que la plupart des autres l'acceptent, et donc s'y conforment.

3- Le biais de faux consensus : c'est la tendance à croire que les autres sont d'accord avec nous plus qu'ils ne le sont réellement. Ce biais peut être particulièrement présent dans des groupes fermés dans lesquels les membres rencontrent rarement des gens qui divergent d'opinions et qui ont des préférences et des valeurs différentes. Ainsi, des groupes politiques ou religieux peuvent avoir l'impression d'avoir un plus grand soutien qu'ils ne l'ont en réalité.

4- Le biais de favoritisme intragroupe : Le biais de favoritisme intragroupe (ou endogroupe) est la tendance à favoriser les gens qui appartiennent à un même groupe que nous comparativement aux personnes qui n'en font pas partie.

5- L'effet de simple exposition : c'est une augmentation de la probabilité d'un sentiment positif envers quelqu'un ou quelque chose par la simple exposition répétée à cette personne ou cet objet. Ce biais peut intervenir notamment dans la réponse à la publicité.

6- L'effet boomerang : L'effet boomerang est le phénomène selon lequel les tentatives de persuasion ont l'effet inverse de celui attendu. Les croyances initiales sont renforcées face à des preuves pourtant contradictoires.

D- LES BIAIS DE PRISE DE DECISION :

Ils regroupent :

1- L'aversion pour la perte : L'aversion pour la perte est une notion issue de l'économie comportementale qui explique qu'un individu accorde plus d'importance à une perte qu'à un gain du même montant ou d'une même valeur. De façon générale, nous avons tendance à adopter un comportement qui minimise la prise de risque, de peur d'être déçu par le changement. C'est la raison pour laquelle beaucoup de personnes aiment l'idée de pouvoir devenir leur propre patron mais ne se lancent jamais car leur attention est davantage focalisée sur la peur de perdre un emploi stable que sur l'opportunité de se lancer dans une activité où les gains sont plus aléatoires. De la même manière, c'est le biais de l'aversion pour la perte qui alimente également notre tendance à passer à l'action avant qu'une opportunité ne disparaisse. Un autre nom connu pour ce biais cognitif est l'effet FOMO (Fear Of Missing Out c'est-à-dire la peur de rater une opportunité). C'est souvent sur ce biais cognitif que les escrocs en tout genre jouent pour appâter leurs victimes.

2- Le biais de statu quo : c'est la tendance à préférer laisser les choses telles qu'elles sont, un changement apparaissant comme apportant plus de risques et d'inconvénients que d'avantages possibles. C'est en raison de ce biais que les gens en général résistent au changement. Dans divers domaines, ce biais explique des choix qui ne sont pas les plus rationnels. Un biais se rapprochant du biais de statu quo est celui de la tendance à la justification du système, raison pour laquelle on aime se plaindre des hommes politiques sans pour autant mettre en place des actions concrètes pour changer les choses.

3- Le biais d'omission : il consiste à considérer que causer éventuellement un tort par une action est pire que causer un tort par l'inaction. Ainsi, le biais d'omission pourrait contribuer à expliquer que, dans l'incertitude, certains choisiront de refuser la vaccination pour leurs enfants par exemple.

4- Le biais de cadrage : c'est la tendance à être influencé par la manière dont un problème est présenté. En général, pour faire appel à ce biais, on attire l'attention du sujet sur un élément qu'on juge plus important au détriment des éléments jugés moins significatifs. Par exemple, la décision d'aller de l'avant ou pas avec une chirurgie peut être affectée par le fait que cette chirurgie soit décrite en termes de taux de succès ou en terme de taux d'échec, même si les deux chiffres fournissent la même information. Pour le dire encore d'une autre manière, c'est la tendance à porter un jugement sur une situation suivant qu'on vous la présente sous la perspective du verre à moitié vide ou du verre à moitié plein.

5- Le biais d'ancrage : c'est la tendance qui consiste à donner un poids excessif à la première information reçue (le point d'ancrage) dans la prise de décision. Les jugements et l'interprétation des informations subséquentes ont tendance à se faire sur la base de la première information. Ce biais peut intervenir, par exemple, dans les négociations, les soldes des magasins ou les menus de restaurants. Dans les négociations par exemple, faire la première offre est avantageux car si un accord doit être trouvé, il se fera en gardant comme point de référence la première offre qui a été faite. En période de soldes, on se souci beaucoup moins du prix à payer même si en réalité ce dernier ne change pas vraiment. On s'est juste accroché à l'idée que le produit est forcément moins cher qu'en période normale.

En y prêtant attention, vous remarquerez que la majorité de ces mécanismes cognitifs sont des couteaux à double tranchant. S'ils sont bien managés, on peut en retirer un bien considérable ou à contrario en devenir le jouet inconscient. C'est la raison pour laquelle il faut beaucoup se méfier des informations que les médias véhiculent. Comme dans tous les domaines, certains sont plus crédibles que d'autres mais il nous revient au final, dans la mesure du possible, de nous assurer de la qualité des informations qu'ils nous distillent à longueur de journée. Je me remémore parfois avec quelque délice, certaines paroles du morceau *''vent d'État''* de Kery James qui décrit leurs actions avec une pertinence que je n'aurais pas mieux exprimée :

Ils nous maintiennent dans la peur
Ils nous maintiennent dans le stress
Les uns contre les autres, ils nous dressent
Je ne prétends pas être une lumière mais je suis trop intelligent
Pour accepter qu'ils fassent de moi un raciste anti-blanc
Ils essayent de diviser, j'essaye de construire des ponts
Et je n'arrêterais de penser que la cervelle remplie de plomb
Si je fais du rap français c'est pour contrecarrer leurs plans
Si aux échecs je dois jouer, ce ne sera jamais pour être un pion
J'écris des textes explosifs et je n'ai pas besoin de bombes
Si la France a un défi, il s'nomme "savoir et vivre ensemble"
Les noirs et les arabes contre les Français de souche
C'est le rêve des fauteurs de troubles qui n'ont que des mensonges à la bouche
La pilule est trop grosse, je n'arrive pas à l'avaler
Je sais que l'ordonnance est fausse, le médecin veut m'anesthésier
Je suis un soldat qui choisit
À quel moment il se tait, à quel moment il se bat
Contre qui et pourquoi!
Donc j'serai toujours mal à l'aise face aux médias et la presse
Comme un altermondialiste faisant face à un CRS

Toujours les mêmes qu'ils protègent, toujours les mêmes qu'ils blessent
Comment peuvent-ils prétendre être libres, le cou attaché à une laisse
Le système prend des décisions, les médias s'empressent
D'influencer l'opinion afin que le peuple acquiesce
Vers le choc des civilisations, les médias nous pressent
La troisième guerre à l'horizon n'est plus une menace mais une promesse

J'accuse les médias d'être au service du pouvoir
De propager l'ignorance et de maquiller le savoir
Pour ne pas l'voir il faut être stupide, ou alors il faut l'vouloir
J'refuse de croire à un agent cupide chargé d'travestir l'histoire
Vent d'État, les médias véhiculent des mensonges d'État !
Contrôle, pouvoir, coup d'État, vent d'État
Propagande, manipulation, désinformation, vent d'État
Contrôle, pouvoir, coup d'État, vent d'État
Propagande, manipulation, désinformation, vent d'État

Les médias ne se contentent plus de cacher l'information
Ils sont carrément passés maîtres dans la désinformation
Au service du crime car au service de l'oppression
Ils font passer pour une victime celui qui commet l'agression
Entre les médias et le pouvoir, je n'parle plus de relation
J'dis qu'les médias sont le pouvoir, je parle plutôt de fusion
Plusieurs angles d'attaque pour défendre la même vision
Leur prétendu clivage gauche-droite c'est du bluff, de l'illusion
Une pensée unique, une seule liberté d'expression
C'est le ballet-folklorique des salariés indépendants

Y a-t-il des journalistes intègres qui ont le courage de dire "non" ?
Dis-moi qui tu protèges, j'te dirai qui paye l'addition
L'Irak n'a jamais possédé lesdites armes de destruction
Mais on peut tout justifier avec l'arme d'abrutissement
La vérité n'a plus pied dans l'océan des confusions
Plus le mensonge est osé, plus il convainc l'ignorant
J'accuse les médias français de diviser la Nation
De diviser la Nation entre les gentils et les méchants
Tout l'monde l'aura compris pour vous le méchant c'est le Musulman
Et le coupable désigné de la crise que nous connaissons
Les médias pyromanes nous poussent vers l'autodestruction
En opposant le peuple, ils espèrent la collision
Manipulent nos sentiments, jouent de nos appréhensions
Tu veux reprendre ta liberté éteins ta télévision
Ils nous amènent vers une guerre civile, et le font consciemment
Ils sont payés pour nous asservir, ils le font indécemment
Commerce du blasphème et de la provocation
Mais quand tout le monde attaque les mêmes, où est donc la subversion ?

En matière de propagande, le pire scénario peut se produire lorsqu'on œuvre à provoquer des vagues d'émotions comme le ressentiment ou la haine. Il s'agit alors de procéder à des fixations collectives de haine sur tel adversaire qui devient un bouc émissaire, l'auteur de tous les maux. C'est ce à quoi on assiste quand des démagogues avides de pouvoir s'arrangent à désigner certaines catégories sociales comme bouc émissaire des sociétés afin d'endosser le rôle de celui qui les éradiquera. Les vestiges du troisième

Reich sommeillent encore parmi nous contrairement à ce qu'on pourrait croire. Et pour tout vous dire, c'est aussi ce à quoi on assiste de plus en plus sur les réseaux sociaux. On a beau vanter la puissance et l'intelligence des algorithmes, il suffit qu'un grand nombre de personnes signalent un post ou une vidéo inoffensive voire même éducative pour que le système, incapable d'analyser quoi que ce soit – à part les sujets dont l'analyse équivaut à un bannissement -, identifie l'information comme une menace. Et le fait de se sentir à l'abri derrière son écran et souvent même derrière de faux profils contribue à ce que des personnes, cachées dans la masse, se sentent libres de déverser leurs frustrations sans aucun remords. J.K Rowling, l'écrivain britannique auteure de la saga *Harry Potter* en sait quelque chose depuis la polémique créée par son fameux post sur twitter[23] en 2020. Elle a fait savoir, suite à cette polémique que des militants LGBT+ venaient jusqu'à son domicile prendre en photo sa maison, la poster sur les réseaux et la menacer. En novembre 2021, elle avait reçu des lettres d'injures et de menaces à son domicile après que son adresse ait fuité sur internet. Bon nombre de personnes qui pensent comme elles sont à la merci de ces campagnes de haine…

Si l'arme de la propagande peut être utilisée de manière négative, elle peut s'avérer aussi redoutable si on

---

[23] Elle avait ironisé, dans un tweet, sur la formulation du titre d'un article évoquant « les personnes qui ont leurs règles », - pour ne pas exclure les personnes transsexuelles – en disant : *« Je suis sûre qu'il y avait un mot pour ces gens. Que quelqu'un m'aide. Wumben ? Wimpund ? Woomud ?* [Des dérivés imaginaires du mot Women, littéralement « femmes en français, NDLR] ».
Source :https://www.lepoint.fr/culture/j-k-rowling-accusee-de-transphobie-se-dit-menacee-22-11-2021-2453212 3.php

apprend à l'utiliser pour des causes qui peuvent faire avancer nos sociétés. Si les mouvements féministes et LGBT+ ont autant d'audience aujourd'hui c'est bien grâce à cette arme et cela est visible jusque dans le cinéma qui est sans doute le canal le plus dangereux. Il n'y a qu'à regarder le nombre de séries sur Netflix et même des films censés raconter des histoires de superhéros qui en font l'apologie de manière subliminale. À mon sens, le domaine le plus important sur lequel il faut agir est celui de l'éducation, à commencer par celle des enseignants, car tout part de là. Jusqu'à l'heure actuelle, ces derniers ne sont formés qu'à bourrer des élèves de connaissances pêle-mêle dans les salles de classe, mais pas à être les éducateurs, au sens large, du peuple. Comment le grand public aurait-il une vision claire des choses, si les enseignants eux-mêmes ignorent tout du rapport entre le devenir de la société et la manière dont sont formatés les individus ? J'aurai l'occasion de m'étendre sur le sujet dans un chapitre dédié mais pour l'heure, je m'attèlerai d'abord au sujet des rapports hommes-femmes qui constituent un autre point sensible livré trop souvent à l'influence d'une mauvaise propagande.

3.
Les relations Hommes-Femmes

L'égalité en tout point ne consiste pas simplement à être traitée de la même manière que les hommes mais aussi à se traiter soi-même de la façon dont on traite les hommes. Ne confondez pas égalité et uniformité.

L'auteur

L'une des questions qui déchainent les passions surtout à notre époque concerne les rapports hommes-femmes. Ici je me permets d'ouvrir une parenthèse spéciale pour les pays d'Afrique en particulier l'Afrique subsaharienne. D'entrée de jeu, je commencerai par dire que je suis particulièrement soucieux du fait qu'on encourage une égalité de droits pour les femmes notamment sur le plan professionnel et en matière de leadership, quels que soient les domaines, car elles ont au moins autant de capacités à faire valoir que les hommes même si ce n'est pas forcément de la même manière. Les femmes se montrent plus souvent capables que les hommes de gérer plusieurs tâches à la fois. De plus, je n'ai jamais connu d'homme qui soit capable de supporter les douleurs de l'enfantement ajoutées à plusieurs mois de grossesse avec les indispositions qui y sont associées. Je me souviens encore qu'au cours de ma première année en France, j'ai été interloqué lorsque j'ai vu pour la première fois des femmes conduire des bus et même des camions dotés de systèmes complexes qui faisaient apparaitre les modèles que j'avais vu dans mon pays comme des antiquités préhistoriques datant de l'âge de la pierre taillée et l'âge de la pierre polie. Et elles le faisaient avec une facilité déconcertante, chose que j'avais peu de chances de voir chez moi. Nul besoin de rappeler ici, les longues séries de discriminations dont les femmes ont fait l'objet tout au long de l'histoire et dans presque toutes les civilisations. Bien que je comprenne qu'il y ait quelque part un juste retour des choses avec l'évolution des droits dans la société occidentale, force est de reconnaitre que la situation prend désormais une tournure inquiétante avec les mouvements féministes et tout ce qui s'en suit, au point où il suffit qu'une femme porte des accusations même si elles sont dénuées de fondements pour que cela entraine des conséquences parfois irréversibles pour le coupable désigné en passant par le déchainement de l'opinion publique. On l'a vu avec le procès opposant l'acteur Johnny DEPP à son ex-épouse Amber HEARD et ce n'est pas un cas isolé. De plus, quand on sait que beaucoup de sociétés dans le monde notamment en Afrique sont en train de s'aligner progressivement sur le modèle occidental, souvent sans prendre le soin de faire un tri préalable, il est donc de bon ton de s'en inquiéter et d'ouvrir les yeux du plus grand nombre sur certaines réalités qui ne sont pas bien comprises. J'aborderai le sujet des relations hommes-femmes sous deux angles principaux.

I- *L'EGALITE AU PLAN PROFESSIONNEL ENTRE HOMMES ET FEMMES :*

Je commencerai par présenter quelques statistiques qui donnent à réfléchir. Suivant les chiffres fournis par l'Organisation des Nations Unies pour l'éducation, la science et la culture (UNESCO)[24], on remarque que :

- Seulement **33 % des chercheurs sont des femmes**, alors qu'elles représentent 45 % et 55 % des étudiants au niveau des études de licence et de maîtrise respectivement, et 44 % en doctorat.

- **Les chercheuses ont tendance à avoir des carrières plus courtes et moins bien rémunérées**. Leurs travaux sont sous-représentés dans les revues scientifiques et elles sont souvent écartées des promotions. Elles obtiennent en général des subventions de recherche moins importantes que leurs collègues masculins.

- Les femmes représentent **70 % des effectifs de santé et de soins sociaux**, mais leurs salaires sont de **11 % inférieurs à ceux de leurs homologues masculins**.

- Environ **30 % seulement de toutes les étudiantes choisissent des domaines liés aux STIM** ou STEM en anglais (Sciences, Technologie, Ingénierie et Mathématiques) dans l'enseignement supérieur.

---

[24] Extrait de l'article *''femmes et filles de science : où en est-on en 2022 ?''* Par Pierre GROMADA, Directeur Hays Technology France & Luxembourg, en collaboration avec Noemi CAPELL

- Dans les entreprises spécialisées dans l'innovation de l'intelligence artificielle, seul un professionnel sur cinq est une femme.
- Malgré la pénurie de compétences dans la majorité des domaines technologiques à l'origine de la quatrième révolution industrielle, **les femmes ne représentent encore que 28 % des diplômés en ingénierie et 40 % des diplômés en informatique**.

De plus, à travers le monde, le taux de scolarisation des filles est particulièrement faible dans les domaines suivants :

- Technologies de l'information et des communications : 3 %
- Sciences naturelles, mathématiques et statistique : 5 %
- Ingénierie, fabrication et construction : 8 %

Ce n'est pas tout. Dans les pays occidentaux où les femmes sont censées avoir une liberté de choix plus vaste, on remarque qu'elles ont moins tendance à s'orienter vers des sciences dures. Dans son rapport sur la science intitulé *"La course contre la montre pour un développement plus intelligent"*, publié le 11 février 2021, l'UNESCO dénonce la faible proportion de femmes diplômées en ingénierie dans le monde. Elles ne sont que 28% contre 40% en informatique. Dans un chapitre d'un autre rapport de l'UNESCO titré *"Pour être intelligente, la révolution numérique devra être inclusive"*, il est souligné que plusieurs pays membres de l'OCDE, et non des moindres, n'arrivent même pas à atteindre cette moyenne de 28%. La France, par exemple, ne compte parmi ses ingénieurs que 26,1% de femmes, les Etats-Unis 20,4%, le Canada 19,7% et le Japon 14%. Paradoxalement, le rapport *"La course contre la montre pour un développement plus intelligent"* bouleverse les idées reçues en démontrant que les plus fortes représentations de femmes parmi les diplômés en ingénierie se situent dans les Etats arabes et notamment en Algérie (48,5%), au Maroc (42,2%), en Syrie (43,9%) et en Tunisie (44,2%). Seuls quelques pays d'Amérique latine arrivent à des chiffres similaires (47,5% au Pérou, 45,9% en Uruguay, 41,7% à Cuba).

La parité sur les postes de chercheurs ne cesse de progresser au Sud de la Méditerranée. L'UNESCO note que leur nombre est passé de 35% en 2005 à 47,1% en 2017 en Algérie et de 36% à 45,6% en Egypte sur la même période. Des chiffres prometteurs, même si ces moyennes masquent d'énormes disparités selon les domaines de recherche. Ainsi, les chercheuses algériennes ne représentent que 42,7% des postes en ingénierie et technologie mais 71,7% en sciences naturelles. Les Egyptiennes 28,9% en ingénierie et technologie et 48,9% en santé et services sociaux.

Dans le monde universitaire, *« la proportion des femmes diminue à mesure qu'augmente le niveau hiérarchique »* indique le rapport. Ainsi, en Algérie, les chercheuses constituent 51% des effectifs au premier niveau hiérarchique (doctorants recrutés en qualité de chercheur ou chercheur sans doctorat), et elles ne sont plus que 20% au quatrième (directeur de recherche ou professeur titulaire). Un écart quasi-identique (48% à 24%) est observé dans l'Union européenne, alors qu'il est moindre en Egypte (51,2% à 35,5%). Leur carrière est plus courte à cause de deux facteurs principaux : le maintien de l'équilibre entre travail et vie familiale mais aussi l'écart de rémunération entre les genres[25].

Au vu des faits que je viens de citer, au moins deux questions se posent : pourquoi les femmes dans les sociétés égalitaires ne s'orientent pas plus vers certaines catégories professionnelles et qu'est-ce qui peut justifier que l'on observe presque le contraire dans d'autres régions du monde ? Selon un constat qui a été fait suite à plusieurs études menées entre autres dans le cadre de l'Institut des Études Familiales[26] basé dans l'Etat de Virginie aux USA :

---

[25] Extrait de l'article, *''Les pays du Maghreb enregistrent les plus forts taux de femmes ingénieures au monde''*, publié sur Econostrum.info, rédigé par Frédéric DUBESSY, le Jeudi 11 Février 2021.

[26] La mission de l'Institut d'études familiales (IFS) est de renforcer le mariage et la vie familiale et de faire progresser le bien-être des enfants par la recherche et l'éducation publique. Connus pour leurs études objectives et impeccablement documentées qui attirent l'attention et le respect de tout le spectre idéologique, les programmes et plates-formes de l'IFS se concentrent sur un certain nombre de questions de mariage et de famille à la mode, notamment :
Le lien entre des mariages forts et une économie florissante ;
Le retrait du mariage chez les Américains de la classe ouvrière ;
L'état des rencontres et de la parade nuptiale en Amérique ;
L'impact négatif des familles brisées sur le bien-être et le développement de l'enfance ;
Le rôle parental, les tendances en matière de garde d'enfants et l'atteinte d'un équilibre sain entre le travail et la famille ;
L'augmentation de la cohabitation et ses conséquences pour les enfants et les communautés ;
L'influence positive que les pères jouent dans la vie de leurs enfants ;
Les faits réels et les réponses sur le divorce en Amérique ;
Le lien entre des familles en santé et un niveau de scolarité élevé ;

dans tous les pays (sans exception), plus de filles que de garçons aspirent à une profession axée sur les personnes, et plus de garçons que de filles aspirent à une profession axée sur les choses ou les STIM (Sciences, Technologie, Ingénierie, Mathématiques)[27]. Les professions axées sur les choses sont fortement centrées sur l'utilisation ou la conception d'un outil ou d'une machinerie. Il s'agit notamment des professions de cols bleus et de cols blancs, telles que le soudage, le génie civil ou le programmeur d'applications. Les professions axées sur les personnes sont centrées sur l'interaction avec les clients ou les enfants. Il s'agit notamment de toutes les professions d'enseignement et d'instructeur ainsi que des professions qui impliquent d'aider les patients (médecin, infirmière etc.). Ces différences d'intérêt entre les sexes pour les gens et les choses ne se trouvent pas seulement dans le monde entier aujourd'hui, mais remontent à au moins un siècle. Pour dire les choses d'une manière plus simple, il a été démontré que d'une manière tout à fait naturelle, les femmes s'intéressent plus aux relations, elles aiment parler, interagir avec les gens, ce qui les amène à s'orienter plus vers des métiers où elles auront davantage de rapports humains alors que les hommes s'intéressent plus aux choses, aux objets, ce qui les amène à s'orienter davantage vers les métiers des sciences dures ou qui nécessitent une certaine aptitude physique ou une intensité de réflexions en particulier l'ingénierie,

---

Comment la culture pop et la pornographie affectent le mariage et la famille en Amérique.

[27]Extrait de l'article, *''Les différences entre les sexes dans les désirs professionnels des adolescents sont universelles''* par David C. GEARY, 31 janvier 2022.

l'informatique et les technologies de l'information. Ces disparités, comme vous pouvez le voir, s'écartent de la croyance idéologique selon laquelle plus une société est égalitaire, plus il devrait y avoir égalité des sexes (résultats égaux) dans tous les domaines qui sont socialement influents et importants. La personne qui en parle le mieux est le docteur Louann BRIZENDINE[28] dans son livre *''les secrets du cerveau féminin''*. Elle explique qu'une femme prononce en moyenne 20.000 mots par jour alors qu'un homme n'en prononce que 7000. Les femmes aiment échanger, elles aiment les rapports humains, elles sont plus sociables alors que les hommes sont plus introvertis, ils aiment réfléchir, penser, fabriquer, créer. Ceci est dû à la structuration chimique et mentale légèrement différente de nos cerveaux. Récemment, en 2018, une étude a été faite concernant les aspirations professionnelles de près d'un demi-million de jeunes de 15 et 16 ans dans 80 pays en développement et développés qui ont participé au Programme international pour le suivi des acquis des élèves (PISA) de compétences en mathématiques, sciences et lecture[29]. Dans cette évaluation, on a demandé aux étudiants de répondre à la question *« Quel genre d'emploi prévoyez-vous avoir lorsque vous aurez*

---

[28] Louann BRIZENDINE est une Neuropsychiatre américaine diplômée des écoles de médecine de Yale et de Harvard ainsi que de l'Institut Américain de Psychiatrie et de Neurologie. Professeure à l'Université de Californie à San Francisco, elle est également la fondatrice et directrice d'une « Clinique des Hormones et de l'Humeur des Femmes ». Elle est l'auteur de deux livres : *The Female Brain* et *The Male Brain*.

[29] STOET G, GEARY DC (2022), *Différences entre les sexes dans les aspirations professionnelles des adolescents : variations dans le temps et le lieu,* https://doi.org/10.1371/journal.pone.0261438

environ 30 ans ? ». Le pourcentage médian d'étudiants dans tous les pays qui ont répondu à cette question était de 78 %.

La figure ci-dessous montre le pourcentage de filles et de garçons qui aspirent à travailler dans des professions axées sur les personnes (panneau A, rouge), des professions axées sur les choses (panneau A, vert) et des professions STIM (panneau B, bleu).

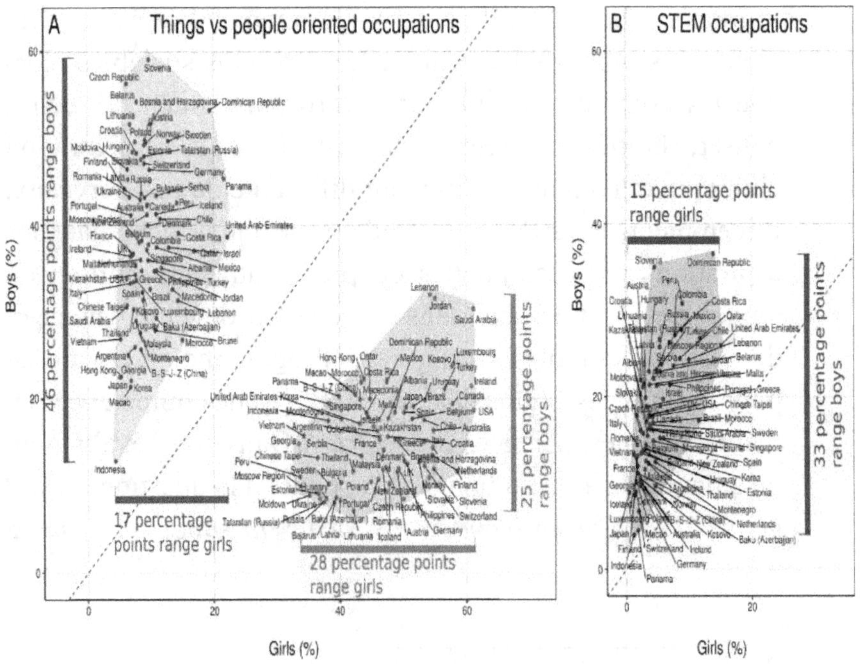

Comme on peut le voir, dans tous les pays, plus de filles que de garçons aspirent à une profession axée sur les personnes, et plus de garçons que de filles aspirent à une profession axée sur les choses en général et les STIM en particulier. On peut compter environ 4 garçons pour chaque fille aspirant à une profession axée sur les choses, et environ 3 filles pour chaque garçon aspirant à une profession axée sur les personnes. Le ratio axé sur les choses et le ratio axé sur les personnes étaient plus importants dans les pays riches et égaux entre les sexes, conformément à notre conclusion antérieure du paradoxe de l'égalité des sexes pour les diplômes en STIM.

Les tendances révélées par ces études ne sont pas les premières du genre car dans une enquête réalisée en 1918 auprès de près de 1700 adolescents américains, il a été révélé qu'il y avait environ 12 garçons pour chaque fille ayant des intérêts dans les professions qui impliquaient de travailler avec des moteurs (cols bleus et cols blancs), et 12 filles pour chaque garçon intéressé par l'enseignement. Une autre étude similaire menée environ 15 ans plus tard, dans les années 1930, a révélé les mêmes différences entre les sexes, c'est-à-dire que les garçons, en général, étaient plus intéressés par les professions qui impliquaient de travailler avec des choses, et les filles dans les professions qui impliquaient de travailler avec les personnes. Les différences entre les sexes dans l'intérêt pour les gens et les choses ne se trouvent donc pas seulement dans le monde entier aujourd'hui mais remontent à au moins un siècle comme j'ai déjà eu à le dire.

Ceci étant dit, il a également été trouvé des preuves de changements séculaires dans les aspirations professionnelles des filles, en particulier les filles issues de familles à revenu élevé. Les adolescents issus de familles à faible revenu avaient des aspirations plus typiques du sexe, souvent dans des professions de col bleu. Les adolescents issus de familles à revenu élevé avaient plus d'aspirations aux métiers de cols blancs, y compris l'intérêt des garçons pour les domaines des STIM axés sur les choses. Beaucoup de filles de ces familles s'intéressaient à des professions qui n'étaient ni axées sur les choses ni sur les personnes (par exemple, comptable, gestionnaire). Ces derniers résultats concordent avec les changements dans les choix professionnels des femmes de 1972 à 2010 aux États-Unis, où il y a eu une augmentation du nombre de femmes travaillant dans des professions professionnelles, mais il n'y a pas eu de changement vers un engagement accru dans les professions axées sur les cols bleus ou les cols blancs.

Autre fait intéressant à noter : une augmentation progressive de l'engagement des femmes se ressent grandement dans le monde politique (voir l'image ci-dessous). La moyenne mondiale de présence des femmes dans les instances politiques avoisine 26 %. Le Rwanda arrive en tête du classement avec 61 % de femmes à la Chambre des députés selon les données de l'Union interparlementaire. Il faut dire que le terrible génocide rwandais de 1994, qui a fait près d'un million de morts a laissé au pays une population composée de 60 à 70 % de femmes. En 2003, la nouvelle Constitution a inscrit l'égalité homme-femme comme principe fondamental, en instaurant notamment un quota de 30 % de femmes dans les instances étatiques de prise de décision. Aujourd'hui, le pays a largement dépassé ce seuil. Cuba affiche la deuxième plus grande proportion de femmes siégeant au parlement national, avec 53 %, et les femmes dominent également au parlement du Nicaragua (50,6 %). Après l'adoption d'une loi visant la parité en politique, le Parlement mexicain a récemment atteint l'équilibre homme-femme, tout comme le Conseil national fédéral des Émirats arabes unis (après parution d'un décret en 2018). Cela porte actuellement à cinq le nombre de pays où le parlement est composé d'au moins 50 % de femmes. En Europe, le pays avec le parlement le plus féminisé est l'Islande (47,6 %) tandis qu'en France, la proportion de femmes à l'Assemblée nationale s'élève à 39,5%[30]. Comme on peut le constater une fois de plus, les chiffres et la réalité ne s'alignent pas forcément sur les tendances auxquelles on pourrait croire.

[30]https://fr.statista.com/infographie/26772/proportion-de-sieges-occupes-par-des-femmes-au-parlement-par-pays/

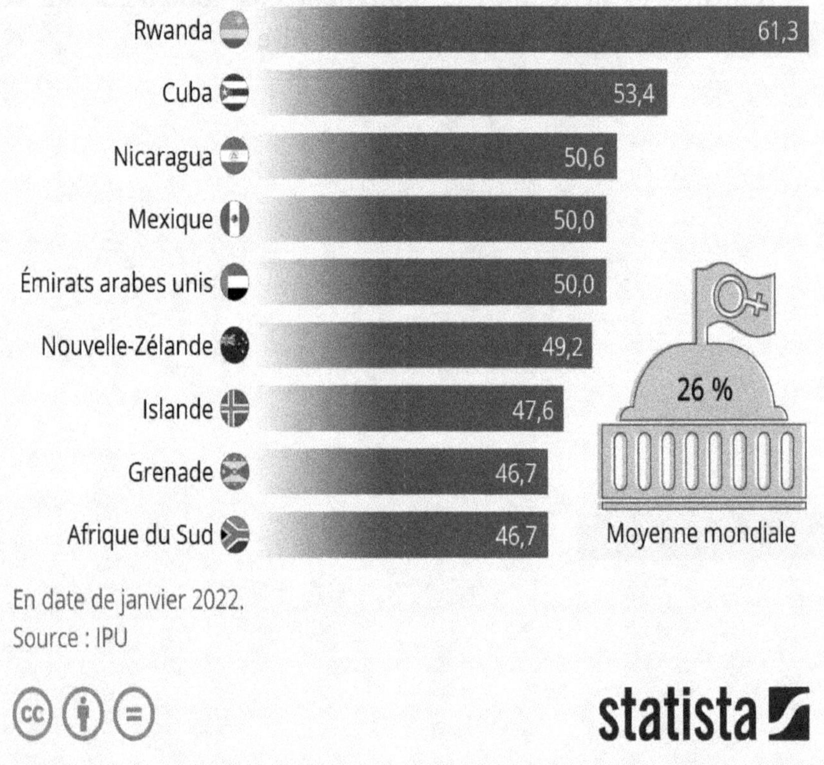

Si j'expose tous ces faits et arguments c'est pour la raison suivante : il faudrait que l'on comprenne que l'égalité telle que vendue par le modèle féministe occidental est une utopie car les hommes et les femmes sont fondamentalement différents tout d'abord au plan physiologique mais aussi dans leurs manières de penser et dans leurs centres d'intérêts. Vous verrez rarement des femmes exercer dans des domaines exigeant de gros efforts physiques comme celui du bâtiment par exemple ou la manipulation d'engins industriels pour ne citer que ceux-là car cela n'entre pas dans leurs penchants naturels. En réalité, exiger l'égalité de tous en tout est une tactique hypocrite. En prétendant que chacun indépendamment de son statut et de sa force devrait être logé à la même enseigne, on se heurte à un problème. Comme on a pu le voir, certains font mieux certaines choses que d'autres. Traiter tout le monde de manière identique équivaudrait donc à ignorer les différences, à promouvoir les moins doués et à discriminer ceux qui sortent du lot. Ceux qui défendent cette idée appliquent en réalité une stratégie de contrôle du pouvoir : celle de récompenser les gens selon des critères que l'on a soi-même définit. **Ce dont on a besoin c'est plutôt d'un féminisme qui fait l'apologie des qualités féminines, pas des revendications sans queue ni tête qui font croire que l'homme est l'ennemi à combattre mais en même temps le modèle à imiter et à atteindre.** Est-ce à dire qu'une femme n'est pas capable d'exercer dans des domaines à prédominance masculine et vice versa ? Absolument pas. Je rappelle que dans des sociétés moins égalitaires on remarque curieusement une activité beaucoup plus importante des femmes dans ces domaines. C'est davantage une question d'aptitudes individuelles et sans doute d'influence socioculturelle. D'ailleurs pour preuve, la première et la seule femme mathématicienne ayant obtenu la médaille Fields à ce jour est une iranienne du nom de Maryam MIRZAKHANI (1977-2017).

La question qui se pose est de savoir si nous disposons partout des conditions idéales, de systèmes pour permettre aux jeunes de découvrir le potentiel enfoui en eux et de le développer ? Quand on regarde la quantité de travail qu'il y a à abattre au plan du développement technologique surtout en Afrique, on a plus que jamais besoin d'améliorer la qualité de nos systèmes éducatifs de sorte à ce qu'ils mettent en valeur la particularité de chaque individu au lieu de les conditionner à suivre un même modèle de croissance.

II- LES RELATIONS HOMMES-FEMMES DU POINT DE VUE DE LA SEXUALITÉ :

Dans une société qui de plus en plus normalise l'hypersexualité, les gens pensent que les relations sexuelles avant le mariage sont acceptables voire même normales et il y a une panoplie d'arguments qui semblent venir à l'appui de cette thèse. La conséquence de cela est qu'on enregistre une baisse alarmante de la proportion des femmes qui demeurent vierges jusqu'au mariage ou qui se marient après n'avoir eu qu'un seul partenaire sexuel (dans la plupart des cas, leurs futurs maris). Les restrictions strictes qui furent la base des sociétés traditionnelles et même celles imposées dans le cadre religieux apparaissent désormais comme des dogmes obscurantistes érigés à dessein pour maintenir les femmes sous le joug du patriarcat. Mais je m'en vais décevoir plusieurs en révélant des faits d'une haute importance, à commencer par l'élément suivant : **il existe une corrélation entre le nombre de partenaires et la capacité à se marier et fonder une famille stable**. Comment cela peut-il être possible ? Dans les sociétés traditionnelles, c'est un fait qui a toujours été admis comme un dogme sans qu'il y ait forcément besoin de justification avec chiffres à l'appui. Mais aujourd'hui, il est possible de vérifier cette corrélation au travers d'études et de statistiques. Dans un article publié sur le site de l'Institut d'Etudes Familiales[31], Nicholas H. WOLFINGER[32] montre que la relation entre le divorce et le nombre de partenaires sexuels que les femmes ont avant le mariage est complexe. Le fait d'avoir plusieurs partenaires sexuels avant le mariage pouvait conduire à des mariages moins heureux et augmentait souvent les chances de divorce. Cette relation est étudiée à l'aide des données des trois vagues de l'Enquête nationale sur la croissance de la famille (GFN) recueillies en 2002, 2006-2010 et 2011-2013. Pour les femmes qui se marient depuis le début du nouveau millénaire, on observe que :

- Les femmes ayant eu 10 partenaires ou plus étaient les plus susceptibles de divorcer, mais cela n'est devenu vrai que ces dernières années ;
- Les femmes ayant eu de 3 à 9 partenaires étaient plus ou moins susceptibles de divorcer que les femmes ayant eu 2 partenaires ; et
- Les femmes ayant eu 0 à 1 partenaire étaient les moins susceptibles de divorcer.

---

[31] *« Tendances contre-intuitives dans le lien entre le sexe avant le mariage et la stabilité conjugale »* par Nicholas H. WOLFINGER, 6 juin 2016.

[32] Nicholas H. WOLFINGER est professeur d'études sur la famille et la consommation et professeur adjoint de sociologie à l'Université de l'Utah. Son livre le plus récent est *Soul Mates: Religion, Sex, Children, and Marriage among African Americans and Latinos*, coécrit avec W. Bradford WILCOX (Oxford University Press, 2016).

Le tableau ci-dessous nous donne plus de détails chiffrés concernant l'évolution du comportement des femmes aux Etats-Unis à partir des années 1970.

Table 1: The Distribution of Women's Premarital Sex Partners, by Marriage Cohort					
	1970s	1980s	1990s	2000s	2010s
0 partner	21%	17%	14%	12%	5%
1 partner	43%	36%	26%	21%	22%
2 partners	16%	15%	13%	13%	12%
3 partners	8%	11%	11%	11%	11%
4-5 partners	6%	12%	16%	17%	18%
6-9 partners	4%	5%	11%	13%	14%
10+ partners	2%	4%	10%	14%	18%
total	100%	100%	100%	100%	100%
N	268	1,921	4,312	3,598	273

Comme on peut le lire dans le tableau, 21% des femmes en 1970 restaient vierges jusqu'au mariage. Dans les années 2010 ce chiffre a chuté jusqu'à 5%. Quarante-trois pour cent des femmes n'avaient qu'un seul partenaire sexuel avant le mariage dans les années 1970. En arrivant aux années 2010, ce chiffre est tombé à 22%. Seize pour cent des femmes avaient eu deux partenaires sexuels avant le mariage en 1970 ; ce chiffre a chuté de 4% en 2010. Si on fait la somme de ces 3 premières lignes, on constate que les femmes qui ont eu 2 partenaires ou moins avant le mariage représentaient 80% de la gent féminine dans les années 1970. Ce chiffre entre 2010 et 2016 tournait désormais autour de 39% surement encore moins à l'heure actuelle. De l'autre côté de la balance, on observe que le pourcentage de femmes ayant eu 3 partenaires et plus a pratiquement triplé, passant de 20% à 61%. C'est énorme ! Quand on considère, au regard de ces chiffres qu'un nouvel écart se creuse au bout d'une décennie, je vous laisse imaginer les tendances actuelles. Et surtout qu'on ne vienne pas me dire que ces chiffres ne concernent que l'Amérique et qu'ailleurs les réalités sont différentes. Il fut un temps, cet argument était valable et l'est peut-être encore à de rares exceptions près. Mais, quand on observe l'influence de la mondialisation et la manière dont la pop culture et autres courants de pensées se sont propagées à partir de l'Amérique – sans compter l'Afrique qui, comme je l'ai dit, se laisse influencer par certaines mentalités sans procéder à un filtrage – il n'est pas déraisonnable de penser que ces tendances sont à peu près identiques dans beaucoup de pays. L'évolution des mœurs est réelle. Le passage d'une société où la question du mariage était traitée de manière rigoureuse, où se préserver de manière générale était important à une société du consumérisme sexuel est un fait. Pour poursuivre mon développement, le tableau suivant illustre le pourcentage de **premiers mariages** se terminant par un divorce dans les cinq premières années en fonction de la décennie où le mariage a eu lieu et du nombre de partenaires sexuels que la femme avait avant le mariage.[33]

[33] Source : NSFG, 2002-2013.
La taille de l'échantillon est trop petite pour examiner les partenaires sexuels et le divorce pour les mariages formés dans les années 1970 et 2010. De plus, les données ne permettent pas l'analyse du mariage entre personnes de même sexe.

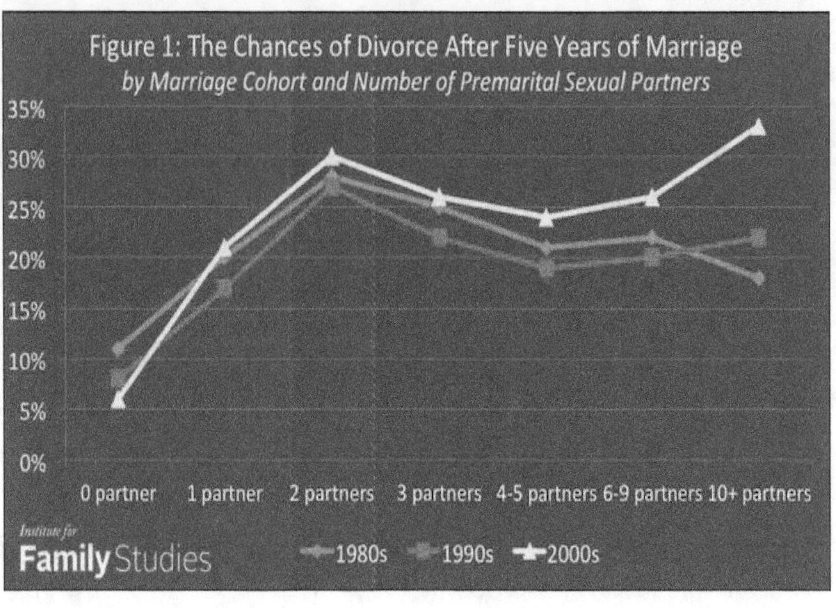

En se concentrant sur la courbe des années 2000 (en jaune) on remarque que :

- Pour les femmes qui ont 0 partenaire avant le mariage, les probabilités de divorce sont de 5%.
- Pour les femmes qui ont eu 1 partenaire avant de se marier, les probabilités de divorce grimpent à 20%.
- Pour les femmes qui ont connu 2 partenaires, les probabilités de divorcent montent à 30%.
- Au-delà de 2 partenaires, on est à peu près dans les mêmes probabilités de divorce c'est-à-dire entre 20 et 35%.

À partir du moment qu'une femme a connu 1 partenaire avant de se marier, les probabilités de divorce passent de 5 à 20% ce qui est un bond énorme. Pour celle qui a eu 2 partenaires, les chances de divorce sont à peu près égales à celle qui en a eu 3 ou plus de 10. Ceci montre quelque part que la gent féminine se divise en 2 catégories : celles qui choisissent de se préserver et celles que cela n'intéresse pas. À quelle catégorie appartenez-vous ? L'étude ajoute que 11% des mariages vierges (du moins de la part de la femme) dans les années 1980 ont été dissous dans les cinq ans. Ce nombre est tombé à 8% dans les années 1990, puis est retombé à 6% dans les années 2000. Suivant la même logique, les femmes ayant le deuxième taux de divorce le plus bas sur cinq ans sont celles qui n'avaient qu'un seul partenaire avant le mariage. Dans les années 1980 et 1990, les taux de divorce les plus élevés sur cinq ans étaient réservés aux femmes qui avaient deux partenaires. L'effet a été particulièrement fort dans les années 1980, lorsque ces femmes avaient des taux de divorce de 28%, nettement plus élevés que ceux de leurs pairs qui avaient dix partenaires sexuels ou plus avant le mariage (18%). Cependant, les taux de divorce sur cinq ans les plus élevés de tous sont associés aux mariages dans les années 2000 et au fait d'avoir eu dix partenaires sexuels avant le mariage ou plus : 33%. Ne soyez donc pas surpris d'apprendre que le fait d'avoir connu de nombreux partenaires augmente les chances de divorce.

Ici j'entends déjà les détracteurs s'indigner parce que cela donne l'impression que je ne m'attaque qu'aux femmes. Qu'en est-il des hommes alors ? Est-ce à dire qu'ils sont dispensés du devoir de se préserver et que la longueur du tableau de chasse n'a pas d'incidences sur leur vie de couple ? On serait tenté de le croire car, ironie du sort, selon qu'on interroge une femme ou un homme sur le nombre de partenaires totalisé, la vérité est souvent cachée derrière des chiffres qu'on abaisse d'un côté et qu'on augmente de l'autre. Mais vous vous doutez bien que non. Si une multitude de partenaires est néfaste à long terme pour la femme, cela l'est certainement aussi pour l'homme même si c'est dans une mesure un peu moindre. Nicholas WOLFINGER a constaté que les personnes qui n'ont jamais couché qu'avec leur conjoint sont les plus susceptibles de déclarer être dans un mariage « très heureux ». N'ayant pas intégré la culture du sexe sans engagement, elles ont davantage tendance à valoriser fortement l'engagement et une fois mariées, elles peuvent se montrer plus engagées envers leurs conjoints, et donc plus heureuses. Il faut aussi noter que **plus on a de partenaires sexuels, plus on fait baisser le niveau de satisfaction sexuel avec le temps,** et on sait très bien que l'une des plus grandes causes de tension dans les couples est la qualité des relations intimes. En effet, avoir beaucoup de partenaires avant le mariage vous oblige à évaluer de manière critique votre conjoint à la lumière des partenaires précédents, à la fois sexuellement et autrement. Pour les hommes, il y a toujours une baisse de la satisfaction conjugale après un partenaire, mais elle n'est jamais aussi forte que pour les femmes, comme le montre ce second graphique ci-dessous. Les femmes sont donc plus susceptibles d'être moins satisfaites sexuellement que les hommes dans leurs mariages en fonction du nombre de partenaires qu'elles ont connus.

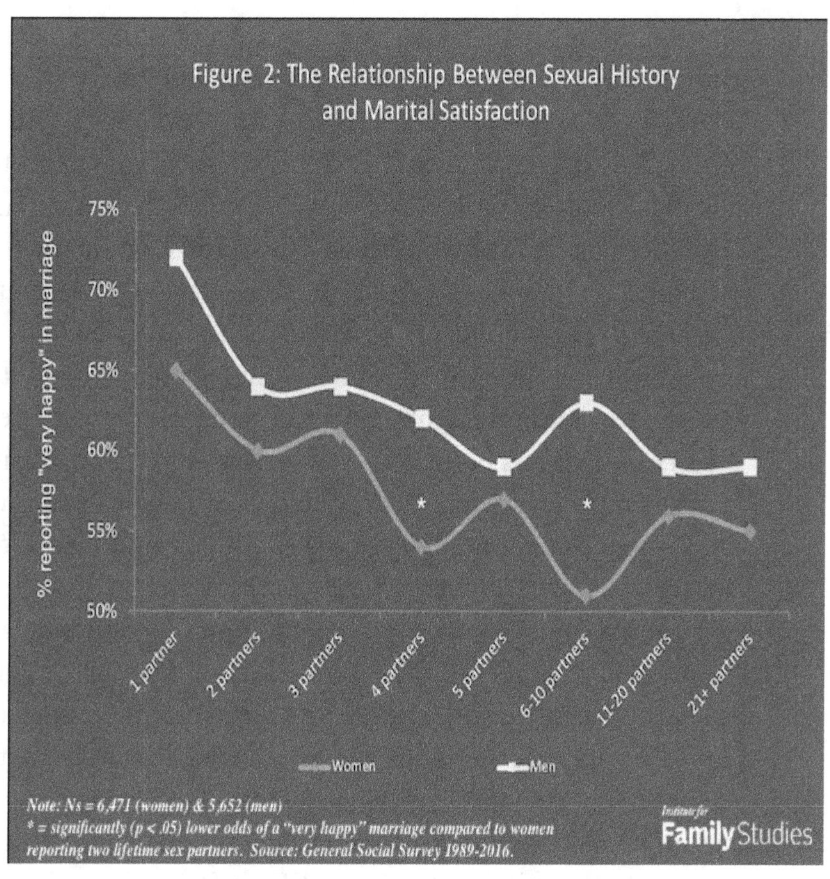

Selon WOLFINGER, cette tendance à ne pas se préserver avant le mariage *« pourrait refléter des types de personnalité moins propices à un mariage heureux »*. Pour le dire plus simplement, certaines personnes ne sont tout simplement pas faites pour le mariage. Si elles enchainent les partenaires ce n'est pas parce qu'elles sont bonnes au sexe mais plutôt parce qu'elles sont mauvaises dans les relations, du moins elles le deviennent un peu plus à chaque nouvelle relation. Il est aussi intéressant de noter que les personnes qui ont grandi sans leurs deux parents avaient plus de chances de cumuler plusieurs partenaires et divorçaient plus.

Les conséquences d'un tel style de vie ne s'arrêtent pas là. Laissez-moi vous révélez que les personnes sexuellement infidèles à leurs partenaires de mariage « pratiquent » des comportements remontant à leurs toutes premières expériences sexuelles qui augmentent la probabilité qu'elles soient infidèles. Inversement, en évitant ces mêmes comportements, ceux qui souhaitent rester fidèles à leurs partenaires conjugaux peuvent réduire la probabilité qu'ils soient la source de l'infidélité conjugale. Dans une étude menée en avril 2019 sur 1 001 adultes américains, 500 hommes et 501 femmes ont été interrogés sur leurs comportements relationnels, leurs pratiques sexuelles et leurs attitudes à l'égard de divers problèmes relationnels[34]. Parmi les participants, 16% des adultes mariés avaient commis une infidélité sexuelle au moins une fois dans leur mariage actuel (l'étude n'a pas mesuré les infidélités survenues lors de mariages antérieurs). Et cette constatation est cohérente avec des rapports similaires basés sur l'Enquête sociale générale. **Bien que beaucoup de choses contribuent à la probabilité**

---

[34] *''Le chemin vers l'infidélité passe par de multiples partenaires sexuels''* par James L. MCQUIVEY, publiée le 14 Octobre 2019, Institut d'Etudes Familiales.
James L. MCQUIVEY (Ph.D., Université de Syracuse) a enseigné à l'Université de Boston et à l'Université de Syracuse. C'est un comportementaliste et un analyste des consommateurs qui est régulièrement sollicité pour des commentaires par des publications comme le New York Times et le Wall Street Journal. Ses recherches sur les études familiales portent sur les stratégies d'accouplement humain et le rôle des parents dans la détermination des résultats positifs de la vie. Il est l'auteur du livre *Why We Need Dad.*

d'avoir une liaison extraconjugale, l'un des prédicteurs les plus forts est le nombre de partenaires sexuels à vie. Vous remarquerez ici qu'il est autant question des hommes que des femmes. Pour les personnes de cette enquête qui ont déclaré quatre partenaires sexuels à vie ou moins, le taux d'infidélité dans le mariage actuel est tombé à 11%, tandis que pour ceux qui avaient cinq partenaires sexuels ou plus, le nombre était presque le double (21%). La rupture entre les 54 % de personnes qui ont eu cinq partenaires sexuels ou plus au cours de leur vie et les 46 % qui ont eu quatre partenaires ou moins illustre les leçons de l'étude. Ce point de rupture est validé par le fait que lorsqu'on leur demande directement, 68% de ceux qui ont plus de partenaires sexuels dans leur passé ont répondu : *« Je suis toujours fidèle à mon partenaire sexuel »* (qu'il soit actuellement marié ou célibataire), contre 82% de ceux qui ont moins de partenaires sexuels qui ont dit la même chose.

Je terminerai avec un dernier point. Selon une étude de l'Université de Seattle et du Centre de recherche sur le cancer Fred Hutchinson, **les femmes pourraient absorber et porter l'ADN masculin vivant de tous ceux avec lesquels elles ont des rapports**. La première étude[35] qui a découvert cette information surprenante par accident, essayait à l'origine de déterminer si les femmes enceintes d'un garçon pourraient être plus prédisposées à certaines maladies neurologiques qui surviennent plus fréquemment chez les hommes. Mais alors que les scientifiques décortiquaient le cerveau féminin, l'étude a commencé à

---

[35] Cette étude a été menée par des chercheurs au sein de l'Université de Seattle

prendre un tout autre tournant. Il s'avère que le cerveau féminin est encore plus mystérieux que ce que l'on pensait auparavant. L'étude a révélé que le cerveau féminin contient souvent le *« microchimérisme masculin »*, c'est-à-dire la présence d'ADN masculin originaire d'un autre individu et génétiquement distinct des cellules qui composent le reste de la femme. La réponse évidente serait la grossesse d'un fœtus masculin, étant donné que chaque femme qui est déjà tombée enceinte porte encore dans son flux sanguin des cellules de son fœtus. Les cellules de la grossesse se retrouveront dans la circulation sanguine et d'autres organes de la mère jusqu'à la fin de ses jours, même s'il y a eu une interruption de grossesse ou une fausse couche. Cette condition porte le nom de *microchimérisme*, nommé d'après la chimère, qui dans la mythologie grecque est une créature cracheuse de feu monstrueuse venant de Lycie en Asie Mineure, et composée des parties de trois animaux : un lion, un serpent et une chèvre. Donc, cela expliquerait les choses pour les femmes qui ont donné naissance à des fils. Mais alors, qu'en est-il des femmes qui n'ont pas de fils mais qui portent quand même des cellules reproductrices mâles dans leur sang ? Selon l'étude, 63% des femmes (37 sur 59) qui ont été testé avaient des cellules d'ADN mâles vivant dans de multiples régions du cerveau. Les chercheurs ont donc voulu savoir d'où provenait cet ADN masculin. Ils ont d'abord supposé que la réponse la plus probable était que tout ADN masculin trouvé vivant dans le cerveau provenait d'une grossesse masculine. C'était l'hypothèse sûre, politiquement correcte. Cependant, lorsqu'ils ont autopsié le cerveau des femmes qui n'avaient jamais été enceintes, et encore moins avec un garçon, ils ont tout de même trouvé de l'ADN masculin prévalant dans le cerveau féminin. À ce stade, les scientifiques ne savaient pas ce qui se passait. Confus, ils ont enterré les résultats dans nombre de sous-études et articles en attendant de pouvoir mieux les comprendre et les expliquer. Suite à cela, une seconde étude sera menée par des immunologues au Fred Hutchinson Caner Center en 2004. Les résultats de l'étude reposent sur l'analyse d'échantillons prélevés chez plus de 120 femmes qui n'avaient jamais eu de fils. Les chercheurs ont découvert que 21% de ces femmes avaient de l'ADN masculin. Les femmes de cette étude ont ensuite été réparties dans quatre groupes en fonction des antécédents de grossesse : Le groupe A comprenait les femmes qui avait seulement des filles, le groupe B ne comprenait que les femmes qui avaient eu une ou plusieurs fausses couches, le groupe C comprenait les femmes qui avaient subi un avortement, et le groupe D comprenait les femmes qui n'avaient jamais été enceintes auparavant. La prédominance masculine du microchimérisme avait considérablement des niveaux plus élevés dans le groupe C, bien qu'il était présent dans chaque groupe : Groupe A (8%), Groupe B (22%), Groupe C (57%), et Groupe D (10%). D'autres études sont nécessaires pour déterminer les origines spécifiques du microchimérisme masculin chez les femmes mais en se basant sur les conclusions de cette étude, les sources possibles du microchimérisme masculin comprenaient : les grossesses connues, les fausses couches, la disparition de jumeaux masculins, et les rapports intimes. Par le seul biais des rapports intimes, il existe une grande possibilité pour les femmes de retenir de l'ADN et des gènes mâles au sein de leurs organes et de leur flux sanguin tout au long de leur vie[36]

---

[36] Source : https://notrenation.com/Les-femmes-pourraient-porter-l-ADN-masculin-de-tous-ceux-avec-qui-elles-ont-eu

C'est quand même intéressant de découvrir cela car quand on quitte le domaine purement scientifique pour entrer dans le spirituel, il existe ce qu'on appelle les liens d'âmes. Pour que vous compreniez bien de quoi il s'agit, posons les bases. L'être humain est composé de trois dimensions :

- L'esprit qui est le siège de la conscience, de l'intuition et de la communion avec Dieu. C'est par lui que nous communiquons avec Dieu. C'est notre être intérieur qui est connecté au créateur et que ce dernier reprend à notre mort ;
- L'âme qui est le siège de notre personnalité, de nos émotions, de la volonté, des souvenirs, de notre intelligence et de nos pensées. C'est une forme d'entrepôt où sont stockés tous les dossiers de notre vie bons comme mauvais ;
- Le corps que nous pouvons sentir et toucher.

L'être humain est donc un esprit qui a une âme et qui vit dans un corps. On parle de liens d'âmes lorsque deux individus ont leurs âmes attachées l'une à l'autre. Cet attachement se créé sur la base des relations entre membres d'une même famille (filiation, fraternité), entre amis intimes, les promesses, paroles données ou vœux échangés (comme le mariage) et les rapports sexuels. Il existe donc des liens d'âmes sains et des liens d'âmes malsains. Au nombre de ces derniers, figure le rapport sexuel hors mariage raison pour laquelle les religions l'interdisent. Cela n'est donc pas une question de spiritualité pure car c'est ce qui justifie en partie que beaucoup - portant toujours le poids des liens issus de relations précédentes qui les affectent psychologiquement - ne peuvent bâtir une relation stable. Récapitulons à présent :

1- le nombre de partenaires sexuels influence la capacité à se marier et fonder une famille stable, les probabilités de divorce augmentant de façon proportionnelle ;

2- plus on a de partenaires sexuels, plus le niveau de satisfaction baisse avec le temps surtout chez les femmes ;

3- accumuler les partenaires est davantage révélateur du fait qu'on est mauvais dans les relations et qu'on n'est peut-être pas fait pour un engagement à long terme. Toutefois cela n'est pas irréversible s'il y a un réel désir de changement ;

4- la probabilité d'avoir une liaison extraconjugale est fortement influencée par le nombre de partenaires sexuels comptabilisé ;

5- au travers des rapports intimes, la femme peut garder en elle et À VIE, des portions de gènes et d'ADN de son partenaire.

Je pense qu'il est désormais temps de revenir à une conception plus saine des rapports hommes-femmes. J'ai tenu à aborder le sujet sous les deux angles des rapports au plan professionnel et au plan des relations intimes car beaucoup de choses sont méconnues de la plupart et j'espère désormais que votre attention a été piquée au vif. En définitive, chacun est libre des choix qu'il fera selon le futur qu'il souhaite construire mais que cela se fasse désormais en acceptant d'en porter les responsabilités. On n'attrape pas un serpent par la queue juste pour voir s'il va mordre mais en étant conscient que c'est sa propre vie que l'on met en jeu.

L'une des raisons pour lesquelles je pense qu'on en est arrivé là, c'est parce que les sociétés sont en train de perdre le sens du sacré qui nous était inculqué à travers les valeurs culturelles et religieuses. Hélas, nombre d'entre elles ont été édulcorées et remplacées par des placebos plus nuisibles qu'autre chose.

4.
La religion

Vivre sans chercher à découvrir sa mission de vie est déjà en soi un signe d'aveuglement. Cela dit, il est encore plus grave de vivre mal en croyant en Dieu car les démons, eux-aussi croient mais tremblent.

L'auteur

J'entrouvre les portes d'un monde à part, adulé des uns, méprisé des autres. Ces derniers, par moments, je les comprends tellement, quand je vois l'image qu'on leur trace d'une religion falsifiée ! Un jour, je regardais une vidéo d'analyse faite par un créateur de contenu sur YouTube que je suis occasionnellement. Ce dernier racontait une expérience qu'il a vécue lors d'un voyage touristique au Brésil. En s'aventurant dans les rues de Rio, il croisa une famille qui vivait dans la rue mais qui, curieusement était entourée de portraits à l'effigie du Christ. Il s'était suffisamment rapproché pour entendre le père de famille psalmodier des paroles en portugais, vraisemblablement une prière, avec le nom de *« Jesus »* qui revenait continuellement. Il s'est alors fait la réflexion suivante : *« c'est incroyable de voir à quel point la pauvreté attire la religion. Pourquoi est-ce que tous les pays pauvres sont remplis de gens extrêmement religieux ? Tu ne verras jamais quelqu'un à Lausanne (Suisse) se comporter de cette manière, les gens ont des occupations, ils sont riches, ils prennent leur vie en main, personne n'attend que Jésus vienne lui donner des pièces. C'est incroyable de voir une telle corrélation entre la religion et la pauvreté : plus les gens sont pauvres, plus ils sont croyants (...) les gens pensent que tant qu'ils sont sur terre ils n'ont pas à se préoccuper des biens de ce monde mais curieusement ils espèrent hériter de grandes richesses quand ils seront dans l'au-delà. (...) Personnellement, je doute que tu deviennes plus riche dans l'au-delà que tu ne l'étais ici »*. Il continua en expliquant que cette apologie de la pauvreté a toujours créé une colère en lui, surtout dans le catholicisme car il n'y a rien de noble à être assis dans la rue avec sa famille en priant *« Jesus »,* espérant qu'un touriste, riche qui plus est et peut-être même un non-croyant, vienne te donner quelques pièces. Et devinez quoi ; ce youtubeur ne croit pas en Dieu, du moins pas tel qu'il est décrit dans les religions monothéistes. Qui pourrait l'en blâmer ? Certainement pas moi. Son raisonnement est peut-être simpliste par endroits mais ne manque pas de logique. Et cette réalité qu'il a évoquée n'en est qu'une parmi d'autres qui dérangent.

Dans un sens, je comprends que des gens se soient détournés d'une telle forme de spiritualité. La foi chrétienne n'est pas censée être la consolation facile des résignés ; ni l'attente des lâches ; ni le recours de ceux qui ont abdiqué. Elle est la résultante de la parole de Dieu qui a pris racine dans les cœurs et elle se reconnait à travers les actes que nous posons. Dira-t-on tout le mal que peut faire une religion dévaluée, accommodée, rabaissée au niveau de l'homme, lorsque ce dernier y apporte ses traditions, ses points de vue, ou bien y mêle ses entreprises politiques ? Le mal devient irréparable lorsque Dieu n'est plus le maître, lorsqu'en toute bonne conscience on le force à obéir, lorsqu'on se sert de celui qui seul devrait être servi. Aujourd'hui, on peut s'inventer un ''bon'' Dieu à sa mesure, le mettre à son service et lui faire dire ce qu'on veut pour justifier même des actes ignobles. Le loup s'est glissé insidieusement dans la bergerie, tentant de détourner les mieux doués vers des fables et marchands d'illusions, inventant, pour mieux lutter contre la vraie religion, une religion à lui, aux mille visages, déformée, dégradée, une vague formule de tranquillisant plus apte à endormir qu'à revivifier. Et beaucoup d'âmes peu exigeantes, ennemies de l'effort, découragées avant la lutte, avides aussi d'événements spectaculaires, de mises en scènes rituelles, rassurées surtout de voir toutes ces masses compactes autour d'elles, se contentent de ces ersatz de foi qu'on leur vend bon marché, qui les dispensent du grand combat du cœur, qui suppriment leurs appréhensions et leurs problèmes, et qu'elles acceptent moyennant quelques petites concessions superficielles pourvu que leur conscience les laisse en repos et que les questions éternelles ne les empêchent pas de continuer leur petit bonhomme de chemin. Beaucoup de cercles religieux sont en réalité des ghettos spirituels. Le philosophe de la renaissance, RABELAIS disait : *« La sagesse ne peut pas entrer dans un esprit méchant, et science sans conscience n'est que ruine de l'âme »*. On n'a souvent retenu que la deuxième partie de la citation pour dénoncer les dérives des progrès scientifiques et technologiques mais la première partie est ô combien vraie concernant la religion ! La sagesse divine se donne à ceux qui ont un esprit humble désireux de connaitre la vérité sur qui est Dieu et de mettre en pratique ses instructions. Et de cette sagesse découle le discernement permettant d'éviter les dérives dans le domaine de la science et de la technologie. Les grandes civilisations de l'antiquité, quels que soient les continents, savaient pour la plupart que sagesse divine et sciences humaines sont liées, la seconde étant tributaire de la première. Ce n'est qu'à notre ère que la science et la technologie donnent l'impression de pouvoir résoudre tous les problèmes par elles-mêmes mais personne n'est dupe, on en voit les limites avec les conséquences aux plans moral, éthique, écologique et même aux plans socioéconomique et culturel – avec la perte des valeurs - qui ne font que s'accentuer.

Dans un autre sens, je pense que c'est plus par paresse et manque de volonté que beaucoup de gens se détournent des valeurs spirituelles ou pire, font semblant d'en avoir alors qu'en réalité ils n'y connaissent pas grand-chose. L'univers est constitué d'une partie visible que nous pouvons voir (le monde physique) et d'une partie invisible appelée le monde spirituel. L'homme est composé des dimensions corps, âme et esprit, cette dernière étant la dimension qui est capable d'interagir avec le monde spirituel. Quand tout semble aller bien, il est toujours facile de se laisser aller à des raisonnements tendancieux concernant la spiritualité ou la vie religieuse mais personne ne peut nier qu'en situation de danger menaçant sa vie ou de problèmes d'une gravité particulière, il ne s'est pas tourné vers Dieu ou une force invisible en espérant un secours providentiel. Se détourner des religions prétextant le mauvais comportement de certains guides (pasteurs, prêtres, imams et autres) et souvent même des personnes qui se disent croyantes n'est qu'une excuse. Exercez-vous à cette petite réflexion. Je suis sûr que vous êtes déjà allés au moins une fois dans un hôpital pour vous faire soigner. Pourtant, dans ce même hôpital des gens sont décédés parfois même suite à une erreur commise par le personnel soignant. Est-ce pour autant que vous avez cessé de vous y rendre ? Je ne crois pas. Dans le pire des cas, si cet hôpital se retrouvait au cœur d'une affaire sordide vous en changerez mais vous continuerez quand même d'aller à l'hôpital car vous savez que c'est indispensable pour votre santé. J'irai plus loin. Est-ce que vous tiendrez responsable celui qui a inventé la médecine ou toute autre discipline du fait que certains médecins ou praticiens ne font pas bien leur travail ? Avouez que ce serait stupide. Eh bien c'est pareil pour la religion qui, au même titre qu'un hôpital, s'occupe de la santé au plan spirituel des individus. Le problème n'est donc pas la religion mais la nature de certains leaders d'une part et la nonchalance de plusieurs qui ne cherchent pas à comprendre le sens des valeurs qu'une religion prône d'autre part. Il n'y a qu'à observer la compréhension galvaudée que beaucoup ont de certains termes contenus dans les textes sacrés qui font référence à des valeurs mais que bien peu se donnent la peine de lire. Des exemples ? Dans le christianisme, prenons parmi d'autres le thème de la soumission dans le cadre du mariage. Beaucoup – certainement sous l'influence de la lecture féministe - assimilent ce mot littéralement à de la domination que doit exercer le mari sur sa femme mais voici ce que dit réellement le texte évoquant ce sujet.

*« **Femmes**, soyez de même soumises à vos maris, afin que, si quelques-uns n'obéissent point à la parole, ils soient gagnés sans parole par la conduite de leurs femmes, en voyant votre manière de vivre chaste et réservée. Ayez, non cette parure extérieure qui consiste dans les cheveux tressés, les*

ornements d'or, ou les habits qu'on revêt, mais la parure intérieure et cachée dans le cœur, la pureté incorruptible d'un esprit doux et paisible, qui est d'un grand prix devant Dieu. Ainsi se paraient autrefois les saintes femmes qui espéraient en Dieu, soumises à leurs maris, comme Sara, qui obéissait à Abraham et l'appelait son seigneur. C'est d'elle que vous êtes devenues les filles, en faisant ce qui est bien, sans vous laisser troubler par aucune crainte.
***Maris**, montrez à votre tour de la sagesse dans vos rapports avec vos femmes, comme avec un sexe plus faible ; honorez-les, comme devant aussi hériter avec vous de la grâce de la vie. Qu'il en soit ainsi, afin que rien ne vienne faire obstacle à vos prières. »* [37]

À la lecture de ce premier passage, avez-vous l'impression qu'il est dit que l'homme doit maltraiter sa femme ou bien mal se conduire avec elle ? Au contraire, il lui est expressément ordonné de **montrer de la sagesse** et de **l'honorer (…) afin que rien ne vienne faire obstacle à ses prières.** Cela veut clairement dire que Dieu peut ignorer les prières d'un homme qui ne traite pas bien sa femme et faire obstacle à ses projets. Quant à la femme, la soumission qui lui est ordonnée désigne une attitude de sagesse de cœur et de respect vis-à-vis de son mari même si ce dernier semble mal se comporter car c'est justement cette attitude qui le ramènera dans le droit chemin. On parle ici d'une parure de douceur, de calme et de patience. Combien de femmes aujourd'hui se montrent douces dans leurs relations avec les hommes ? Au contraire, la tendance est à un bras-de-fer généralisé pour montrer aux hommes qu'elles sont leurs

[37] 1 Pierre 3.1-7

égales. Dans cette atmosphère comment voulez-vous que les choses n'aillent pas de travers ? Mais allons plus loin, examinons encore ce second passage.

*« **Femmes**, soyez soumises à vos maris, comme au Seigneur ; car le mari est le chef de la femme, comme Christ est le chef de l'Eglise, qui est son corps, et dont il est le Sauveur. Or, de même que l'Eglise est soumise à Christ, les femmes aussi doivent l'être à leurs maris en toutes choses.*
***Maris**, aimez vos femmes, comme Christ a aimé l'Eglise, et s'est livré lui-même pour elle, afin de la sanctifier par la parole, après l'avoir purifiée par le baptême d'eau, afin de faire paraître devant lui cette Eglise glorieuse, sans tache, ni ride, ni rien de semblable, mais sainte et irrépréhensible. C'est ainsi que les maris doivent aimer leurs femmes comme leurs propres corps. Celui qui aime sa femme s'aime lui-même. Car jamais personne n'a haï sa propre chair ; mais il la nourrit et en prend soin, comme Christ le fait pour l'Eglise, parce que nous sommes membres de son corps. C'est pourquoi l'homme quittera son père et sa mère, et s'attachera à sa femme, et les deux deviendront une seule chair. Ce mystère est grand ; je dis cela par rapport à Christ et à l'Eglise. Du reste, que chacun de vous aime sa femme comme lui-même, et que la femme respecte son mari. »*[38]

Ici, on insiste bien sur le fait que le mari doit **aimer sa femme comme il aime son propre corps**, en prendre soin et la protéger. Le parallèle est fait avec la manière dont le Christ a aimé l'Eglise au point de se sacrifier pour elle. Le rapport de hiérarchie s'établit de la manière suivante : le

---

[38] Ephésiens 5.22-33

Christ est le chef de l'homme et l'homme est le chef de la femme. De la même manière que l'homme doit être soumis au Christ, la femme doit être soumise à l'homme. L'homme, en tant que chef, doit veiller avec une entière persévérance à ce que sa femme devienne ce que Dieu a prévu et ainsi, il pourra lui aussi trouver en elle une alliée sur le long et éprouvant chemin de la destinée divine. L'un des domaines aussi ou l'homme doit travailler c'est d'aider sa femme dans ses passions et talents. La femme est programmée pour faire ce qu'elle aime c'est pourquoi dans le Proverbes 31, il est dit que la femme vertueuse ne mange pas le pain de la paresse et elle travaille d'une main joyeuse. Créer un environnement permettant à son épouse de fleurir et de murir dans ses talents est un investissement très important. C'est ainsi que l'homme atteint la dimension ou il est respecté aux portes de la ville grâce à sa femme car la Gloire d'un homme c'est aussi sa femme. Inutile de préciser que l'observance de son devoir par l'un n'est pas fonction de la conduite de l'autre autrement on tomberait dans un cercle vicieux ; il s'agit d'une obligation mutuelle qui, lorsqu'elle est observée entrainera un cercle vertueux. Alors dites-moi, un homme qui se conduit suivant cette ordonnance peut-il maltraiter une femme qui lui est soumise ? Pensez-vous toujours que la soumission est une mauvaise chose au vu du pouvoir qu'elle confère à la femme ? Car oui, il s'agit bien d'un pouvoir mais dont on ignore combien il contribue de manière puissante à l'épanouissement du couple. La personne qui en parle le mieux est Johanna Yawat DJAMEN[39] dans son livre *''Que*

---

[39] Johanna Yawat DJAMEN est pasteur, coach, mentor, conférencière et entrepreneure. Elle transforme la vie de milliers de personnes chaque jour à travers ses formations et accompagnements. Elle a aidé de nombreuses femmes à retrouver la paix intérieure au travers de son programme

signifie être une femme soumise au 21ème siècle ?''. Les préjugés se forment justement et finissent par s'installer comme des idées forces quand on ne prend pas la peine de chercher à comprendre le sens d'une chose en allant à la source. Rappelez-vous ce que vous avez lu dans le chapitre sur la propagande. Le problème de nos sociétés actuelles, c'est qu'on veut inverser les rôles dans les couples. On apprend à la femme à se comporter comme un homme, à assumer le rôle qui lui est dévolu et on fait tout pour féminiser les hommes. Le résultat n'est pas brillant, vous en conviendrez, quand on regarde les taux de divorce, sans compter le nombre de mères célibataires et les couples qui peinent à entretenir une harmonie en leur sein.

Il y a un autre problème dont j'aimerais parler concernant la religion. C'est celui de la diversité et de l'intolérance. Dans un monde idéal, il aurait été préférable qu'il n'existe qu'une seule religion avec les mêmes valeurs et un même sentiment d'appartenance pour tous. Mais, je pense que s'il existe plusieurs courants religieux aujourd'hui c'est qu'il y a forcément une raison. Dans le livre de la Genèse, il est dit qu'après l'épisode du déluge, quand la terre commençait à se repeupler, tous les hommes parlaient la même langue et de ce fait formait un seul peuple. Ce fut Dieu qui, afin de pousser les hommes à se disperser aux quatre coins de la terre pour la peupler, fit en sorte que les hommes se mettent subitement à parler des langues différentes, ce qui fit qu'ils ne pouvaient plus se comprendre et se séparèrent

---

L'École des pensées. Elle travaille pour les cœurs. Sa mission consiste à empêcher que les cœurs ne soient brisés, et à les aider à reprendre goût à la vie après qu'ils aient été brisés.

alors. Quand on observe le monde, on peut se rendre compte que la diversité des cultures et des peuples est une richesse. Je ne connais personne qui ne vanterait pas les vertus du voyage car il permet d'entrer en contact avec d'autres réalités, de découvrir de nouvelles choses sur tous les plans ainsi que de nouvelles façons de penser et de vivre. Et surtout, voyager permet de se rendre compte qu'on n'a pas le monopole de la sagesse, de la science et de la bienséance. Toutefois, je dirai quand même que lorsqu'on estime détenir un savoir ou une vérité qui serait profitable à tous, il est tout à fait normal de vouloir la répandre et de voir les autres adhérer à ce que nous croyons. Le problème survient lorsqu'on cherche à imposer coûte que coûte ses croyances, même si elles peuvent être justes, et à juger de manière négative ceux qui n'adhèrent pas malgré tous nos efforts. Se comporter ainsi c'est renier aux individus le droit d'exercer le libre arbitre qui nous a d'ailleurs été conféré par Dieu afin que nous décidions des chemins que nous voulons emprunter. Quand on y pense, ni Dieu, ni le diable ne forcent quiconque à les suivre car ils ont tous deux compris qu'il n'y a qu'une seule chose qui peut motiver l'homme à se ranger d'un côté ou de l'autre : c'est l'intérêt personnel. Vous êtes choqués ? Vous ne devriez pas car si vous êtes croyants il faudra alors vous demander pourquoi vous l'êtes. Dans l'ancien testament, on peut voir à combien de reprises Dieu a comblé de bénédictions tous ceux qui mettaient en pratique ses instructions. Même Jésus, dans le nouveau testament ne se contentait pas de prêcher. Il apportait des solutions aux problèmes des gens à travers les miracles qu'il accomplissait pour leur montrer d'une part qu'il était bien celui qu'il disait être et d'autre part que ce qu'il avait accompli n'était rien en comparaison de ce que pourra obtenir quiconque le suivrait.

Quelle que soit la nature de nos croyances, nous nous y accrochons car nous en tirons ou espérons en tirer un intérêt quelconque. La meilleure manière d'amener des personnes à changer de direction, c'est de comprendre la nature de leurs besoins et ensuite d'y répondre de manière concrète. On peut difficilement rejeter quelque chose ou quelqu'un qui comble nos besoins ou résous nos problèmes. Dans la vie courante, c'est un principe que certains ont compris et savent utiliser à bon ou à mauvais escient. Si toutes les religions comprenaient cela, le monde serait certainement meilleur car elles chercheraient constamment à s'améliorer pour créer un environnement dans lequel le croyant se sentirait en paix au lieu d'être en guerre perpétuelle avec « les gens du dehors » et parfois même du dedans.

J'aborde la question de la religion car la qualité du chemin de vie de tout être humain dépend de la manière dont s'harmonisent tous les aspects de sa vie. Et l'aspect de la religion ou de la spiritualité, pour beaucoup a besoin d'être restauré car il participe énormément à l'établissement de certaines croyances et habitudes profitables ou néfastes à notre bien-être. En parlant de bien-être, j'en viens maintenant à un autre sujet qui n'est pas sans liens avec celui-ci au vu de l'aspect central qu'il occupe dans nos vies. Vous allez voir !

5.
L'Argent et la Réussite

Le jeune homme lui dit : « Tout cela, je l'ai observé : que me manque-t-il encore ? »
Jésus lui répondit : « Si tu veux être parfait, va, vends ce que tu possèdes, donne-le aux pauvres, et tu auras un trésor dans les cieux. Puis viens, suis-moi.»
À ces mots, le jeune homme s'en alla tout triste, car il avait de grands biens. Et Jésus dit à ses disciples : « Amen, je vous le dis : un riche entrera difficilement dans le royaume des Cieux. Je vous le répète : il est plus facile à un chameau de passer par un trou d'aiguille qu'à un riche d'entrer dans le royaume des Cieux.»
Entendant ces paroles, les disciples furent profondément déconcertés, et ils disaient : « Qui donc peut être sauvé ? »
Jésus posa sur eux son regard et dit : « Pour les hommes, c'est impossible, mais pour Dieu tout est possible. »

Matthieu 19, versets 20-26

Voici l'une des plus grandes puissances autour de laquelle tourne le monde, le but et le ressort de toutes les activités humaines, le nerf de la guerre, la clé qui vous ouvre toutes les portes ou presque, la réalisation de tous les rêves, l'Eden retrouvé. Certains disent que *''l'argent ne fait pas le bonheur''*, philosophie un peu désuète, à laquelle on répond *''peut-être mais l'argent contribue au bonheur''* ou encore *''et c'est la pauvreté qui fait le bonheur peut-être ?''* en y ajoutant des tas arguments plus convaincants les uns que les autres, preuve qu'on ne pense qu'à cela. L'argent ne domine pas seulement la plupart des personnes qui en ont. Sa puissance serait limitée à un petit nombre. Il y a aussi les autres, les nombreux autres qui rêvent de devenir riches et dont le désir insatisfait leur cause bien des tourments car dans nos sociétés, on juge la réussite d'un Homme proportionnellement à ses avoirs matériels et au montant qui garnit son compte en banque.

Dans ce chapitre, mon analyse se fera en partie sous le prisme de la Bible car les saintes écritures disent beaucoup de choses intéressantes concernant l'argent et dispensent beaucoup d'enseignements que les gens gagneraient à découvrir qu'ils soient croyants ou pas, surtout quand on sait que la réputation qu'on attribue à tort ou à raison à l'argent y tire ses sources profondes. On peut lire par exemple : *''Personne ne peut servir deux maîtres, car ou il détestera le premier et aimera le second, ou il s'attachera au premier et méprisera le second. Vous ne pouvez pas servir Dieu et l'argent.''*[40] L'argent en vient donc à même être comparé à un dieu, impérieux, exclusif, qui prend tout dans l'homme et le pervertit.

Ailleurs on lit encore : *''Quant à ceux qui veulent s'enrichir, ils tombent dans la tentation, dans un piège et dans une foule de désirs stupides et nuisibles qui plongent les hommes dans la ruine et provoquent leur perte.''*[41]

---

[40] Matthieu 6:24

[41] 1 Timothée 6:9

Tenez, encore un autre passage : *''Que votre conduite ne soit pas guidée par l'amour de l'argent, contentez-vous de ce que vous avez. En effet, Dieu lui-même a dit : Je ne te délaisserai pas et je ne t'abandonnerai pas.''*[42]

Un autre non moins convaincant : *''Celui qui aime l'argent n'en sera jamais rassasié et celui qui aime les richesses n'en profitera pas. Cela aussi, c'est de la fumée.''*[43]

Celui-là est l'un des passages phares qui revient souvent dans les argumentaires : *''L'amour de l'argent est en effet à la racine de tous les maux. En s'y livrant, certains se sont égarés loin de la foi et se sont infligés eux-mêmes bien des tourments.''*[44]

Et voici les deux versets préférés de certains chrétiens. Avec eux, tu mets carrément fin au débat : *''Amen, je vous le dis : un riche entrera difficilement dans le royaume des Cieux. Je vous le répète : il est plus facile à un chameau de passer par un trou d'aiguille qu'à un riche d'entrer dans le royaume des Cieux.''*[45] *; ''En effet, là où est ton trésor, là aussi sera ton cœur.''*[46]

À la lecture de tous ces versets, il apparait, à première vue, raisonnable de croire en toute bonne foi que l'argent est quelque chose de mauvais, qui apporte à l'homme plus de douleurs que de bien-être. Mais en réalité, c'est

---

[42] Hébreux 13:5
[43] Ecclésiaste 5:9
[44] 1 Timothée 6:10
[45] Matthieu 19 versets 24-25
[46] Matthieu 6:21

l'interprétation et la compréhension volontairement imposées par certaines autorités religieuses au fil des siècles, qui sont à l'origine d'un tel système de pensée. Et je m'en vais maintenant vous démontrer pourquoi. Vous remarquerez, à la lecture de ces versets - et ce ne sont pas les seuls d'ailleurs dans la bible - que certaines expressions reviennent de façon implicite ou explicite : *''l'amour de l'argent'' ; ''aimer l'argent'' ; ''vouloir s'enrichir'' ; ''servir deux maitres''*. Quand on y réfléchit bien, les versets évoquent l'amour de l'argent comme on parle de l'amour de Dieu. Le mot *''amour''* vise ici une passion, un sentiment totalitaire, exclusif, qui engage tout l'être, le subjugue et le lie sans distinction, n'acceptant aucun partage. Un amour qui atteint les racines de l'être, l'engage et le détermine.

Maintenant, prenons à côté l'exemple d'un aliment quelconque que vous aimez manger, je prends les gâteaux. Vous direz que vous aimez les gâteaux à cause de la sensation ou du goût qu'ils vous procurent quand vous en mangez mais cet ''amour'' là n'atteindra certainement pas la dimension que j'ai décrite plus haut pour la simple raison que vous avez conscience que cet aliment dont vous tirez plaisir n'est pas important en lui-même mais vous est simplement agréable à cause de la valeur nutritive et/ou gustative qu'il vous apporte. Vous comprenez où je veux en venir ? Dans le désert, le veau d'or que les israélites ont fabriqué en l'absence de Moïse ne représentait rien en lui-même. C'est parce que le peuple avait osé l'élever au rang d'une divinité en faisant de lui l'objet de leur amour et de leur dévotion que l'Eternel est entré dans une grande colère. À notre époque, le principe reste le même mais de manière plus subtile. C'est parce que les hommes ont donné la place de Dieu à l'argent dans leurs vies et lui vouent un amour démesuré que le monde va de mal en pis : le problème ce n'est donc pas l'argent mais le cœur de l'homme. Ici, j'aimerais vous inviter à vous arrêter et à vous interroger. Quelle place occupe l'argent dans votre vie ? Seriez-vous vraiment prêts à tout pour obtenir ce que vous désirez ou avez-vous des limites à ne pas franchir ? Quelle part accordez-vous aux valeurs et aux principes ?

Image : Le laboureur et l'arbre

Il y avait dans le champ d'un laboureur un arbre qui ne portait pas de fruit, et qui servait uniquement de refuge aux moineaux et aux cigales bruissantes. Le laboureur, vu sa stérilité, s'en allait le couper, et déjà, la hache en main, il assénait son coup. Les cigales et les moineaux le supplièrent de ne pas abattre leur asile, mais de le leur laisser, pour qu'ils pussent y chanter et charmer le laboureur lui-même. Lui, sans s'inquiéter d'eux, asséna un second, puis un troisième coup. Mais ayant fait un creux dans l'arbre, il trouva un essaim d'abeilles et du miel. Il y goûta, et jeta sa hache, et dès lors il honora l'arbre, comme s'il était sacré, et il en prit grand soin. Ceci prouve que par nature les hommes ont moins d'amour et de respect pour la justice que d'acharnement au gain[47].

Le célèbre escroc Joseph WEIL[48] alias The Yellow Kid écrivait *: « Le désir d'obtenir quelque chose pour rien a*

---

[47] Le laboureur et l'arbre, fable n° 85, Esope : Œuvres complètes : Les 358 fables et annexes (French Edition)

[48] Joseph WEIL (1875-1976) est né à Chicago. Une rumeur populaire existe qui prétend qu'en 1889, à l'âge de 14 ans, il a réussi à vendre un

été très coûteux pour beaucoup de gens qui ont traité avec moi et avec d'autres escrocs (...) Mais j'ai constaté que c'est ainsi que cela fonctionne. La personne moyenne, à mon avis, est quatre-vingt-dix-neuf pour cent animale et un pour cent humain. Les quatre-vingt-dix-neuf pour cent qui sont des animaux causent très peu de problèmes. Mais le un pour cent qui est humain est à l'origine de tous nos malheurs. Quand les gens apprendront – comme je doute qu'ils le fassent – qu'ils ne peuvent pas obtenir quelque chose pour rien, le crime diminuera et nous vivrons dans une plus grande harmonie. »[49]

---

poulet à un riche prospecteur de passage dans l'Illinois pour le prix d'une pépite d'or. C'est de cette rumeur que provient le terme « Nugget de poulet ». Il a quitté l'école et a commencé à travailler comme collectionneur dans l'industrie animée de l'usurpation de prêts de sa ville natale à l'âge de 17 ans. Il y remarqua que ses pairs gardaient de petites portions des recettes du patron. En échange d'une bonne compensation, il ne partageait pas sa connaissance de leur perfidie. Beaucoup se sont conformés.

Battant toujours la police à son propre jeu, « Yellow Kid » a utilisé de faux contrats de pétrole, des femmes, des courses fixes et une liste interminable d'autres astuces pour amadouer un public de plus en plus crédule. Un jour, il se faisait passer pour un géologue réputé, faisant croire à ses hôtes qu'il était un représentant d'une grande compagnie pétrolière - tout en les vidant de l'argent qu'ils lui ont donné pour « investir dans le carburant ». Le lendemain, il était directeur de l'Elysium Development Company, promettant des terres à des croyants innocents tout en les volant en frais d'enregistrement et de résumé. Ou alors c'était un chimiste par excellence qui avait découvert comment copier des billets d'un dollar ; promettant d'augmenter votre fortune, il multipliait vos factures, puis disparaissait avec le butin. On estime la valeur totale de ses arnaques à environ 8 millions de dollars à l'époque soit plus de 200 millions de dollars aujourd'hui.

[49] Streissguth, Thomas. Hoaxers & Hustlers, Minneapolis 1994; The Oliver Press, Inc.

« Faites de l'argent votre Dieu et il vous damnera comme le diable. » Henry Fielding

L'amour de l'argent, c'est la volonté de puissance, le désir de domination, l'orgueil, la luxure et le refus de Dieu. N'importe quel Homme peut en être atteint. C'est la raison pour laquelle bon nombre de personnes se retrouvent à exercer des activités qu'elles savent nuisibles pour la société mais très lucratives comme la vente d'armes, de drogues et même d'autres êtres humains, pour ne citer que celles-là. D'autres, adeptes de cercles secrets ou de pratiques mystiques par l'intermédiaire de charlatans, vouent des cultes aux forces des ténèbres pensant obtenir rapidement ce qu'elles estiment Dieu trop lent à leur donner. Ce qu'elles n'ont pas compris c'est que :

- Premièrement, Dieu ne réserve pas la richesse à quelques-uns au détriment des autres. L'attraction de l'argent répond simplement à des principes qui récompensent quiconque les observe et j'insiste sur le **quiconque** car il est bien écrit dans la bible *''celui qui cherche trouve''* pas *''le croyant qui cherche trouve'' ; ''celui qui ne travaille pas ne mange pas''* pas *''le croyant qui ne travaille pas ne mange pas''* ; *''celui qui croit sera sauvé''* etc… Bon nombre d'instructions données par le Seigneur dans la Bible ont un caractère impersonnel ce qui veut dire que même ceux qui, en apparence ne sont pas adeptes d'une religion mais respectent les principes établis par Dieu recevront la récompense. Le problème comme toujours est que beaucoup ignorent ces principes, ne les comprennent pas et les applique mal ou ne cherchent même pas à les découvrir par crainte de l'effort.

- Deuxièmement, les personnes qui se lancent dans ces pratiques ne réalisent pas qu'il s'agit d'une grosse arnaque spirituelle pour la simple raison qu'étant créés à l'image de Dieu, leur valeur intrinsèque au plan spirituel n'a d'égale que celle de Dieu lui-même, ce dont l'ennemi a conscience et elles sont prêtes à échanger cela contre une illusion éphémère dont ils ne peuvent pas profiter sereinement. Mais le temps de s'en rendre compte, il est parfois trop tard. La Bible dit au contraire que *''C'est la bénédiction de l'Eternel qui enrichit, et il ne la fait suivre d'aucun chagrin.''*[50] C'est comme échanger un diamant brut contre de vulgaires cailloux en croyant qu'ils ont plus de valeur.

La preuve, c'est que si on décrète dans le monde qu'à partir de maintenant tout sera gratuit vous réaliserez tout de suite l'inutilité d'un compte en banque. De la même manière, si on décrétait que désormais le moyen d'échange mondial serait les coquillages ou les feuilles d'un certain type d'arbres ou des pierres d'un certain type, leur valeur augmenterait drastiquement du jour au lendemain et ce serait la guerre pour en posséder le plus possible. Souvenez-vous de l'expression : *''l'argent est un bon serviteur mais un mauvais maitre''*. Ah bon ? Donc l'argent peut être un bon serviteur ? Est-il possible de jouir des richesses de ce monde sans en devenir

[50] Proverbes 10:22

esclave et perdre son âme ? C'est une bonne chose de vouloir devenir riche ?

Je vous réponds *''oui !''* à la condition de comprendre plusieurs choses.

D'abord, vous devez comprendre que la raison pour laquelle nous avons une attitude incorrecte par rapport à l'argent, c'est parce que, pour la majorité, nous n'avons pas compris **à quoi il sert (du moins à quoi il est censé servir)** et **comment l'obtenir ?** Ici j'imagine bien l'expression de votre visage. *Ah bon ? Comment ça je ne sais pas à quoi sert l'argent ? Si je ne savais pas est-ce que je ne serais pas dans telle ou telle situation ?* Ok, faites un exercice : arrêtez-vous ici et imaginez ou écrivez tout ce à quoi sert l'argent selon vous. Je vous attends…. C'est bon ? Vous avez fini ? Bien, maintenant comparez ce que vous pensez à ce que je vais vous révéler dans la minute. Autant vous le dire tout de suite, cette partie est très délicate et il serait inutile de vous en offusquer car c'est ainsi que le monde fonctionne que cela vous plaise ou pas.

D'après vous, entre une personne salariée d'une entreprise quelconque ou même de l'État et une personne qui exerce plusieurs activités en étant à la tête d'une entreprise qui sera susceptible de gagner plus d'argent ? Dans le mille, c'est bien sûr celle avec le second profil. Maintenant, nous savons que dans tout pays il y a des lois. Or qui sont ceux qui les établissent et veillent à leur application ? Ce sont les hommes politiques dans les gouvernements et dans les parlements. Je vous donne un exemple très représentatif. En France, il a été adopté en 1976 la loi sur le regroupement familial qui permet aux travailleurs étrangers résidents en France de faire venir leur famille sous certaines conditions. Ce que vous ne savez peut-être pas, c'est que cette loi a été adoptée sur insistance du patronat français, en l'occurrence Francis BOUYGUES[51] qui avait besoin de main d'œuvre pour ses entreprises et qui avait donc intérêt à ce que beaucoup d'immigrants restent sur place. À l'époque, les droits sociaux acquis par les travailleurs français depuis la Libération devenaient trop handicapants aux yeux du patronat pour "rester compétitifs". La main-d'œuvre immigrée *« est jeune, très solide physiquement, elle est extrêmement courageuse, mais elle ne parle pas le français dans sa grande majorité et elle n'est pas assez qualifiée. Si on veut avoir une action de formation envers ces gens-là, il faut qu'on puisse les intégrer. Pour qu'ils s'intègrent à la vie économique et sociale, il faut qu'ils puissent fonder une famille »*, lançait Francis BOUYGUES dans l'émission télévisée *Les Dossiers de l'écran* en 1970. En réalité, BOUYGUES réclamait simplement, pour les commodités de son recrutement, le retour au régime créé par les circulaires de 1947, 1949 et 1951. Elles imposaient le regroupement familial aux immigrés titulaires d'un logement, non par souci de leur bien-être moral, mais pour éviter des transferts massifs de salaires aux familles restées aux pays. Les tractations avaient déjà commencé avec Georges

[51] Francis BOUYGUES, né le 5 décembre 1922 dans le 17e arrondissement de Paris et mort le 24 juillet 1993 à Saint-Coulomb (Ille-et-Vilaine), est le fondateur du groupe de BTP Bouygues. Aujourd'hui, le groupe a beaucoup étendu ses activités en France comme à l'international et conserve une place de leader sur le marché. Il regroupe en son sein un ensemble de sociétés tels que Bouygues Construction, Bouygues Immobilier, Colas, Equans, TF1, Bouygues Telecom.

POMPIDOU mais ce fut sous la présidence de Valéry Giscard D'ESTAING que l'affaire fut définitivement conclue. Ce dernier tentera de se justifier par la suite en expliquant avoir cédé à une demande de Simone VEIL, alors ministre et symbole de la déportation des juifs durant la guerre. Dans la décennie 1960, la France a accueilli 750 000 Portugais, 300 000 Espagnols, 300 000 Algériens, 80 000 Marocains et 50 000 Turcs[52]. Jamais le pays n'avait connu de mouvements de population aussi rapide. Que voulez-vous ? Le gouvernement français n'avait fait que suivre les exigences de ceux qui tenaient le monde économique c'est-à-dire les entreprises. Et ce procédé est le même dans d'autres domaines dont je n'ai pas parlé. Beaucoup de chefs d'États qui accèdent au pouvoir ont souvent les mains déjà liées par des engagements pris par leurs prédécesseurs. Et s'ils ne font rien, au fil du temps, ces engagements deviennent de véritables forteresses difficiles à abattre. C'est exactement ce qui se passe aux Etats-Unis avec le lobby des armes.

Comprenons-nous bien. L'objectif ici n'est pas de critiquer le procédé ou de porter un jugement de valeur. L'objectif est de vous montrer que celui qui a de l'argent, a les moyens, au travers de ce que les américains appellent le lobbying, de peser sur les décisions politiques et même le choix des dirigeants. Si l'économie d'un pays repose sur des

---

[52] SEZNEC Erwan, *« Quand le patronat organisait l'immigration clandestine »*, dans : Benoît Collombat éd., Histoire secrète du patronat de 1945 à nos jours. Le vrai visage du capitalisme français. Paris, La Découverte, « Cahiers libres », 2014, p. 192-198. DOI : 10.3917/dec.orang.2014.01.0192. URL : https://www.cairn.info/histoire-secrete-du-patronat-de-1945-a-nos-jours--9782707178930-page-192.htm

entrepreneurs soucieux d'apporter de la valeur aux individus en tenant compte de tous les plans, le choix et les politiques menées par les dirigeants seront plus judicieux. Ce sont des entreprises qui alimentent les marchés financiers ne l'oublions pas. De plus, celui qui peut influer sur la politique peut influer sur les médias et donc influencer facilement notre perception des choses (voir chapitre 2). Dans la grande majorité, les chaines de télévision à forte audience appartiennent à des entreprises privées qui exercent donc un contrôle (total) sur la ligne éditoriale. Le système judiciaire n'y échappe pas non plus. Il ne s'agit pas de dire qu'il est corrompu mais suivant le degré d'influence que vous avez, il y a plus de facilités à se faire des alliés et même en cas de litige vous concernant, à bénéficier d'un traitement moins rigoureux qu'un citoyen lambda. Enfin, on peut également influer sur l'éducation suivant les valeurs qu'on souhaite promouvoir, sur la santé et bien d'autres domaines. De toute manière, si vous ne le faites pas, d'autres s'en chargeront pour vous et pas forcément dans votre intérêt. L'usage qu'on fait de l'argent dans ces domaines peut servir de beaux ou de vilains desseins ; l'argent sert à contrôler et transformer l'environnement, la société, le monde. Ceux qui n'en disposent pas ont toujours moins d'options et se retrouvent souvent à la merci de ceux qui en disposent, pour le meilleur ou pour le pire. Si vous le considérez désormais comme un outil dont on se sert pour créer un environnement plus sûr, d'abord pour soi-même évidemment, mais aussi pour la société dans laquelle vous vivez, vous serez peut-être moins enclin à vous laisser dominer par les passions que sa possession pourrait susciter en vous. Car, comme le disait si bien le Dr Myles MUNROE[53] : *« lorsque le but d'une chose est ignoré, l'abus est inévitable ».*

À présent parlons du comment l'obtenir. Quelles que soient vos origines et vos croyances, vous devez comprendre que personne ne nait en ce monde pour servir de marchepied aux autres, ni pour voir les autres réussir, jouir de la vie et se contenter de les envier. Une fois, une amie m'a posé la question de savoir pourquoi certaines personnes naissent dans des familles riches et d'autres non. Sur le moment je n'ai pas su quoi lui répondre mais plus tard, à force de réflexions j'en suis arrivé à ceci : l'Homme est composé de trois dimensions que sont le corps, l'âme et l'esprit. La biologie nous enseigne que le cycle de la reproduction commence lorsque le spermatozoïde et l'ovule fusionnent pour donner un embryon qui par la suite évoluera pour donner un fœtus, puis un bébé qui naitra quelques mois plus tard. Or, puisqu'il s'agit d'un autre être humain à part entière, ce bébé est donc forcément composé des trois dimensions que j'ai citées plus haut. On sait ce qu'il en est de la dimension corps mais qu'en est-il alors des dimensions esprit et âme ? C'est simple : les gamètes des parents ne contiennent pas simplement des informations génétiques nécessaires à la formation du corps physique. Elles comportent aussi une dimension esprit et une dimension âme

[53] Myles MUNROE (20 avril 1954 – 9 novembre 2014) était un évangéliste et ministre ordonné des Bahamas, professeur passionné du Royaume de Dieu, auteur, conférencier et consultant en leadership qui a fondé et dirigé les Bahamas Faith Ministries International (BFMI) et Myles Munroe International (MMI). Il a été directeur général et président du conseil d'administration de l'International Third World Leaders Association et président de l'International Leadership Training Institute, ainsi que l'auteur de nombreux ouvrages.

qui leur est spécifique et c'est de leur fusion nécessaire qu'un être humain à part entière se forme. Chacun d'entre nous est le produit spécifique et unique de l'union de ses parents, raison pour laquelle nous leur ressemblons physiquement et même sur le plan du caractère. S'ils ne s'étaient jamais rencontrés nous n'aurions jamais existé, nous ne pouvions provenir que d'eux et de personne d'autre.

Une autre explication voudrait que ce soit le créateur lui-même qui permette que nous venions au monde dans tel ou tel environnement d'abord parce que nous avons une mission à accomplir, ensuite parce que cet environnement même s'il parait hostile, détient les outils dont nous avons besoin pour réaliser cette mission et enfin parce que le bien-être que nous rechercherons sur terre se trouve justement dans l'accomplissement de cette mission et pas ailleurs. Chaque personne ayant jouit de la vie avait un choix à faire concernant le rôle positif ou négatif qu'elle jouerait parmi ses pairs. Si nous existons c'est parce que nous avons tous quelque chose à offrir au monde. Nous naissons tous avec des potentialités, des aptitudes qui se révèlent avec le temps d'une façon ou d'une autre et il est de notre devoir de les découvrir, de les développer et de les utiliser pour construire l'idéal que nous souhaitons atteindre. À votre avis pourquoi adule-t-on tellement les célébrités du monde de la musique ? Ou du sport ? Ou du cinéma ? Ou de l'art ? Ou du monde des affaires ? Ou même du monde politique ? Parce qu'elles ont su déployer **le talent** qu'il y avait en elles pour le présenter au monde. Et comprenez-moi bien, je ne suis pas en train de dire que tout le monde est fait pour devenir célèbre, cela est d'ailleurs impossible. Je dis que quel que soit le milieu dans lequel vous évoluez, vous avez le devoir de vous distinguer par une compétence et une expertise qui devront être servies au plus grand nombre de personnes, qui en retour seront contentes de vous payer. Et si vous vous savez incapables d'accomplir de grandes choses dans votre condition actuelle, commencez d'abord par accomplir de petites choses avec excellence. C'est en cela que vous vous démarquerez de la masse.

Ensuite, ce n'est pas de votre faute si vous êtes nés dans un milieu défavorable mais c'est de votre faute si vous ne faites rien pour que cela change car les environnements hostiles peuvent devenir des catalyseurs au déploiement de notre potentiel : un Homme n'est jamais fini. Les exemples dans le monde sont légions et le premier qui me vient à l'esprit en écrivant ces lignes est celui de Francis NGANNOU, aujourd'hui champion du monde des poids lourds de l'UFC mais qui a grandi dans des circonstances où tout en apparence le condamnait à l'échec. Né le 5 septembre 1986 à Batié, au Cameroun, Francis NGANNOU vit une enfance très difficile. Il est élevé dans une extrême pauvreté, surtout après le divorce de ses parents. Il se retrouve contraint de travailler dans une mine de sable située dans sa ville natale et dans des conditions extrêmement difficiles. Fan de boxe anglaise, et particulièrement de l'Américain Mike TYSON, le Camerounais veut alors devenir un boxeur lui-même. Il débute tardivement la discipline à l'âge de 22 ans dans la ville de Douala, la capitale économique du Cameroun. C'est d'ailleurs avec l'intention d'en faire sa nouvelle carrière qu'il émigre en France en 2013, parmi un flot de migrants, à l'âge de 26 ans. Six fois, il est arrêté et abandonné dans le désert pour y mourir, et sept fois il retentera l'aventure et atteindra finalement son objectif d'arriver en Europe. Seul et sans argent, Francis NGANNOU vécu pendant un temps comme un sans-abri dans les rues de Paris. Il est alors repéré par une association humanitaire nommée *La Chorba* qui le recueille. Au sein de l'association, il donne un coup de main pour la distribution des repas aux plus démunis. La salle d'arts martiaux parisienne *MMA Factory* est d'ailleurs voisine de cette association et Francis NGANNOU espère alors pouvoir s'y entraîner. Présenté par le directeur de l'association à l'entraîneur principal et au cofondateur du club, Fernand LOPEZ, il impressionne par son physique et Fernand LOPEZ accepte de lui ouvrir les portes de sa salle gratuitement. Ce fut ainsi que débuta son parcours dans les arts martiaux mixtes. À ce jour, il totalise 17 victoires dont 12 par KO et 3 défaites. S'il a pu y arriver dans son domaine, pourquoi pas vous ? Sachez qu'il y a deux catégories de personnes dans le monde : celles qui ont des **excuses** et celles qui ont des **résultats**. Définissez dès à présent à laquelle vous appartenez et faites ce qu'il faut si vous estimez qu'il y a quelque chose à faire. La plupart des gens sont tellement prisonniers de leur ego que tout tourne autour d'eux et seulement eux. Si vous souhaitez vivre dans l'abondance et être prospère, tout ne peut pas toujours tourner autour de vous. Votre vie doit inclure la nécessité d'ajouter de la valeur à la vie d'autrui, et quand je dis autrui je ne parle pas seulement de votre patron – même si ça compte aussi - mais du plus grand nombre de personnes. Plus vous aiderez de gens et plus riche vous deviendrez sur les plans mental, émotionnel, spirituel et très certainement financier.

Je vous ai montré tout à l'heure le mystère caché derrière la signification de certains versets. Pour appuyer de nouveaux mes propos, je retourne dans la Bible car la parole de Dieu ne saurait se contredire. Lisez avec moi ces versets :

- *''Que votre conduite ne soit pas guidée par l'amour de l'argent, contentez-vous de ce que vous avez. En effet, Dieu lui-même a dit : Je ne te délaisserai pas et je ne t'abandonnerai pas.''*[54]

Ce passage nous enseigne **la loi du contentement**. Dieu n'a jamais été contre l'enrichissement au contraire son désir est de nous voir prospérer et jouir de ce que la vie peut nous offrir car il sait que nous en avons besoin. Par contre, notre quête de richesse et de prospérité ne doit jamais être guidée par l'amour de l'argent car l'argent ne nous appartient pas et ne peut nous appartenir. C'est aussi à ce titre qu'on aime bien dire que l'on n'emporte rien dans la tombe, ce qui est à moitié vrai dans le sens où l'on n'emporte rien de matériel. Vos talents par contre, les aptitudes et compétences que vous avez développées, personne ne pourra vous les enlever ni les exprimer comme vous l'auriez fait de votre vivant. Elles vous accompagneront dans l'autre monde car elles font parties de vous. Remarquez la valeur qui est accordée aux œuvres des grands maîtres morts depuis plusieurs siècles. Beaucoup ont essayé de les reproduire mais les experts arrivent toujours à distinguer les imitations car le talent d'une personne est unique et inimitable comme une empreinte digitale. La vie est faite de saisons. Apprenez à vous contenter de ce que vous avez dans la saison où vous êtes tout en travaillant à développer les qualités qui dorment en vous. Ne cherchez à impressionner personne en affichant

---

[54] Hébreux 13:5

des apparences extérieures de confort alors qu'il n'en est rien en réalité, bref vivez en fonction de vos moyens et non au-dessus. Une astuce pour y arriver est de savoir faire la différence entre vos **besoins** et vos **désirs**. Le **besoin** est une chose qui revient de façon régulière car votre vie en dépend alors que le **désir** est une envie ponctuelle qui disparaitra dans quelques temps si vous savez la réprimer. Par exemple, que ce soit aujourd'hui ou dans 10 ans vous aurez besoin de manger pour vivre ou encore d'épargner de l'argent (besoin), alors que dans 10 ans vous savez que vous n'aurez plus besoin d'acheter telle chaussure, ou tel vêtement ou telle marque de téléphone ou de faire tel voyage touristique (désir). L'homme se débat chaque jour avec plus de désirs qu'il ne peut satisfaire et si vos désirs mettent en péril la satisfaction de vos besoins futurs alors abstenez-vous ! Cela peut inclure également de limiter des dépenses que vous avez tendance à effectuer pour acquérir des commodités en pensant améliorer votre qualité de vie. Sur ce point, l'homme d'affaire Warren BUFFETT qui est connu pour vivre de peu malgré sa grande fortune s'exprime en disant : *« Les voitures ne m'intéressent absolument pas, et je n'ai nul désir de rendre les autres envieux. Ne confondez pas coût de vie et qualité de vie. »*

À ce propos, il y a un piège dans lequel beaucoup de gens tombent surtout quand ils acquièrent un objet de marque. Par exemple, si vous achetez le dernier modèle d'IPhone ou même l'avant dernier, à vos yeux cela ne fera pas sens de ne pas posséder un MacBook ou tout au moins, de continuer avec le vieil ordinateur que vous aviez. Vous allez donc acquérir le MacBook. Puisque vous posséder maintenant ces deux gadgets d'une certaine valeur, cela ne fera pas sens que vous vous habillez n'importe comment. Vous allez donc investir dans votre look vestimentaire. Ensuite, au vu des vêtements que vous portez cela ne fera pas sens de conduire une voiture qui n'a pas une certaine prestance, et avec la voiture, il faudra maintenant ajuster l'appartement ou la maison qui va avec, sans omettre un bel intérieur avec les canapés, la décoration et l'écran de télévision large qu'il ne faut surtout pas oublier. C'est ainsi que vous entrerez sans même vous en rendre compte dans un engrenage de dépenses interminable alors même que vous n'avez pas encore les épaules pour les supporter.

- *''Une fortune mal acquise diminue, mais celui qui amasse peu à peu augmente son bien.''*[55]

La vraie richesse vient à ceux qui sont honnêtes. Certaines personnes qui sont pressées de s'enrichir vont voler, mentir ou détourner. Le problème avec cela est que l'argent acquis rapidement dans la malhonnêteté disparait tout aussi vite raison pour laquelle ces personnes ont beaucoup d'argent pendant une période et se retrouvent dans des difficultés financières quelques temps après. De plus ces personnes ne peuvent vivre dans la quiétude car *''C'est la bénédiction de l'Eternel qui enrichit, et il ne la fait suivre d'aucun chagrin.''* Le texte va encore plus loin dans cet autre passage : *« Rendez à chacun ce qui lui est dû : l'impôt à qui vous devez l'impôt, la taxe à qui vous devez la taxe, le respect à qui vous devez le respect, l'honneur à qui vous devez l'honneur. »*[56]

---

[55] Proverbes 13:11

[56] Romains 13:7

- *''Acquérir la sagesse vaut bien mieux que l'or, acquérir l'intelligence est préférable à l'argent.''*[57]

La pauvreté d'esprit est bien pire que celle des choses matérielles, raison pour laquelle il y a un adage populaire qui dit que si on répartissait équitablement les richesses entre tous les êtres humains, les mêmes personnes redeviendront riches et les mêmes personnes resteront pauvres. Dans un premier temps, accordez plus d'importance à la sagesse qui vous aidera à acquérir le caractère pour bien gérer ce que vous avez déjà et surtout une bonne réputation. La réputation n'a pas de prix ! Dans un autre passage du livre des proverbes, il est écrit que : *« Une bonne réputation vaut mieux que de grandes richesses : l'estime des autres est préférable à l'or et à l'argent »*[58]. Dans un second temps, il faut accorder de l'importance à la connaissance (qui vous donnera les méthodes pour augmenter vos ressources en fonction de vos prédispositions) car on ne pourra jamais vous les enlever contrairement à l'argent. Et, *« Si vous pensez qu'investir dans la connaissance c'est cher, essayez l'ignorance »* disait Benjamin FRANKLIN[59]. La Bible est

---

[57] Proverbes 16:16

[58] Proverbes 22:1

[59] Benjamin FRANKLIN, né le 17 janvier 1706 à Boston et mort le 17 avril 1790 à Philadelphie, est un imprimeur, un écrivain, un physicien et un diplomate américain. Il est l'un des pères fondateurs de la nation américaine, issue de l'union des 13 colonies. En 1776, il participe, avec John ADAMS et Thomas JEFFERSON, à la rédaction de la Déclaration d'indépendance des États-Unis d'Amérique, dont il est l'un des signataires. FRANKLIN fut le premier ambassadeur des États-Unis en Italie. En tant que physicien, il est connu pour avoir établi la nature électrique de la foudre et inventé le paratonnerre, ainsi que les lunettes à double foyer et l'heure d'été.

bien plus qu'un livre religieux. C'est un guide digne de confiance. Tous ceux qui appliquent ses sages conseils cultivent des qualités qui leur permettent de gagner le respect des autres et une belle réputation.

- *''Aux riches de ce monde, ordonne de ne pas être orgueilleux et de ne pas mettre leur espérance dans des richesses incertaines, mais dans le Dieu vivant, qui nous donne tout avec abondance pour que nous en jouissions.''*[60]

Quel que soit le degré de richesses que vous atteignez, souvenez-vous qu'au fond il s'agit d'une faveur qui vous a été accordée par le créateur parfois pour vous éprouver. Vous y avez contribué sans doute par vos efforts mais que votre cœur ne s'y arrête pas car *''là où est ton trésor, là aussi sera ton cœur''*. Je suis assez d'accord avec l'idée selon laquelle l'argent révèle la vraie nature des gens car quand un Homme gagne beaucoup d'argent 3 choses en lui sont mises à l'épreuve : son humilité, sa retenue et sa générosité. C'est peut-être la raison pour laquelle certaines personnes n'accèderont jamais à un certain niveau de prospérité car n'ayant pas l'attitude pour s'y maintenir. Ce sont les personnes de caractère qui arrivent à se maintenir dans une paisible prospérité et c'est ce qui devrait être notre combat à tous chaque jour.

---

[60] 1 Timothée 6:17

6.
L'enseignement

Ne regrette rien, il faudra toujours continuer à apprendre et à te perfectionner, et ce n'est pas à l'école que tu pourras le faire. L'école donne des diplômes, mais c'est dans la vie qu'on se forme.

Amadou Hampâté BÂ
(1901-1991)

Que penseriez-vous d'un hôpital qui dispense le même type de traitement à tous ses patients peu importe la maladie dont ils souffrent ? Inconcevable n'est-ce pas ? Eh bien, il se trouve que ce genre d'établissement existe dans la réalité : c'est l'école. Ah bon ? Non c'est impossible, cela ne se peut ! Pourtant c'est le cas et vous allez comprendre pourquoi. Dans l'école classique d'aujourd'hui, on se retrouve avec un enseignant qui a face à lui des dizaines d'élèves avec des forces différentes, des besoins différents, des talents différents et surtout des rêves différents, mais qui reçoivent le même type d'enseignement et les mêmes types d'évaluation. Initialement, l'école est connue pour être un lieu de formation et de transmission du savoir ce qui est d'ailleurs une très bonne chose. Ce qui est critiquable par contre, c'est la manière dont le savoir est transmis, c'est le système éducatif dans lequel nous vivons surtout en Afrique car n'oublions pas que ce dernier a été hérité de la colonisation. L'école existait déjà dans les temps très reculés de l'Antiquité. Les spécialistes s'accordent à dater le début de l'enseignement à la période de l'apparition de l'écriture au minimum c'est-à-dire aux alentours du IVème millénaire avant Jésus-Christ. C'est dans l'Égypte des pharaons et en Inde qu'ont été trouvées les premières traces de l'enseignement. Ce sera plus tard que l'école arrivera chez les Romains qui en firent un lieu très élitiste, réservé aux enfants des familles les plus opulentes. Le système éducatif actuel tire sa naissance du siècle des lumières qui lui-même correspondait à l'époque de la révolution industrielle. À cette époque, on avait besoin de main d'œuvre dans les usines et donc le but était de permettre à une très grande majorité de personnes de pouvoir accéder à l'école afin d'y être formé dans le but d'intégrer lesdites usines. C'est donc suivant cette logique que le système éducatif a été façonné. Pour bien fonctionner, une usine a besoin de la discipline et de la rigueur des ouvriers. On ne s'attend pas à ce que ces derniers manifestent une grande capacité de réflexion, ni une capacité d'analyse et de critique du système au contraire ; on attend des ouvriers qu'ils obéissent, qu'ils retiennent les instructions pour travailler à la chaine et faire avancer un processus. Dans les salles de classe, on formait les enfants avec une méthodologie qui avait pour but de les aider à retenir des choses, à mémoriser des informations dans le but de les restituer plus tard. Vous l'aurez remarqué, c'est exactement le système qui prévaut actuellement. Un système dans lequel on évalue les élèves à leur capacité à gober pas mal d'informations et à pouvoir les restituer pendant un examen. Ce système a fonctionné pendant des années car il y avait plus d'offres d'emploi que de demandeurs. C'est ainsi que l'idée force selon laquelle l'école est le seul moyen d'accéder à un emploi ou de réussir dans la société s'est bien gravée dans les esprits. Et voici la partie du film où les problèmes commencent. De manière progressive, l'école, tel que nous la connaissons aujourd'hui nous a amené à intérioriser beaucoup de fausses croyances qui sont d'ailleurs à la base de plusieurs problèmes dans la société.

Premièrement, l'école nous apprend **que l'échec est une très mauvaise chose**. En classe déjà, lorsque tu réponds mal à une question – dans certains cas la réponse peut faire rire mais c'est de bonne guerre - ou quand tu échoues à résoudre un problème, tu commences déjà à ressentir le malaise induit par des regards moqueurs et des réactions rabaissantes qui commencent parfois avec l'enseignant lui-même. Quand tu as une mauvaise note, tu deviens la risée de tes camarades, à la maison tes parents te blâment, bref tu deviens le paria de la famille et quand tu reprends une classe ou échoue à un examen, c'est comme si on avait collé un écriteau sur ta poitrine avec le mot ''incapable'' ou ''bon à rien'' marqué dessus. Voilà le système dans lequel on a grandi. Un système où on nous apprend à tout faire pour éviter d'être en situation d'échec, or que se passe-t-il dans la vraie vie ? Dans la vraie vie, l'échec à un rôle différent mais on a du mal à le réaliser car on a intériorisé le fait que la notion d'échec à l'école est la même que l'échec dans la vraie vie. La preuve ? Quand quelqu'un essaie d'entreprendre quelque chose ou pire, s'il a échoué dans un projet mais décide de recommencer on essaye de le décourager, de lui montrer que ça ne marchera pas sous prétexte de vouloir le protéger, on ne croit pas en lui. Comprenons-nous bien, je ne dis pas qu'il faille prendre des risques inconsidérés. Je dis qu'il faut apprendre à reconnaitre chez un individu le potentiel, l'envie de réaliser quelque chose et savoir l'accompagner malgré les risques. Dans la vraie vie, l'échec est salutaire, l'échec est un escalier, un tremplin vers le succès ; dans la vraie vie l'échec est quelque chose de normal et même de bénéfique car plus on échoue, plus on se rapproche du succès, c'est un moyen d'apprendre. Ce n'est donc pas quelque chose à éviter, ni quelque chose de dramatique, ni le pire des scandales qui puisse nous arriver. Beaucoup de gens ont des idées très bonnes mais n'osent pas se lancer car ils ont peur d'échouer. Ici, je vous invite à vous arrêter et vous poser sincèrement ces questions : pourquoi n'ai-je pas commencé à mettre sur pied cette idée ou ce projet auquel je pense depuis longtemps ? Suis-je trop paresseux ? Est-ce que c'est parce que j'ai peur d'échouer ? Qu'est-ce qui me bloque ? Est-ce que je dois maintenir cette attitude ? Si un autre réussissait à mettre mon idée sur pied ne serais-je pas jaloux ? Comment je peux faire pour changer ? Soyez honnêtes avec vous-même et regardez la vérité en face. Écrivez toutes les réponses à ces questions, c'est important. Au fur et à mesure que vous écrirez, les réponses que vous n'aurez peut-être pas sur le moment se présenteront d'elles-mêmes à votre esprit. S'examiner de cette manière sera peut-être douloureux mais salutaire.

Deuxièmement, l'école nous apprend **à tous être identiques, à penser de la même manière, à courir après les mêmes choses alors que pour réussir dans la vie, il faut être soi-même, il faut être différent**. Walter LIPPMANN[61]

---

[61] Walter LIPPMANN, né le 23 septembre 1889 à New York aux États-Unis et mort le 14 décembre 1974 dans la même ville, est un intellectuel, écrivain, journaliste et polémiste américain. Il fut journaliste au *New Republic*, au *World*, au *New York Herald Tribune* où il tint une colonne

disait que *« lorsque tout le monde pense pareil, personne ne pense vraiment »*. Puisque les gens sont formatés dans le même moule et qu'ils réfléchissent de la même manière face aux problèmes, cela entraine qu'il n'y a jamais d'innovation. Quand vous observez des entreprises comme Nike, Google, Facebook, Amazon, Apple, Tesla et j'en passe, avez-vous l'impression qu'elles ont été créées par des personnes qui réfléchissent comme tout le monde ? Non n'est-ce pas ? Et même quand on retourne dans l'antiquité et la période médiévale il en a toujours été ainsi. Des personnes qui sont aujourd'hui considérées comme des génies dans leurs domaines le sont simplement parce qu'elles ont osé être et penser différemment des autres. Il faut beaucoup d'audace pour vouloir se démarquer de la foule et l'école n'aide pas à la cultiver dans le bon sens. Au contraire, l'école tue la créativité depuis le bas âge. Quand un enfant entre à l'école dès l'âge de 3 ans ou plus pour certains, on lui apprend qu'il doit s'asseoir sur un banc, regarder un tableau et écouter un enseignant lui parler toute la journée. Et lorsqu'il apporte une solution différente, quand il a une manière de penser, une idéologie différente de ce que l'enseignant propose… oui vous avez compris, c'est un zéro pointé. Tout ceci pousse l'enfant à tuer ce qui émane véritablement de lui, à ne plus croire en sa capacité à pouvoir apporter des solutions innovantes et à penser que finalement il doit faire les choses de la même manière que les autres.

---

syndiquée, *Today and Tomorrow*, et à *Newsweek*. Il a contribué à populariser le terme de « guerre froide » (qu'il a employé pour la première fois en 1947) et l'expression « fabrique du consentement » (qu'il a utilisée en 1922).

Troisièmement, en complément du point précédent, **l'école ignore ou ne tient pas compte du fait qu'il existe plusieurs types d'intelligence et que nous ne pouvons donc pas être formatés de la même manière**. Le psychologue américain Howard GARDNER[62] a répertorié huit types d'intelligences qui distinguent les individus. La bonne nouvelle c'est qu'elles ne sont pas toutes innées et peuvent s'acquérir. Beaucoup de personnes d'ailleurs cumulent plusieurs de ces intelligences :

1- L'intelligence linguistique : (orateur, avocats, poètes, écrivains, interprètes)

C'est la capacité à être sensible aux structures linguistiques sous toutes ses formes. Elle est particulièrement développée chez les écrivains, les poètes, les orateurs, les hommes politiques, les publicitaires, les journalistes, etc…
On reconnaît particulièrement cette intelligence chez quelqu'un qui aime lire, qui parle facilement, aime raconter des histoires et aime en entendre, qui aime les jeux avec des mots (mots croisés, Scrabble, etc.), les jeux de mots, les calembours. La plupart des systèmes d'enseignements reconnaissent cette intelligence. Si elle n'est pas suffisamment développée, on est facilement en échec scolaire. Des manques dans cette capacité à mettre en mots sa pensée peut également créer le sentiment d'être incompris

---

[62] Howard Earl GARDNER, né le 11 juillet 1943 à Scranton (Pennsylvanie), est un psychologue du développement américain, professeur de sciences de l'éducation à l'université Harvard, et professeur de neurosciences à l'Université de Boston. Auteur de *la théorie des intelligences multiples*, ses travaux se répercutent principalement dans le milieu scolaire. Howard Gardner est surtout connu pour ses livres *Frames of Mind : the theory of multiple intelligences* et *The Mind's New Science*.

(en particulier face à ceux qui maîtrisent mieux cette intelligence) et engendrer des réactions de violence.

2- L'intelligence logicomathématique : (scientifique, informaticien, médecin, mathématicien)

C'est la capacité à raisonner, à calculer, à tenir un raisonnement logique, à ordonner le monde, à compter. Elle est particulièrement développée chez les mathématiciens et les scientifiques, les ingénieurs, les enquêteurs, les juristes, etc... On reconnaît particulièrement cette intelligence chez quelqu'un qui aime résoudre des problèmes ; chez ceux qui veulent des raisons à tout, veulent des relations de cause à effet ; ceux qui aiment les structures logiques, et aiment expérimenter d'une manière logique ; chez ceux qui préfèrent la prise de notes linéaire etc. Si elle n'est pas suffisamment développée, on a du mal à organiser des tâches complexes, à donner un ordre de priorité à une succession d'actes ; à comprendre le sens d'une démarche scientifique, à comprendre la signification d'un phénomène ; à démonter un appareil ou un processus pour en comprendre les parties ; à utiliser le raisonnement déductif ; à se servir d'appareils fonctionnant avec une grande logique (un ordinateur par exemple).

3- L'intelligence intra personnelle : (Acteur – Animateur – Artiste – Athlète – Bibliothécaire – Comédien – Conducteur de camion – Cuisinier – Danseur – Ecrivain – Graphiste – Prêtre – Informaticien – Jardinier – Médiateur – Musicien – Philosophe – Photographe – Poète – Psychologue – Scientifique – Traducteur – Profiler)

C'est la capacité à avoir une bonne connaissance de soi-même. Elle est particulièrement développée chez les écrivains, les sages, les philosophes, les mystiques. On reconnaît particulièrement cette intelligence chez quelqu'un qui a une bonne connaissance de ses forces et de ses faiblesses, de ses valeurs et de ses capacités ; chez ceux qui apprécient la solitude ; qui savent se motiver personnellement ; qui aiment lire, qui écrivent un journal intime ; qui ont une forte vie intérieure. Si elle n'est pas suffisamment développée, on a du mal à tirer parti des expériences, à réfléchir sur ce qui a bien marché et comment améliorer ce qui a moins bien marché ; à prendre le contrôle de sa vie, de son apprentissage, à se donner des buts ; on est plus sensible à l'opinion de groupes ; on cherche (et on trouve) un responsable extérieur à ses échecs.

4- L'intelligence interpersonnelle ou sociale :

C'est la capacité à entrer en relation avec les autres. Elle est particulièrement développée chez les politiciens, les enseignants et les formateurs, les consultants et les conseillers, les vendeurs, les personnes chargées des relations publiques. On reconnaît particulièrement cette intelligence chez quelqu'un qui entre bien et facilement en relation, se mélange et s'acclimate facilement ; chez ceux qui aiment être avec d'autres et ont beaucoup d'amis, ceux qui aiment bien les activités de groupe ; chez ceux qui communiquent bien (et parfois manipulent), chez ceux qui aiment résoudre les conflits, jouer au médiateur. Si elle n'est pas suffisamment développée, il y a risque d'enfermement de la personnalité ; on se coupe du plaisir d'être avec d'autres, de travailler ensemble ; on perd des richesses issues du travail en coopération. On risque de devenir aigri, misanthrope, critique de l'humanité dans son ensemble.

5- L'intelligence visuelle/spatiale : (géographe, peintre, dessinateur de mode, architecte, photographe, styliste, caméraman)

C'est la capacité à créer des images mentales, et à percevoir le monde visible avec précision dans ses trois dimensions. Elle est particulièrement développée chez les architectes, les paysagistes, les peintres, les sculpteurs, les naturalistes, ceux qui tentent d'expliquer l'univers, les stratèges de champ de bataille, les metteurs en scène, etc... On reconnaît particulièrement cette intelligence chez celui qui a un bon sens de l'orientation ; chez ceux qui créent facilement des images mentales ; ceux qui aiment l'art sous toutes ses formes ; ceux qui lisent facilement les cartes, les diagrammes, les graphiques ; ceux qui aiment les puzzles, ceux qui aiment arranger l'espace ; ceux qui se souviennent avec des images ; ceux qui ont un bon sens des couleurs ; ceux qui ont besoin d'un dessin pour comprendre ; etc.
Si elle n'est pas suffisamment développée, on peut avoir des difficultés dans les processus de mémorisation et de résolution de problèmes. Car les images produites dans le cerveau aident à la pensée et à la réflexion. Pour beaucoup de

scientifiques célèbres comme Albert EINSTEIN, leurs découvertes les plus fondamentales sont venues de modèles spatiaux et non de raisonnements mathématiques.

6- L'intelligence corporelle ou kinesthésique : *(les athlètes, les menuisiers, les chirurgiens et les comédiens)*

C'est la capacité à utiliser son corps d'une manière fine et élaborée, à s'exprimer à travers le mouvement, d'être habile avec les objets. Elle est particulièrement développée chez les danseurs, les acteurs, les athlètes, les mimes, les chirurgiens, les artisans, les mécaniciens. On reconnaît particulièrement cette intelligence chez quelqu'un qui contrôle bien les mouvements de son corps ; chez ceux qui aiment toucher, sont habiles en travaux manuels ; ceux qui aiment faire du sport, aiment jouer la comédie ; chez ceux qui apprennent mieux en bougeant, qui aiment faire des expériences ; l'enseignant la reconnaîtra dans l'élève qui se trémousse s'il n'y a pas suffisamment d'occasions de bouger, chez celui qui se lève en classe pour tailler un crayon ou mettre un papier à la poubelle. Si elle n'est pas suffisamment développée, l'enfant comme l'adulte risquent de ressentir leur corps comme une gêne dans de nombreuses circonstances de la vie courante.

7- L'intelligence musicale : (danseurs, chanteurs, chorégraphes, vendeurs d'instruments de musique)

C'est la capacité à être sensible aux structures rythmiques et musicales. Elle est bien entendu particulièrement développée chez les musiciens (compositeurs, exécutants, chefs d'orchestre), et chez tous les techniciens du son (ingénieur du son, fabricant d'instruments de musique, accordeurs). Elle se trouve aussi chez les poètes, et dans les cultures à forte tradition orale. On reconnaît particulièrement cette intelligence chez quelqu'un qui fredonne souvent, bat du pied, chante, se met à danser sur le moindre rythme ; chez ceux qui sont sensibles au pouvoir émotionnel de la musique, au son des voix et à leur rythme ; et ceux qui saisissent facilement les accents d'une langue étrangère. Si elle n'est pas suffisamment développée, on perd une partie des richesses transmises par les sons, à travers les sons organisés comme dans la musique ou dans les infinies variations du langage.

8- L'intelligence (du) naturaliste : (biologistes, botanistes, écologistes, océanographes, zoologistes, explorateurs, chasseurs, pêcheurs, chefs cuisinier)

Elle a été rajoutée aux sept précédentes par Howard GARDNER en 1996. C'est la capacité à reconnaître et à classer, à identifier des formes et des structures dans la nature, sous ses formes minérale, végétale ou animale. Elle est particulièrement développée chez le naturaliste, qui sait reconnaître et classifier les plantes et les animaux ; chez tous ceux qui s'intéressent au fonctionnement de la nature, du biologiste au psychologue, du sociologue à l'astronome. On la reconnaît chez ceux qui savent organiser des données, sélectionner, regrouper, faire des listes ; chez ceux qui sont fascinés par les animaux et leurs comportements, qui sont sensibles à leur environnement naturel et aux plantes ; chez ceux qui cherchent à comprendre la nature et à en tirer parti (de l'élevage à la biologie) ; chez ceux qui se passionnent pour le fonctionnement du corps humain, qui ont une bonne conscience des facteurs sociaux, psychologiques et humains. Si elle n'est pas suffisamment développée, on se coupe du monde de la nature ; on a du mal à s'y intégrer, à l'observer et à la respecter.

Selon qu'un enfant dispose d'un ou de plusieurs types d'intelligences, il peut également correspondre à l'une des 07 catégories identifiées par William DJAMEN[63] dans son livre *''Comment libérer les talents de ses enfants''* :

1- Les enfants graphiques :

Ils sont attirés par tout ce qui est visuel en termes de couleurs vives, d'affiches, de formes et de mouvements. Ils accordent beaucoup d'intérêts à la beauté de leur environnement en matière d'architecture, de paysage, de décoration. Ils sont populaires et savent bien s'habiller. Ils sont également énergiques, dotés d'une sensibilité esthétique et artistique qui leur permet de lire les émotions des autres.

2- les enfants chasseurs d'idées :

Ils sont capables de lier des idées et des concepts avec une grande créativité et originalité. Constamment remplis d'idées innovantes, ils sont parfois difficiles à suivre car ils

---

[63] William DJAMEN est apôtre, coach, mentor, conférencier et entrepreneur. Il impacte des milliers de personnes sur internet chaque jour à travers ses programmes de formation et d'accompagnement. Il a formé à travers son académie des talents près de 700 entrepreneurs. Expert sur la thématique de la destinée divine, il vous montre à travers des centaines de vidéos sur sa chaine YouTube comment découvrir vos talents et accomplir votre destinée.

ont tendance à poursuivre plusieurs lièvres à la fois en essayant de nouvelles choses. Ils ont besoin d'être bien encadrés car leur problème est le manque de concentration et d'organisation qui les amènent souvent à ne pas terminer ce qu'ils commencent.

3- les enfants espions :

Ils sont très sensibles aux sons et à la tonalité de la voix. Ils aiment travailler en musique et ont aussi un faible pour les histoires rocambolesques. Paradoxalement, ce ne sont pas de grands écouteurs dans les discussions et ont tendance à réagir au quart de tour sans prendre le temps d'analyser le sens profond de l'information qu'ils reçoivent. Il faut donc leur apprendre à être plus attentif aux sens des paroles qu'ils perçoivent.

4- les enfants tactiles :

Ils ont la manie de vouloir toucher à tout. Leurs mains sont toujours occupées à quelque chose. Leur génie et leur créativité s'expriment dans le toucher. Ils sont très forts dans les métiers où le toucher est primordial. Chaque fois qu'ils doivent se concentrer ou qu'ils reçoivent une nouvelle information, ils ont besoin de la connecter à un objet qu'ils manipulent. Ce dernier les aide à se rappeler de ce qui avait été dit à ce moment-là. Ils peuvent être de grands collectionneurs d'objets.

5- les enfants scientifiques :

Ils peuvent s'avérer être de véritables génies. Ils sont inventifs, innovants, toujours dans les étoiles et se moquent souvent de leur habillement. Ils aiment élaborer des théories, découvrir des choses extraordinaires mais en même temps ils semblent être coupés du monde et la vie en société n'est pas leur fort. Ils ont besoin qu'on leur enseigne des choses pratiques de la vie de tous les jours comme comment bien s'habiller et être poli. Ils sont très à l'aise sur le terrain des mathématiques et des chiffres et deviennent souvent de grands inventeurs ou concepteurs de systèmes innovants.

6- les secrétaires sociaux :

Ce sont des enfants qui aiment les gens, aiment beaucoup parler en classe (leur nom figure souvent sur la liste des bavards), aiment prendre des notes, écrire et envoyer des textos, aiment les selfies et les réseaux sociaux. Ils sont au courant de tout ce qui se passe dans le monde en fonction des domaines qui les intéresse. Bref, ils sont très à la page et s'avèrent être des mines précieuses d'informations.

7- les amplificateurs :

Ce sont des personnes qui ont la manie d'exagérer les situations positivement ou négativement. Si par exemple une situation fait rire, elles vont exploser de rire ; si on veut organiser une petite rencontre conviviale entre amis, elles vont essayer d'en faire une fête, inviter des gens, apporter une grosse enceinte pour l'ambiance. Elles ont beaucoup d'énergie, vivent à fond et détestent la morosité. Elles font également preuve de beaucoup de combativité pour atteindre leurs objectifs. Toutefois, les amplificateurs ont tendance à devenir des leaders égoïstes s'ils ne sont pas bien encadrés. Ils doivent comprendre que le succès est un travail d'équipe et apprendre à mettre leur énergie au service des autres non pour leur gloire personnelle.

Quatrièmement, l'école nous apprend **que ceux qui réussissent sont individualistes**. Souvent les meilleurs en classe ne partagent pas beaucoup avec leurs camarades des informations sur par exemple la manière dont ils s'organisent pour faire leurs devoirs, réviser les cours pour les examens etc. À l'école, on nous apprend à tout faire tout seul or dans la vraie vie il est nécessaire de collaborer avec les autres, en particulier les personnes qui ont des compétences différentes des nôtres afin de poursuivre un objectif commun. Quelqu'un qui a évolué dans un tel système peut avoir beaucoup de mal après car il ne comprend pas qu'il doit s'ouvrir, qu'il doit partager, qu'il doit donner de lui-même pour que les choses marchent. Il croit que pour réussir, il doit écraser les autres afin d'être mieux vu.

Cinquièmement, l'école nous apprend **que les études se limitent à l'obtention du diplôme**. Quand on entre dans le cursus de la maternelle à l'université, l'objectif reste le même à chaque étape : obtenir un diplôme. Et l'idée derrière est que ce diplôme est censé apporter le bonheur, la réussite sociale donc les gens passent la moitié de leur vie (parfois même une vie entière) à courir derrière cet objectif et une fois qu'ils l'ont atteint, ils se disent *« ouf ! Enfin je peux me reposer ! »*. Ils vont ensuite chercher un travail, entrer dans une carrière et de fait, dans le cycle du métro-boulot-dodo. Comprenons-nous bien. Il ne s'agit pas de dire qu'on n'a pas besoin de diplômes pour réussir dans la société actuelle. L'exercice de certaines professions est d'ailleurs soumis à règlementation et l'obtention d'un diplôme est nécessaire pour justifier de ses qualifications. Ce qu'on doit retenir, c'est que les personnes qui réussissent comprennent qu'il ne faut jamais arrêter d'apprendre. Elles ne laissent pas ce qu'elles apprennent uniquement à l'école déterminer le cours de leur vie mais se forment dans d'autres domaines de manière permanente. Un exemple parmi tant d'autres : je suis certain qu'il y a dans votre entourage des personnes âgées de plus de 50 ans aujourd'hui peut-être moins mais qui ont énormément de mal avec un ordinateur. Pourtant cet outil existe depuis plus de 20 ans mais, puisque ces personnes n'apprennent plus de nouvelles choses, c'est la croix et la bannière chaque fois qu'elles ont besoin de s'en servir bien qu'elles le possèdent depuis plusieurs années. *« Beaucoup de personnes meurent à 25 ans et sont enterrées à 75 ans »* disait Benjamin FRANKLIN.

Ces fausses croyances ont traversé des dizaines de générations et aujourd'hui plus que jamais, il est capital de s'en défaire. L'histoire, heureusement, regorge d'exemples de personnes qui ont pu à un moment donné, échapper à l'influence d'un tel système. Je pense en particulier au cas de Charles DARWIN[64]. Beaucoup le voient juste comme un

[64] Né le 12 février 1809 à Shrewsbury dans le Shropshire et mort le 19 avril 1882 à Downe dans le Kent, Charles DARWIN est un naturaliste et paléontologue anglais dont les travaux sur l'évolution des espèces vivantes ont révolutionné la biologie avec son ouvrage *L'Origine des espèces* paru en 1859. Célèbre au sein de la communauté scientifique de son époque pour son travail sur le terrain et ses recherches en géologie, il a adopté l'hypothèse émise 50 ans auparavant par le Français Jean-Baptiste de LAMARCK selon laquelle toutes les espèces vivantes ont évolué au cours du temps à partir d'un seul ou quelques ancêtres communs et il a soutenu avec Alfred WALLACE que cette évolution était due au processus de sélection naturelle.

scientifique de génie qui a révolutionné la science par ses théories mais très peu ont étudié son histoire.

Cinquième d'une fratrie de six enfants (2 garçons et 4 filles), il était le fils d'un médecin et financier prospère, Robert DARWIN (1766-1848), et le petit-fils du célèbre naturaliste et poète Erasmus DARWIN (1731-1802). Robert DARWIN nourrissait les plus grandes espérances à propos de ses deux fils mais, Charles était celui qui avait le moins de chances de répondre à ses espoirs. Il avait du mal en grec, en latin et en algèbre. C'était un élève médiocre mais ambitieux ; simplement ce qu'on lui enseignait dans les livres ne l'intéressait pas. Il aimait le grand air de la campagne, la chasse, la recherche d'espèces rares de scarabées, la création d'herbiers et les collections de minéraux. Il était capable d'observer pendant des heures le comportement des oiseaux et de noter de façon précise leurs différences. Mais avoir une passion ne suffit pas pour construire une carrière et tandis qu'il grandissait son père s'impatientait. Un jour celui-ci lui adressa des remontrances qu'il n'oublierait jamais : *« tu n'es bon qu'à chasser, dresser des chiens et attraper des rats. Tu es la honte de la famille ».* Quand Charles eut 15 ans, il l'envoya étudier la médecine à Edimbourg ; mais le jeune homme incapable de supporter la

---

DARWIN a vu de son vivant la théorie de l'évolution acceptée par la communauté scientifique et le grand public, alors que sa théorie sur la sélection naturelle a dû attendre les années 1930 pour être généralement considérée comme l'explication essentielle du processus d'évolution. Au XXIe siècle, elle constitue en effet la base de la théorie moderne de l'évolution. Sous une forme modifiée, la découverte scientifique de Darwin reste le fondement de la biologie, car elle explique de façon logique et unifiée la diversité de la vie.

brutalité de la chirurgie à l'époque et la vue du sang dû abandonner. Toutefois, il apprit tout de même la taxidermie[65] auprès de John EDMONSTONE, un esclave noir libéré, qui lui racontait des histoires fascinantes sur les forêts tropicales humides d'Amérique du Sud. Plus tard, dans son ouvrage *La Filiation de l'homme et la sélection liée au sexe*, il se servira de cette expérience pour souligner que, malgré de superficielles différences d'apparence, « les Nègres et les Européens » sont très proches. Après avoir quitté Edimbourg, le père entreprit d'assurer à son fils une situation dans l'église en qualité de pasteur de village. Charles gagnerait bien sa vie et ne manquerait pas de temps pour se consacrer à sa manie de faire collection de spécimens. Mais pour cela, il fallait tout de même un diplôme d'une bonne université et Charles fut inscrit à Cambridge. Là aussi, il se heurta à son manque d'intérêt pour l'enseignement académique préférant monter à cheval et chasser que se consacrer à ses études. Avec son cousin William DARWIN FOX, il commence à se passionner pour la collection des coléoptères. FOX lui fait rencontrer le révérend John Stevens HENSLOW, professeur de botanique et grand connaisseur de ces insectes. Darwin rejoint alors les cours d'histoire naturelle d'HENSLOW et devint son élève préféré. Il travailla tant qu'il put et au grand soulagement de son père, parvint à décrocher de justesse une licence de lettres en mai 1831. Les obligations universitaires obligèrent Charles à rester à Cambridge jusqu'en juin. Suivant les conseils d'HENSLOW, il ne hâta pas son entrée dans les Ordres. Inspiré par le journal de voyage du

---

[65] La taxidermie est l'art d'empailler les animaux morts. Ce terme désigne une technique et un métier consistant à naturaliser des animaux morts. Ces derniers gardent l'apparence de la vie, bien que généralement fixes. Synonyme : empaillage

naturaliste allemand Alexander Von HUMBOLDT, il organise un voyage dans l'île de Tenerife avec quelques camarades d'études eux-mêmes fraîchement diplômés, afin d'étudier l'histoire naturelle des tropiques. Pour mieux se préparer, il rejoint les cours de géologie du révérend Adam SEDGWICK et, durant l'été, l'assista à la réalisation d'une carte géologique dans le pays de Galles.

Quand il rentra chez lui en fin du mois d'août, une lettre de son mentor, le professeur HENSLOW, l'attendait. Celui-ci le recommandait pour un poste de naturaliste bénévole à bord du HMS Beagle. Le navire allait appareiller quelques mois plus tard pour un tour du monde de plusieurs années, consacré à l'étude de nombreuses zones côtières. Charles serait chargé de recueillir des spécimens et de les envoyer en Angleterre pour étude. Manifestement, HENSLOW avait été frappé par le remarquable talent de DARWIN à ramasser et identifier les plantes. Le jeune homme hésita. Il n'avait jamais songé à voyager si loin, ni à devenir naturaliste. Sans lui laisser le temps de réfléchir son père s'interposa : il était radicalement contre ce départ. Charles n'avait jamais pris la mer et risquait de mal supporter la navigation. Il n'avait pas de formation scientifique et manquait de discipline. De surcroit, le fait de partir si longtemps risquait de lui fermer le chemin de toute carrière ecclésiastique. DARWIN père se montra si décidé et convainquant que Charles ne put que se ranger à son avis et refusa l'offre. Mais, son imagination avait été frappée et il se demandait à quoi ce voyage pouvait ressembler. Plus il y pensait, plus cela l'attirait. Peut-être était-ce l'appel de l'aventure après une enfance rangée ou la chance d'explorer une éventuelle carrière de naturaliste en observant toutes les formes de vie de la planète. Enfin, il avait peut-être besoin de se soustraire à l'influence étouffante de son père pour frayer son propre chemin. Quelque qu'en fut la raison, il changea d'avis. Il envoya un oncle plaider sa cause et finit par arracher l'accord de son père. La veille de l'appareillage, Charles écrit à Robert FITZROY, le capitaine du Beagle : *« une deuxième vie va commencer pour moi, c'est comme une nouvelle naissance »*. Le navire hissa les voiles en décembre de la même année et tout de suite, le jeune homme regretta sa décision. Le bateau était petit, il souffrait du mal de mer et n'avait pas le pied marin. La perspective de ne pas revoir sa famille avant longtemps lui brisait le cœur et il allait passer des années, enfermé avec des inconnus. Il se mit à faire de la tachycardie[66], tant et si bien qu'il crut sentir venir sa mort prochaine. Les marins du bord, voyant qu'il ne s'amarinait pas, le regardaient de travers. Le capitaine, lui, s'avérait fantasque. Il se mettait brusquement en colère pour des broutilles. Charles s'en voulu d'avoir pris sa décision contre l'avis de son père et sa solitude était écrasante. Comment supporter pendant des mois la promiscuité du bord et côtoyer en permanence un capitaine à demi fou ? Mais au bout de quelques semaines de voyage, il opta pour une stratégie nouvelle. En Angleterre quand il avait du vague à l'âme, il sortait prendre de l'air et observer les êtres vivants, il oubliait

[66] La tachycardie est une maladie qui fait battre le cœur trop vite. Un cœur en bonne santé bat entre 50 et 80 fois par minute. L'exercice physique, le stress ou la peur peuvent faire accélérer le cœur, mais c'est une réaction normale. Avec la tachycardie, le cœur dépasse 100 battements par minute et peut atteindre jusqu'à 400 battements par minute. À ce rythme, le cœur n'est pas capable de pomper le sang efficacement vers le corps et le cerveau. La tachycardie peut survenir dans les cavités supérieures du cœur (tachycardie auriculaire) ou dans les cavités inférieures (tachycardie ventriculaire).

ainsi ses problèmes. Cependant, il était désormais dans un environnement nouveau. Il décida donc d'observer la vie du bord, notamment les caractères du capitaine et de l'équipage. Il observa par exemple que personne ne se plaignait de la nourriture, du temps ou des durs travaux à faire. Il admira ce stoïcisme et s'efforça de l'imiter. Il jugea que FITZROY manquait de confiance en lui et avait souvent besoin de tester son autorité et son grade élevé dans la marine royale. Il le flatta dans ce sens. Petit à petit, il prit le rythme du bord et adopta certains comportements des marins. Tout cela le distrayait de sa solitude.

Au bout de plusieurs mois, le navire toucha le Brésil et Charles comprit pourquoi il avait si ardemment désiré faire partie de l'expédition. Il fut ébloui par la variété inouïe de la flore et de la faune sauvage : le paradis pour un naturaliste. Tout était différent de ce qu'il avait observé et collectionné en Angleterre. Un jour qu'il marchait en forêt, il observa un phénomène d'une étrangeté et d'une cruauté stupéfiante. Une colonne de minuscules fourmis noires longue d'une centaine de mètres dévorait tout sur son passage. Où qu'il se tourna, il observait la férocité de la lutte pour la survie dans cette jungle regorgeant de vie. En faisant son travail, il comprit rapidement que sa tâche allait être rude. Tous les oiseaux, les papillons, les crabes et les araignées qu'il attrapait étaient extrêmement bizarres. Une partie de son travail consistait à choisir de façon judicieuse les échantillons à envoyer en Angleterre. Mais comment discerner ce qui méritait d'être ramassé de ce qui ne l'était pas ? Il manquait de connaissance. Il passait des heures à étudier tout ce qui lui tombait sous les yeux lors de ses excursions et à prendre des notes détaillées. Il devait aussi organiser toutes ces informations, cataloguer ses spécimens et mettre de l'ordre dans ses observations. Cela représentait une montagne de travail mais, à la différence de ses devoirs scolaires cela le passionnait. Il s'agissait d'êtres vivants et non de vagues notions dans des livres. Tandis que le navire longeait la côte vers le sud, Charles comprit qu'il existait dans l'intérieur du continent des régions où aucun naturaliste n'avait encore posé le pied. Pour observer le plus de formes de vie possibles, il fit de grandes excursions dans la pampa argentine accompagné seulement de quelques gauchos[67]. Il y ramassa toutes sortes d'animaux étranges et des spécimens d'insectes inconnus. Comme à bord du Beagle, il s'intéressa aux mœurs des gauchos et les adopta. Chemin faisant, il fit face à de multiples dangers : amérindiens en maraude, insectes venimeux, jaguars tapis dans la végétation. Mine de rien, il avait acquis un goût de l'aventure qui aurait choqué sa famille et ses amis.

---

[67] Le gaucho (lire gaocho) désigne en Argentine, en Uruguay et dans le sud du Brésil, un gardien de troupeaux des plaines sud-américaines (la pampa), de même au Paraguay, dans le sud-est de la Bolivie (Tarija) et le sud du Chili. Au Brésil, le terme est à l'origine du gentilé gaúcho, qui sert à désigner les habitants de l'état du Rio Grande do Sul. L'étymologie de ce terme aurait pour origine la langue quechua huacchu (« orphelin, solitaire »), ou du caló (gitan, bohémien espagnol) gacho (« paysan, amant »). Le gaucho est notamment honoré en Argentine le 6 décembre, à l'occasion de la « Journée nationale du gaucho » (Día Nacional del Gaucho).

On appelle gaucha (ou china) la compagne du gaucho. Aussi bonne cavalière que lui, c'est elle qui s'occupe de faire pousser les céréales (blé et maïs), les pastèques, les oignons, de faire cuire le pain au four, et tisser les ponchos de son compagnon. Vestimentairement, on peut la reconnaître à la chemise qu'elle porte par-dessus un sous-vêtement, assortie d'une ample et longue robe à franges, ainsi qu'une écharpe de coton. Sa coiffure est le plus souvent faite de deux tresses.

Au bout d'un an de voyage, à quelques 650 kilomètres au sud de Buenos Aires, Charles DARWIN, fit sur une plage une découverte qui allait lui donner à réfléchir pendant des années. Il tomba sur de gros objets blancs encastrés dans une falaise. C'était des os énormes. Il attaqua le rocher à la pioche et fit extraire autant de fossiles qu'il put. Ils étaient d'une taille et d'une nature jamais rencontrées auparavant. Les cornes et la cuirasse d'une sorte de tatou géant, d'énormes dents de mastodontes et curieusement une dent de cheval. Quand les espagnols et les portugais étaient arrivés en Amérique du sud, il n'y avait pas de chevaux. Pourtant cette dent était très ancienne. Cela posait une question : si ces espèces avaient disparu depuis longtemps, l'idée de la création de toutes les espèces d'un coup semblait illogique, et surtout comment tant d'espèces s'étaient-elles éteintes ? Est-ce que la vie sur la planète était dans un état continuel de flux et de reflux ? Il faut noter que DARWIN accordait de l'importance aux théories de ses prédécesseurs, en l'occurrence Charles LYELL qui argumentait déjà que la création divine ne se serait pas déroulée en une, mais en plusieurs fois, après des catastrophes ayant fait disparaître les espèces précédentes. Quelques mois plus tard, il s'aventura dans la cordillère des Andes. À 3650 mètres d'altitude, il découvrit des coquillages fossiles et des dépôts de rochers marins, ce qui était surprenant à une telle hauteur. Il les examina ainsi que la flore de la région et émit l'hypothèse que ces montagnes se dressaient jadis dans l'océan atlantique. Une série d'éruptions volcaniques avaient dû hisser ces fossiles de plus en plus haut des milliers d'années auparavant. Bref, au lieu de trouver confirmation des récits de la bible, DARWIN tombait sur des preuves radicalement contraires. Au fil de son voyage, son caractère changeait profondément. Lui que d'habitude le travail ennuyait se démenait de l'aube au crépuscule. Il avait tant à explorer et à apprendre qu'il ne voulait pas perdre une minute. Il avait désormais un œil acéré pour identifier la faune et la flore d'Amérique du sud. Il reconnaissait les oiseaux à leurs chants, aux tâches sur leurs œufs et à leur façon de s'envoler. Grâce aux nombreux détails relevés dans le monde qu'il explorait, les idées lui venaient en pagaille. En septembre 1835, le Beagle quitta la côte pacifique de l'Amérique du sud et mit le cap à l'ouest pour rentrer en Europe. Sa première escale fut une série d'îles pratiquement inhabitées : les Galápagos. Elles étaient déjà célèbres pour leur faune et leur flore mais rien n'avait préparé DARWIN à ce qu'il y trouva. C'était un monde totalement nouveau avec des espèces qu'on ne trouvait nulle part ailleurs. Le capitaine lui donna une semaine entière pour explorer une des îles. Dans ce laps de temps, DARWIN releva sur cette île 26 espèces endémiques d'oiseaux ; il remplit ses bocaux de plantes, de serpents, de lézards, de poissons, d'insectes plus bizarres les uns que les autres. De retour à bord, il se mit à classer le nombre extraordinaire de spécimens qu'il avait ramassé. Il fut frappé par le fait que tous ou presque étaient des espèces complètement nouvelles. Il fit alors une découverte plus remarquable encore : les espèces différaient d'île en île même lorsqu'elles n'étaient éloignées que de 80 km. Les carapaces des tortues portaient des dessins différents, les pinsons n'avaient pas le même bec. Chacun était adapté à la nourriture disponible sur son île. Et soudain, une théorie radicale se forma dans son esprit : il fit l'hypothèse que les Galápagos avaient initialement émergé de l'océan grâce à des éruptions volcaniques un peu comme les Andes. Au début, il ne s'y trouvait pas de vie puis, petit à petit, les oiseaux de passage y avaient déposé des graines, et différents animaux étaient arrivés par la mer. Pendant des millénaires, chaque être vivant s'était adapté à la nourriture et aux prédateurs trouvés sur place et avait profondément changé. Ceux qui n'avaient pas su s'adapter s'étaient éteints comme les fossiles géants qu'il avait trouvés en Argentine. La vie n'avait donc pas été créée sur ces îles en une seule fois par Dieu. Les créatures avaient en revanche évolués progressivement jusqu'à leur forme actuelle et ces îles représentaient pour lui un microcosme montrant comment l'ensemble de la planète s'était développé.

Pendant son voyage de retour, DARWIN commença à affiner sa théorie tellement révolutionnaire dans ce qu'elle impliquait. Il avait découvert ce qui allait être l'œuvre de sa vie. Le 2 octobre 1836, le Beagle rentra en Angleterre après presque 5 ans de voyage en mer. Quand Robert vit son fils, il fut stupéfié. Ce dernier avait complètement changé physiquement. Sa tête semblait avoir grossi. Toute sa façon d'être était différente. Il avait acquis un sérieux et une acuité de pensée qui se lisait dans ses yeux. Le jeune homme distrait qui avait pris la mer 5 ans plus tôt avait disparu. Pendant qu'il était en voyage, son mentor, le professeur HENSLOW travailla à faire connaître son ancien élève en communiquant à des naturalistes éminents des exemplaires de fossiles et une brochure de DARWIN contenant ses lettres sur la géologie. Le résultat fut qu'à son retour, Charles DARWIN était devenu une célébrité dans les cercles scientifiques. Après être passé à sa maison de Shrewsbury et avoir revu sa famille, il retourna au plus vite à Cambridge pour voir HENSLOW, qui lui conseilla de trouver des naturalistes capables de décrire les collections qu'il avait rapportées et d'en établir le catalogue. Lui-même s'occuperait des spécimens de botanique. Le père de DARWIN rassembla alors des fonds qui permirent à son fils de devenir un homme de science financièrement indépendant, et ce fut avec enthousiasme que Charles fit le tour des institutions de Londres dans lesquelles il fut partout honoré.

➢ INTERPRÉTATION :

L'histoire d'un homme tel que Charles DARWIN nous enseigne au moins deux choses. **Premièrement**, si on devait se fier uniquement aux jugements de ses enseignants et même de sa famille, Charles DARWIN était un cancre qui n'était pas destiné à aller loin dans la vie au vu de ses résultats scolaires. Pourtant l'évidence était sous leurs yeux mais ils ne comprirent pas. Charles était un enfant tactile, naturellement douée d'une intelligence visuo-spatiale et d'une intelligence naturaliste qui expliquaient ses penchants pour l'observation de la nature et la collection de spécimens. En grandissant, il a grandement affiné ses prédispositions et a même développé une intelligence linguistique pour affiner ses réflexions ainsi qu'une intelligence intra et interpersonnelle qui lui ont bien servis pour s'adapter à l'environnement du Beagle, puis à celui des nombreux peuples qu'il a rencontrés en Amérique du sud. Son père, comme tout bon parent, était soucieux de l'avenir de son fils et avait prévu un chemin qu'il croyait être le meilleur pour lui. Mais, comme beaucoup de parents, il ne connaissait pas vraiment son enfant, faute de l'avoir observé suffisamment et d'avoir compris ce à quoi sa nature le prédestinait. Plus tard, cependant quand Charles revint de son périple, complètement transformé, il réalisa enfin son erreur et mit tout en œuvre pour l'aider à accomplir son rêve. Le travail de DARWIN a permis d'identifier de nombreuses espèces animales et végétales qui étaient jusque-là inconnues et nulle autre que lui n'aurait pu accomplir une telle tâche avec autant de dévouement et d'excellence. Cet exemple nous enseigne que bien souvent, nos proches seront les premiers à douter des aspirations que nous avons et à vouloir nous empêcher de les explorer sous prétexte de nous protéger, ce qui est normal car après tout, il s'agit de NOTRE vision et non la leur. Dans tous les cas, il faut continuer à avancer en gardant à l'esprit cette fameuse citation (faussement attribuée à Gandhi) qui dit : *« D'abord ils vous ignorent, ensuite il vous raillent, ensuite ils vous combattent et enfin, vous gagnez »*[68]. Nous devons donc faire attention aux types d'intelligence qui sont naturellement en nous ainsi qu'aux activités auxquelles elles nous conduisent et persévérer dans leur développement car ce sont elles qui, un jour nous feront découvrir l'œuvre de notre vie.

Une petite parenthèse. Il est vrai que DARWIN avec sa théorie de l'évolution nous donne quelques éléments qui nous expliquent comment les espèces ont évolué et se sont adaptés à leur environnement jusqu'à donner les versions les plus abouties qu'on voit autour de nous, mais elle n'arrive pas à expliquer où cela commence, en particulier pour

---

[68] L'auteur est en réalité Nicholas KLEIN (1884-1951), un défenseur des syndicats américains et un avocat, qui lors d'un discours en 1918, devant une assemblée de travailleurs du textile à Baltimore prononça : *« D'abord ils vous ignorent. Ensuite ils vous ridiculisent. Et après, ils vous attaquent et veulent vous brûler. Mais ensuite, ils vous construisent des monuments. Et c'est ce qui va arriver aux travailleurs américains du vêtement ».*

l'homme, ce qui lui a valu quelques critiques. Ces critiques sont de 04 ordres : les critiques sociales avec Jacques NOVICOW ; les critiques politiques et philosophiques avec Karl MARX et Friedrich ENGELS ; les critiques scientifiques avec Rémy CHAUVIN, Pierre-Paul GRASSÉ ou Étienne RABAUD ; et les critiques religieuses, avec le créationnisme et l'Église catholique romaine. Mais, c'est surtout le problème du chaînon manquant de la lignée humaine (un être qui serait intermédiaire entre le singe et l'homme) qui a longtemps été employé contre la théorie de l'évolution. Il faut noter qu'à l'époque - et même aujourd'hui encore – les écrits de la Bible concernant en particulier l'histoire de la genèse étaient compris de manière littérale alors que certains aspects, on le sait aujourd'hui, sont en réalité des paraboles. Et ceci s'ajoute au fait qu'il n'est pas seulement question de réalités physiques mais aussi spirituelles. Analyser la Bible sous un aspect purement scientifique ou purement littéral ne peut donc conduire qu'à une impasse à un moment donné. Pendant qu'il menait ses recherches sur la transformation des espèces, DARWIN savait que ses amis naturalistes y voyaient une hérésie abominable qui mettait en péril les justifications miraculeuses sur lesquelles était fondé l'ordre social ; sa théorie ressemblait alors aux arguments radicaux qu'utilisaient les dissidents et les athées pour attaquer la position privilégiée de l'Église d'Angleterre en tant qu'Église établie. Au début, DARWIN ne doutait pas de la vérité littérale de la Bible. Après tout, il avait fréquenté une école de l'Église d'Angleterre, puis étudié la théologie anglicane à Cambridge pour embrasser une carrière ecclésiastique. Cependant, au fur et à mesure des découvertes qu'il fit pendant son voyage, le doute commença à le ronger. Il restait tout à fait orthodoxe et citait volontiers la Bible comme une autorité dans le domaine de la morale, mais ne croyait plus à l'historicité de l'Ancien Testament. Même quand il écrivait plus tard que la religion était une stratégie tribale de survivance, il croyait cependant toujours que Dieu était le législateur suprême. Cette conviction se vit tout de même peu à peu ébranlée et, avec la mort de sa fille Annie en 1851, il finit par perdre toute foi dans le christianisme. Il continua à aider son église locale pour le travail paroissial, mais le dimanche il allait se promener pendant que sa famille se rendait à l'église. Désormais, il jugeait préférable de regarder la douleur et les souffrances comme le résultat de lois générales plutôt que d'une intervention directe de Dieu. Interrogé sur ses conceptions religieuses, il écrivit qu'il n'avait jamais été un athée dans le sens où il aurait nié l'existence de Dieu mais que, de façon générale, c'est l'agnosticisme[69] qui décrirait de la façon la plus exacte son état d'esprit.

---

[69] L'agnosticisme est un concept selon lequel l'esprit humain est sceptique devant toute solution aux problèmes métaphysiques ou de religion et ne peut donc accéder à l'absolu. Selon les agnostiques, il est impossible de trancher le débat sur l'existence d'un dieu ou d'une divinité, il n'y a aucune preuve impartiale sur le sujet et il n'est pas possible de se prononcer. Les agnostiques tendent à n'accorder aucune transcendance ni aucune valeur sacrée aux religions (prophète, messie, textes sacrés...) et à leurs institutions (clergé, rituels, prescriptions diverses...). Aux yeux d'un agnostique, les religions sont bien trop « humaines » du fait de leurs modes de fonctionnement et des dynamiques anthropologiques sur lesquelles elles reposent (soutien psychologique face à la mort, analogie anthropocentrique d'un dieu bâtisseur de l'Univers...) pour qu'elles puissent avoir un quelconque lien direct avec une éventuelle et hypothétique forme d'intelligence surnaturelle.

Deuxièmement, on remarque que dans le parcours de DARWIN, il y a eu l'intervention d'un homme sans qui il n'aurait sans doute jamais eu l'opportunité de se perfectionner, d'avoir l'occasion de mettre à l'épreuve ce qu'il avait appris et enfin de connaitre le succès qui fut le sien à son retour de voyage. Il s'agit de son mentor le professeur HENSLOW. Au fur et à mesure qu'il côtoyait DARWIN, il se rendait compte du potentiel qui sommeillait dans le jeune garçon, lui-même étant naturaliste. C'est lui qui le recommanda afin qu'il puisse partir en exploration sur le Beagle ; c'est encore lui qui le conseilla pendant et après ses études afin qu'il évite certaines erreurs qui auraient pu mettre à mal sa carrière. Ce fut lui enfin, qui participa à établir la réputation de DARWIN dans le milieu scientifique et dans les hauts cercles de la société londonienne, ce qui lui facilita la tâche dans plusieurs situations. Ce qu'il faut retenir ici, c'est que le talent seul ne suffit pas. Nous avons besoin à un moment ou à un autre d'un mentor, quelqu'un en qui nous reconnaissons ce que nous voulons devenir plus tard dans un domaine ou qui voit en nous l'étendue de notre potentiel et peut nous conseiller afin de nous faire gagner des années de labeur en plus de nous ouvrir des portes pour que nous ayons un meilleur impact. Ce point-là manque cruellement dans nos systèmes éducatifs.

Quand on observe notre environnement actuel, on ne peut s'empêcher de remarquer les choses suivantes. D'abord, nous ne sommes plus à l'époque de la révolution industrielle. Plusieurs mutations ont eu lieu et nous vivons maintenant dans des sociétés où il y a de plus en plus de services et où les machines ont pris le relai dans la majorité des travaux d'usine accomplis jadis par des humains. Ensuite, avec les progrès scientifiques la population de la planète augmente, les humains vivent plus longtemps et l'offre d'emploi est désormais inférieure à la demande. Quand un enfant entre à l'école aujourd'hui, il n'y a plus la garantie qu'il en sortira avec un emploi à la clé. Et quand il va chercher du travail, il sait que l'employeur a une panoplie de choix. S'il n'est pas retenu, ce sera un autre car plein de personnes ont le même diplôme et peuvent faire le même travail. L'école a réussi l'exploit de tuer le génie et la spécificité, de rendre interchangeables des personnes différentes. Elle ne répond déjà pas aux besoins du présent alors imaginez ce qui pourrait arriver dans le monde de demain. Aujourd'hui, beaucoup de métiers ont déjà disparu et dans le monde du futur, les machines prendront davantage de places. Récemment d'ailleurs, j'apprends aux infos qu'une société chinoise a confié un poste de PDG à une intelligence artificielle[70], preuve du basculement qui est en train de se faire progressivement. À l'horizon 2030, c'est-à-dire dans 7 ans à peine, environ 30% des métiers qui existent encore aujourd'hui disparaitront. L'école ne devrait plus former des gens à intégrer des usines ou, dans le cas d'espèce des entreprises mais bâtir des personnes capables d'identifier les problèmes et de les résoudre. Le monde regorge de problèmes critiques et d'opportunités que seuls peuvent résoudre des entrepreneurs individuels ou de petits groupes qui pensent de façon indépendante et s'adaptent rapidement.

---

[70] Elle s'appelle Tang Yu et vient d'être nommée dirigeante de la société Fujian NetDragon Websoft, spécialisée dans le jeu vidéo. Ce robot humanoïde contrôlé par une intelligence artificielle est le premier à accéder à ce type de responsabilité.
https://www.midilibre.fr/2022/09/30/une-femme-robot-nommee-pdg-dune-entreprise-chinoise-de-plusieurs-milliers-de-salaries

Comme dans le cas de DARWIN et de bien d'autres, les personnes qui s'en sortent ont toujours eu à minima 3 types de prédispositions : la curiosité, la capacité à innover et l'adaptabilité aux circonstances.

7.
La Destinée

Ce n'est pas dans ta profession, c'est en toi-même que résident les misères dont tu ne peux t'affranchir. Et quel homme enfin, s'il embrasse sans vocation un métier, un art, un genre de vie quelconque, ne devrait pas comme toi, trouver son état insupportable ? Celui qui est né pour un talent y trouve la couronne de sa vie. Il n'est rien au monde qui n'offre de difficultés. L'élan de l'âme, le plaisir, l'amour, nous aident seuls à surmonter les obstacles, à frayer la route et à nous élever au-dessus de l'étroite sphère où la foule s'agite misérablement.

Johann Wolfgang Von GOETHE
(1749-1832)

À un moment ou à un autre de la vie, nous nous questionnons sur la finalité de notre existence. Nous nous demandons pourquoi est-ce que nous menons la vie que nous menons et pas une autre. Nous avons souvent tendance à nous comparer aux autres, estimant qu'ils sont plus ou moins chanceux que nous. Souvent ce genre d'interrogations nous amène à accuser Dieu ou pour d'autres, à arriver simplement à la conclusion qu'il n'existe pas. Sinon, il ne permettrait pas que les méchants prolifèrent et que les hommes de biens soient persécutés. Nous sommes tous à des niveaux de compréhension différents de la finalité du voyage initiatique que nous entreprenons sur terre. Parmi beaucoup d'autres,

Voltaire, à travers l'histoire de *Zadig ou la destinée* a tenté de répondre à certaines questions. Zadig était un homme issu d'une famille noble de l'antique Babylone. Il était beau, riche, généreux, doté d'une éducation exemplaire que venait enrichir une grande sagesse acquise auprès de ses mentors et il n'entretenait aucun vice ; bref un homme comme on en voit peu. Il était aimé de tout le monde ou presque à tel point que le roi l'a choisi sans hésiter pour remplacer son premier ministre qui venait de mourir. Il avait tout pour être heureux et il le fut pendant un temps, jusqu'au jour où il tomba en disgrâce à cause d'un amour interdit et dû fuir Babylone pour sauver sa tête. À partir de ce moment, sa vie fut une succession de déboires – du moins c'est ce qu'il y paraît - ponctuée tout de même par de bonnes rencontres et certaines expériences. L'une d'elles est décrite dans le chapitre intitulé *L'Ermite* que je me permets de retranscrire :

Zadig rencontra en marchant un ermite, dont la barbe blanche et vénérable lui descendait jusqu'à la ceinture. Il tenait en main un livre qu'il lisait attentivement. Zadig s'arrêta, et lui fit une profonde inclination. L'ermite le salua d'un air si noble et si doux, que Zadig eut la curiosité de l'entretenir. Il lui demanda quel livre il lisait. *"C'est le livre des destinées*, dit l'ermite ; *voulez-vous en lire quelque chose ?"* Il mit le livre dans les mains de Zadig qui, tout instruit qu'il était dans plusieurs langues, ne put déchiffrer un seul caractère du livre. Cela redoubla encore sa curiosité.

- Vous me paraissez bien chagrin ! lui dit ce bon père.
- Hélas ! que j'en ai sujet ! dit Zadig.
- Si vous permettez que je vous accompagne, repartit le vieillard, peut-être vous serai-je utile. J'ai quelquefois répandu des sentiments de consolation dans l'âme des malheureux.

Zadig se sentit du respect pour l'air, pour la barbe, et pour le livre de l'ermite. Il lui trouva dans la conversation des lumières supérieures. L'ermite parlait de la destinée, de la justice, de la morale, du souverain bien, de la faiblesse humaine, des vertus, et des vices, avec une éloquence si vive et si touchante, que Zadig se sentit entraîné vers lui par un charme invincible. Il le pria avec instance de ne le point quitter, jusqu'à ce qu'ils fussent de retour à Babylone.

- Je vous demande moi-même cette grâce, lui dit le vieillard ; jurez-moi par Orosmade que vous ne vous séparerez point de moi d'ici à quelques jours, quelque chose que je fasse.

Zadig jura, et ils partirent ensemble. Les deux voyageurs arrivèrent le soir à un château superbe. L'ermite demanda l'hospitalité pour lui et pour le jeune homme qui l'accompagnait. Le portier, qu'on aurait pris pour un grand seigneur, les introduisit avec une espèce de bonté dédaigneuse. On les présenta à un principal domestique, qui leur fit voir les appartements magnifiques du maître. Ils furent admis à sa table au bas bout, sans que le seigneur du château les honorât d'un regard ; mais ils furent servis comme les autres avec délicatesse et profusion. On leur donna ensuite à laver dans un bassin d'or garni d'émeraudes et de rubis. On les mena coucher dans un bel appartement, et le lendemain matin un domestique leur apporta à chacun une pièce d'or, après quoi on les congédia. *"Le maître de la maison*, dit Zadig en chemin, *me paraît être un homme généreux, quoique un peu fier ; il exerce noblement l'hospitalité"*. En disant ces paroles, il aperçut qu'une espèce de poche très large que portait l'ermite paraissait tendue et enflée : il y vit le bassin d'or garni de pierreries, que celui-ci avait volé. Il n'osa d'abord en rien témoigner ; mais il était dans une étrange surprise. Vers le midi, l'ermite se présenta à la porte d'une maison très petite, où logeait un riche avare ; il y demanda l'hospitalité pour quelques heures. Un vieux valet mal habillé le reçut d'un ton rude, et fit entrer l'ermite et Zadig dans l'écurie, où on leur donna quelques olives pourries, de mauvais pain, et de la bière gâtée. L'ermite but et mangea d'un air aussi content que la veille ; puis s'adressant à ce vieux valet qui les observait tous deux pour voir s'ils ne volaient rien, et qui les pressait de partir, il lui donna les deux pièces d'or qu'il avait reçues le matin, et le remercia de toutes ses attentions. *"Je vous prie,* ajouta-t-il, *faites-moi parler à votre maître"*. Le valet étonné introduisit les deux voyageurs : *"Magnifique seigneur,* dit l'ermite, *je ne puis que vous rendre de très humbles grâces de la manière noble dont vous nous avez reçus : daignez accepter ce bassin d'or comme un faible gage de ma reconnaissance"*. L'avare fut près de tomber à la renverse. L'ermite ne lui donna pas le temps de revenir de son saisissement, il partit au plus vite avec son jeune voyageur.

- Mon père, lui dit Zadig, qu'est-ce que tout ce que je vois ? Vous ne me paraissez ressembler en rien aux autres hommes : vous volez un bassin d'or garni de pierreries à un seigneur qui vous reçoit magnifiquement, et vous le donnez à un avare, qui vous traite avec indignité.
- Mon fils, répondit le vieillard, cet homme magnifique, qui ne reçoit les étrangers que par vanité, et pour faire admirer ses richesses, deviendra plus

sage ; l'avare apprendra à exercer l'hospitalité : ne vous étonnez de rien, et suivez-moi.

Zadig ne savait encore s'il avait affaire au plus fou ou au plus sage de tous les hommes ; mais l'ermite parlait avec tant d'ascendant, que Zadig, lié d'ailleurs par son serment, ne put s'empêcher de le suivre. Ils arrivèrent le soir à une maison agréablement bâtie, mais simple, où rien ne sentait ni la prodigalité ni l'avarice. Le maître était un philosophe retiré du monde, qui cultivait en paix la sagesse et la vertu, et qui cependant ne s'ennuyait pas. Il s'était plu à bâtir cette retraite dans laquelle il recevait les étrangers avec une noblesse qui n'avait rien de l'ostentation. Il alla lui-même au-devant des deux voyageurs, qu'il fit reposer d'abord dans un appartement commode. Quelque temps après, il les vint prendre lui-même pour les inviter à un repas propre et bien entendu, pendant lequel il parla avec discrétion des dernières révolutions de Babylone. Il parut sincèrement attaché à la reine, et souhaita que Zadig eût paru dans la lice pour disputer la couronne. *"Mais les hommes,* ajouta-t-il, *ne méritent pas d'avoir un roi comme Zadig."* Celui-ci rougissait, et sentait redoubler ses douleurs. On convint dans la conversation que les choses de ce monde n'allaient pas toujours au gré des plus sages. L'ermite soutint toujours qu'on ne connaissait pas les voies de la Providence, et que les hommes avaient tort de juger d'un tout dont ils n'apercevaient que la plus petite partie. On parla des passions :

- Ah ! qu'elles sont funestes ! disait Zadig.
- Ce sont les vents qui enflent les voiles du vaisseau, repartit l'ermite ; elles le submergent quelquefois ;

mais sans elles il ne pourrait voguer. La bile rend colère et malade ; mais sans la bile l'homme ne saurait vivre. Tout est dangereux ici-bas, et tout est nécessaire.

On parla de plaisir, et l'ermite prouva que c'est un présent de la Divinité ; *"car,* dit-il, *l'homme ne peut se donner ni sensation ni idées, il reçoit tout ; la peine et le plaisir lui viennent d'ailleurs comme son être".* Zadig admirait comment un homme qui avait fait des choses si extravagantes pouvait raisonner si bien. Enfin, après un souper plus qu'agréable, l'hôte reconduisit ses deux voyageurs dans leur appartement, en bénissant le ciel qui lui avait envoyé deux hommes si sages et si vertueux. Il leur offrit de l'argent d'une manière aisée et noble qui ne pouvait déplaire. L'ermite le refusa, et lui dit qu'il prenait congé de lui, comptant partir pour Babylone avant le jour. Leur séparation fut tendre, Zadig surtout se sentait plein d'estime et d'inclination pour un homme si aimable. Quand l'ermite et lui furent dans leur appartement, ils firent longtemps l'éloge de leur hôte. Le vieillard au point du jour éveilla son camarade. *"Il faut partir,* dit-il *; mais tandis que tout le monde dort encore, je veux laisser à cet homme un témoignage de mon estime et de mon affection".* En disant ces mots, il prit un flambeau, et mit le feu à la maison. Zadig épouvanté jeta des cris, et voulut l'empêcher de commettre une action si affreuse. L'ermite l'entraînait par une force supérieure ; la maison était enflammée. L'ermite, qui était déjà assez loin avec son compagnon, la regardait brûler tranquillement. *"Dieu merci !* dit-il, *voilà la maison de mon cher hôte détruite de fond en comble ! L'heureux homme !"*

À ces mots Zadig fut tenté à la fois d'éclater de rire, de dire des injures au révérend père, de le battre, et de s'enfuir ; mais il ne fit rien de tout cela, et toujours subjugué par l'ascendant de l'ermite, il le suivit malgré lui à la dernière couchée. Ce fut chez une veuve charitable et vertueuse qui avait un neveu de quatorze ans, plein d'agréments et son unique espérance. Elle fit du mieux qu'elle put les honneurs de sa maison. Le lendemain, elle ordonna à son neveu d'accompagner les voyageurs jusqu'à un pont qui, étant rompu depuis peu, était devenu un passage dangereux. Le jeune homme empressé marche au-devant d'eux. Quand ils furent sur le pont : *"Venez,* dit l'ermite au jeune homme, *il faut que je marque ma reconnaissance à votre tante".* Il le prend alors par les cheveux, et le jette dans la rivière. L'enfant tombe, reparaît un moment sur l'eau, et est engouffré dans le torrent.

- Ô monstre ! Ô le plus scélérat de tous les hommes ! s'écria Zadig.
- Vous m'aviez promis plus de patience, lui dit l'ermite en l'interrompant ; apprenez que sous les ruines de cette maison où la Providence a mis le feu, le maître a trouvé un trésor immense ; apprenez que ce jeune homme dont la Providence a tordu le cou aurait assassiné sa tante dans un an, et vous dans deux.
- Qui te l'a dit, barbare ? cria Zadig ; et quand tu aurais lu cet événement dans ton livre des destinées, t'est-il permis de noyer un enfant qui ne t'a point fait de mal ?

Tandis que le Babylonien parlait, il aperçut que le vieillard n'avait plus de barbe, que son visage prenait les traits de la jeunesse. Son habit d'ermite disparut ; quatre belles ailes couvraient un corps majestueux et resplendissant de lumière.

- Ô envoyé du ciel ! Ô ange divin ! s'écria Zadig en se prosternant, tu es donc descendu de l'empyrée pour apprendre à un faible mortel à se soumettre aux ordres éternels ?
- Les hommes, dit l'ange Jesrad, jugent de tout sans rien connaître : tu étais celui de tous les hommes qui méritait le plus d'être éclairé.

Zadig lui demanda la permission de parler :

- Je me défie de moi-même, dit-il ; mais oserai-je te prier de m'éclaircir un doute : ne vaudrait-il pas mieux avoir corrigé cet enfant, et l'avoir rendu vertueux, que de le noyer ?

Jesrad reprit :

- S'il avait été vertueux, et s'il eût vécu, son destin était d'être assassiné lui-même avec la femme qu'il devait épouser, et le fils qui en devait naître.
- Mais quoi ! dit Zadig, il est donc nécessaire qu'il y ait des crimes et des malheurs ? Et les malheurs tombent sur les gens de bien !
- Les méchants, répondit Jesrad, sont toujours malheureux ; ils servent à éprouver un petit nombre de justes répandus sur la terre, et il n'y a point de mal dont il ne naisse un bien.
- Mais, dit Zadig, s'il n'y avait que du bien, et point de mal ?

- Alors, reprit Jesrad, cette terre serait une autre terre, l'enchaînement des événements serait un autre ordre de sagesse ; et cet ordre, qui serait parfait, ne peut être que dans la demeure éternelle de l'Être suprême, de qui le mal ne peut approcher. Il a créé des millions de mondes, dont aucun ne peut ressembler à l'autre. Cette immense variété est un attribut de sa puissance immense. Il n'y a ni deux feuilles d'arbre sur la terre, ni deux globes dans les champs infinis du ciel, qui soient semblables, et tout ce que tu vois sur le petit atome où tu es né devait être dans sa place et dans son temps fixe, selon les ordres immuables de celui qui embrasse tout. Les hommes pensent que cet enfant qui vient de périr est tombé dans l'eau par hasard, que c'est par un même hasard que cette maison est brûlée : mais il n'y a point de hasard ; tout est épreuve, ou punition, ou récompense, ou prévoyance. Souviens-toi de ce pêcheur qui se croyait le plus malheureux de tous les hommes. Orosmade t'a envoyé pour changer sa destinée. Faible mortel ! Cesse de disputer contre ce qu'il faut adorer.
- Mais, dit Zadig…

Comme il disait *''mais''*, l'ange prenait déjà son vol vers la dixième sphère. Zadig à genoux adora la Providence, et se soumit. L'ange lui cria du haut des airs : *"Prends ton chemin vers Babylone."*

➢ **INTERPRÉTATION :**

Cette histoire nous enseigne au moins deux choses : premièrement, chaque être humain a un plan divin attaché à son existence, plan qu'il lui revient de chercher à découvrir car le choix lui est donné de mener sa vie comme il l'entend. Ce plan, contrairement à ce qu'on pourrait penser ne se résume pas en épreuves et souffrances interminables mais concoure à nous diriger vers la meilleure voie qu'il nous est possible d'emprunter. Quand on y pense c'est tout de même ironique. Nous n'arrêtons pas de nous demander si le destin existe et si on peut y échapper alors que, pour la majorité, c'est ce que nous n'avons pas arrêté de faire depuis l'aube de l'humanité. Deuxièmement, les apparences peuvent être trompeuses et des événements sur lesquels nous ne semblons avoir aucun contrôle peuvent avoir une finalité insoupçonnée. De même, bien que ce soit notre tendance primaire, il est important d'apprendre à ne pas porter des jugements hâtifs sur des événements sur lesquels nous n'avons aucune vision d'ensemble. Il ne s'agit pas non plus de justifier quelque acte de méchanceté ou de barbarie perpétré par bon nombre au cours de l'histoire ni de fournir une raison à quiconque d'en commettre. La réalité, comme l'a expliqué Voltaire à travers les paroles de l'ange Jesrad, est que nous vivons dans un monde imparfait. En conséquence, le mal cherchera toujours son chemin et trouvera quelques fois le moyen d'accomplir son œuvre mauvaise. La question est : permettrons-nous que ce dernier passe par nous pour y arriver ? Accepterons-nous de servir d'instrument pour répandre le mal sur terre ? C'est en raison de cela que l'apôtre Pierre nous avertissait en disant :

« Soyez sobres, restez vigilants : votre adversaire, le diable, rôde comme un lion rugissant, cherchant qui dévorer.
Résistez-lui avec une foi inébranlable, sachant que les mêmes souffrances sont imposées à vos frères et sœurs dans le monde.
Le Dieu de toute grâce vous a appelés en [Jésus-] Christ à sa gloire éternelle. Après que vous aurez souffert un peu de temps, il vous rétablira lui-même, vous affermira, vous fortifiera, vous rendra inébranlables. »[71]

Tout au long de ce livre, ma démarche a consisté à vous montrer les réalités de l'époque dans laquelle nous vivons sous un éclairage différent afin que vous compreniez comment nos choix de vie, notre manière de penser, quels que soient les domaines, sont orientés bien souvent dans de mauvaises directions, mais aussi que nous disposons d'une meilleure alternative pour peu que nous voulions la chercher. Il s'agit de mettre de l'ordre dans notre façon de réfléchir par rapport aux différents thèmes abordés dans ce livre car ils influent fortement sur le choix que nous ferons ou pas de nous atteler à trouver l'œuvre de notre vie, à accomplir ce pour quoi nous avons été créés. Nous sommes tenus de faire en sorte que notre vie compte en cherchant à avoir un impact positif sur le monde qui nous entoure. Et pour y arriver, il est important que nous découvrions le pourquoi de notre existence. Depuis les origines, il y a une réalité qui est inscrite dans la nature de l'être humain : c'est de chercher à savoir où il va. Les autres organismes vivants peuvent compter sur des instincts programmés pour les guider et déterminer leurs comportements. L'humain par contre

---

[71] 1 Pierre 5.8-11

dépend de sa conscience car il est le seul à pouvoir se poser des questions sur sa nature profonde, le pourquoi de son existence : *« je pense donc je suis »* écrivait DESCARTES. Faites une pause ici et regardez autour de vous peu importe l'endroit où vous vous trouvez. Vous êtes sans aucun doute entouré de plusieurs choses matérielles à commencer par vos vêtements et même jusqu'à ce livre que vous tenez dans votre main. Toutes ces choses ont été créées par l'homme pour servir un but précis et c'est ce qu'elles font. Pourquoi en serait-il autrement de l'homme qui a été créé par Dieu ? Imaginez un instant que, animés de conscience, vos vêtements se déchirent d'eux-mêmes, où que votre téléphone refuse de vous obéir ou que votre frigo décide de prendre la poudre d'escampette parce qu'il en avait marre d'être figé au même endroit pendant des années, que deviendrait votre vie ? Un véritable enfer n'est-ce pas ? La différence entre nous et nos créations est que, jusqu'à un certain point, nous pouvons choisir la vie que nous voulons mener.

Aujourd'hui plus que jamais, nous sommes confrontés à une situation particulièrement délicate. À la fin de nos études, nous nous retrouvons catapultés dans le monde du travail où la compétition est de plus en plus rude. Certains parmi nous peuvent compter sur le soutien de leur famille sur le plan financier et même en matière d'orientation sur le plan professionnel en reprenant la suite d'un parent ou en étant sûr d'avoir une position à cause de son statut ou de ses relations. D'autres par contre se retrouvent seuls avec peu ou aucune véritable expérience de la vie. Dans tous les cas, nous devons tous prendre des décisions, faire des choix qui vont affecter notre avenir tout entier. Les gens n'ont jamais été aussi préoccupés par leurs propres besoins. Face à cette situation, nous pouvons réagir de plusieurs manières dont les plus courantes sont celles-ci :

Certains sont surexcités par les changements du monde actuel ou la liberté semble être le mot d'ordre et se laissent aller à essayer toutes sortes de choses. Ils essayent plusieurs métiers, entretiennent de nombreuses relations parfois allant à l'encontre de l'ordre naturel des choses et vivent pleins d'aventures. Se limiter à un seul partenaire ou à une seule carrière semble une restriction inutile. Obéir à des ordres et écouter les figures d'autorité est désuet. Mieux vaut explorer, s'amuser, on décidera de l'avenir plus tard, on a le temps.

D'autres adoptent une attitude contraire. Tourmentés par la peur du lendemain ou influencés par l'entourage, on choisit une carrière pratique et lucrative dans l'espoir qu'on l'aimera avec le temps mais ça ne se passe pas souvent comme ça. Souvent même, on s'accroche encore à nos parents. Ce qui nous motive, c'est la recherche de la sécurité.

Quoiqu'il en soit, ces deux schémas mènent à des problèmes. Dans le premier schéma, à force d'essayer tant de choses différentes, on ne développe jamais d'expertise dans un domaine en particulier. On a du mal à se concentrer longtemps sur une activité spécifique car on a l'habitude de papillonner et de se distraire. Nos opportunités d'avancement dans notre carrière diminuent et on se voit contraint de changer sans cesse de travail. On aimerait une relation amoureuse qui dure mais on ne sait pas faire de compromis et l'idée de restreindre notre liberté au bénéfice d'une relation durable nous déplait. Dans le second schéma, la carrière que l'on s'est choisi commence à nous ennuyer au bout de quelques années car on l'a choisi par pragmatisme et elle n'a pas grand rapport avec ce qui nous intéresse réellement dans la vie. Ce n'est plus qu'un boulot alimentaire et on ressent un besoin profond de changement qui, selon le cas sera ignoré à cause de la peur de prendre des risques ou sera exploré avec peut-être quelques surprises agréables en fin de compte.

Dans les deux cas, nous ressentons un mal être difficile à définir mais que nous ne pouvons pas nier. Ce mal être provient du manque de sens et de direction dans notre vie. Nous avons des rêves et nous sentons que nous avons un potentiel mais en même temps on se trouve des prétextes. On se dit qu'on a déjà perdu trop de temps et que ça ne servirait à rien de creuser cette voie car ce serait trop dur. Souvent même, on se sert de nos enfants pour justifier le fait de ne pas prendre de risques. Nous nous sentons de plus en plus fatigués, nous n'avons plus vraiment la tête à notre travail et nous nous tournons vers diverses distractions pour nous occuper l'esprit mais, puisque ces dernières nous procurent de moins en moins de satisfactions nous devons sans cesse en trouver de nouvelles plus intenses : des voyages vers des destinations exotiques, une nouvelle expérience amoureuse, un nouveau guide spirituel à suivre ou une nouvelle cause populaire à défendre quand ce ne sont pas des addictions de toute sorte. Si nous avons erré sans but dans la vie ou avons pris des chemins qui n'étaient pas fait pour nous, nous commençons à prendre conscience de la contradiction entre nos rêves et la réalité. Nous n'avons pas accompli quoi que ce soit de tangible et nous envions ceux qui l'ont fait. Dans mon cas par exemple, je me souviens que depuis la classe de seconde je rêvais d'écrire dans le but d'éveiller les consciences en racontant de belles histoires. Mais avec le temps, j'ai mis ce rêve de côté, soucieux que j'étais des autres réalités de mon quotidien. Ce n'est que des années plus tard (environ 8 ans) quand j'ai rencontré un ami, André, qui était déjà auteur que j'ai réalisé une chose : « *bon sang*, me suis-je dis, *ce gars a le même parcours que moi, le même âge que moi et il a déjà accompli quelque chose que je voulais faire. Qu'est-ce que je suis en train de faire de ma vie ?* » Mon attention avait été éveillée mais ça n'était pas suffisant car il m'a encore fallu 5 années de préparation pour que ce rêve me hante à nouveau et je me suis décidé à passer à l'action. Il faut beaucoup de courage dans ce genre de moment pour admettre que nous devons nous soumettre à un nouveau processus d'apprentissage car apprendre quelque chose, c'est admettre son ignorance et la nécessité de s'améliorer mais nous avons du mal à le reconnaitre. En plus, nous masquons tout cela sous une certaine assurance, des avis tranchés ou une prétendue supériorité morale mais l'insécurité latente demeure. La vie implique inévitablement des obstacles et des difficultés mais nous passons notre temps à éviter tout ce qui nous fait souffrir. Nous n'avons peut-être pas assumé des responsabilités qui nous prépareraient à l'échec, nous évitons les choix difficiles et les situations stressantes mais ceux-ci finissent par surgir à un moment ou un autre. Nous voulons tous croire que notre vie a un sens, que nous sommes tous reliés à quelque chose de plus vaste que notre petite personne. Nous voulons sentir le poids et l'importance de nos accomplissements. Sans cette conviction, nous ressentons un vide. Comme j'ai eu à le montrer dans les chapitres précédents, les valeurs religieuses, les causes universelles auxquelles croire, la cohésion sociale sont menacées d'extinction dans le monde actuel. Il en est de même pour les conventions, les règles, les tabous qui canalisaient autrefois les comportements. Il n'est donc pas étonnant que tant de gens tombent dans des addictions. Sans système de croyance ou de conventions, nous n'avons plus de points cardinaux pour nous guider dans nos décisions. Chacun définit ce qui est bien et ce qui ne l'est pas selon sa propre pensée mais laissez-moi vous dire une chose. Même en se plaçant en dehors du cadre religieux, cette distinction est simple à faire : pour savoir si une chose est bonne ou mauvaise, il suffit d'imaginer les conséquences si tout le monde adoptait cette attitude. Dans des sociétés où les gens ont tendance à considérer le pire comme le meilleur, c'est le moyen par excellence pour fermer la porte à tous les débats.

La raison pour laquelle nous faisons de tels choix se trouve dans le fait que nous nous sommes laissés séduire par ce que Robert GREENE a appelé *les fausses raisons d'être*. Ce sont un ensemble d'idées reçues qui nous font croire que la finalité de notre existence se trouve dans telle ou telle chose. Ces idées nous viennent donc de l'extérieur, de ce que l'on entend dire autour de nous contrairement à la véritable raison d'être qui est censée venir de l'intérieur ; il s'agit d'une idée, d'une vocation, d'une impression d'avoir une mission qu'on ressent personnellement et à laquelle on est intimement attaché. Personne ne nous l'a imposé et personne ne peut nous la retirer. Les fausses raisons d'être nous tirent vers le bas, vers le côté animal de notre nature que sont les addictions, la perte de nos facultés mentales, la conformité aveugle, le cynisme. À un moment ou à un autre de la vie, nous y sommes tous confrontés et succombons parfois car elles n'exigent aucun effort ; il est donc important de les connaitre et d'apprendre à mieux les gérer. En voici les 5 formes les plus courantes :

1- <u>LA QUÊTE DU PLAISIR</u> :

Pour beaucoup, le travail n'est qu'une nécessité agaçante de la vie dont on se passerait bien. Ce qui nous motive, c'est d'éviter de souffrir et de trouver autant de plaisirs que possible en dehors de notre temps de travail. Ces plaisirs prennent diverses formes : le sexe, les stimulants (drogue, alcool etc.), la nourriture (le fameux adage *« on ne mange pas pour vivre, on vit pour manger »*), faire la fête, le shopping, les jeux d'argent, les gadgets technologiques (pouvoir s'acheter le dernier IPhone ou je ne sais quelle autre trouvaille), les loisirs de toute sorte. Quand nous en faisons notre raison de vivre, toutes ces choses nous mènent à une dynamique de rendement décroissant. Les moments de plaisir deviennent ennuyeux à force de répétition ; nous avons besoin de plus en plus de ce plaisir spécifique devenant à terme une addiction et cette dépendance s'accompagne d'une diminution des facultés intellectuelles et d'une altération de notre état de santé. Nous devenons possédés par les choses qui nous font envie et l'on se perd. C'est une forme de fausse raison d'être qui est très courante dans le monde actuel à cause de la multitude des distractions. Ce qu'on ignore, c'est que pour obtenir des niveaux plus élevés de plaisir dans la vie, il faut apprendre à se limiter. Ce n'est pas pour rien que nous valorisons les choses qui sont rares. Quand nous avons l'occasion d'en profiter, nous vivons une expérience d'immersion plus profonde et nous en conservons un souvenir durable et plus positif.

2- ***LES CAUSES ET LES CULTES*** :

Au nombre des maitres de la propagande moderne, il y en a un en particulier dont il serait intéressant de parler. Il s'agit de Joseph GOEBBELS. Né en 1897 dans une modeste famille rhénane, il était un lycéen brillant, mais que son caractère froid et hautain privait de l'affection de ses camarades comme de ses professeurs. Ne pouvant exercer aucun sport – ayant perdu enfant l'usage du pied droit, il portera toute sa vie un appareil orthopédique –, il cultive son esprit en solitaire. Réformé en 1914, il écrit frénétiquement et s'imagine en nouveau SCHILLER[72], persuadé qu'un destin exceptionnel lui est promis. En 1922, il décroche un doctorat en littérature. Se délectant de ce premier succès, il ne signera plus que ''Herr Doktor GOEBBELS''. Mais son rêve de devenir un grand écrivain est brisé par les éditeurs ; l'humiliation de leur refus nourrit en lui amertume et ressentiment. Vivant aux crochets de ses parents, le jeune homme déprime violemment, jusqu'à songer au suicide. À 27 ans, l'avenir ne lui promettait plus la gloire convoitée.

C'est de la politique, dont il s'était peu préoccupé jusque-là, que va venir son salut. D'abord, proche du mouvement VÖLKICH, il fonde en 1924 une section du NSDAP (parti nazi) dans sa ville natale. Ses talents d'orateur font forte impression sur ses nouveaux camarades. Tribun hors pair, il excelle à exprimer haines et frustrations. Son ambition renaît. Mais ses idées sont floues. Aiguisant sa

---

[72] Johann Christoph Friedrich SCHILLER est un poète, écrivain et théoricien de l'esthétique, né le 10 novembre 1759 à Marbach am Neckar et mort le 9 mai 1805 à Weimar. Il fait partie des grands classiques de la littérature allemande.

plume de polémiste dans des publications nationalistes, il rencontre Gregor STRASSER, leader de l'aile ''gauche'' du parti, qui devient son mentor. GOEBBELS se proclame alors ''communiste allemand'' et dirige ses diatribes contre les bourgeois. Au début, il était opposé à HITLER mais, en 1925, assistant pour la première fois à un discours du ''tambour'', il est littéralement subjugué. HITLER s'imposant comme seul leader, il le rallie donc, avec d'autant plus de ferveur que le chef, qui a saisi son potentiel de bateleur, le séduit sans vergogne. Croyant avoir enfin trouvé une personne qui reconnaissait sa valeur, il sera dès lors d'une fidélité absolue à son sauveur, lié à lui par une passion quasi amoureuse et totalement mystique. Souffrant d'avoir perdu la foi catholique de ses parents, il s'accroche à la bouée de ce culte de substitution dont HITLER est le messie, et n'aspire plus qu'à faire du national-socialisme ''la religion d'Etat des Allemands''. Exploitant sa dévotion, le Führer l'envoie en 1926 en mission de propagande dans ''Berlin la rouge''. GOEBBELS y multiplie les meetings, les discours haineux et les rixes. Paradoxalement, cet homme chétif était fasciné par la violence. Pour mener à bien sa mission, il va développer les techniques basiques définis par son chef : jouer sur les émotions, marteler un petit nombre d'idées, dénigrer les opposants, désigner un ''ennemi spécial'' en l'occurrence la bourgeoisie juive. Il peaufinera ces techniques en puisant dans la publicité, qui lui enseigne la saturation de l'espace public par des slogans simples et des visuels qui impactent, sans s'encombrer du réel. *« Nous ne cherchons pas la vérité mais l'effet produit »*, résume GOEBBELS, qui éditera pour ses troupes des manuels compilant ses recettes. *« Les grandes masses sont aveugles et stupides [...]. La seule chose qui soit stable, c'est l'émotion et la haine »*, a décrété HITLER. Pour en jouer, GOEBBELS sera son principal porte-voix, une enceinte haute-fidélité et un instrument essentiel de la grande lessive des cerveaux. *« Le moteur d'un mouvement idéologique n'est pas une question de compréhension mais de foi »*, soulignera-t-il. En 1930, HITLER le nomme chef de la propagande du parti nazi. Bourreau de travail, GOEBBELS organise des milliers de meetings pour les élections de 1932. Récompense et consécration : il est nommé en mars 1933 ministre de l'Education du peuple et de la Propagande. Fort d'un budget multiplié par dix entre 1933 et 1939, il enrôle tous les moyens de communication – presse, édition, radio, actualités filmées et télévision, cinéma, photographie… – au service de la diffusion de ''l'évangile nazi'', et développe un autre outil clef de sa stratégie, ''le rassemblement de masse'', organisant d'innombrables spectacles d'inspiration mi religieuse, mi wagnérienne. La tapageuse publicité qu'il donne à ces manifestations donne l'impression de prouver, aux yeux des Allemands comme au reste du monde, l'adhésion totale du peuple au régime. Pendant douze ans, l'opinion publique sera entièrement sous contrôle. Toute voix dissidente interdite, pourchassée, massacrée, le culte du Führer pourra s'imposer sans partage.

Avec l'entrée en guerre et les triomphes inauguraux, ce matraquage idéologique se fait encore plus intense, tout comme la coercition. L'activité prodigieuse du ministre lui vaut les louanges du patron : *« La propagande de Goebbels est une de nos armes de guerre les plus efficaces. »* dira HITLER. En réalité, la méthode Goebbels a surtout triomphé… par la force, la dictature servant sans doute plus sa propagande que l'inverse. Mais, cela ne l'empêcha pas de s'enivrer de ses ''succès''. Son mariage avec Magda QUANDT, une nazie fanatique, lui avait ouvert les salons d'une bourgeoisie qu'il avait si longtemps fait profession de haïr… et dont il reprit les attributs, troquant les vestes de cuir prolétariennes pour les costumes sur mesure. En 1939, sa résidence berlinoise comptait 18 domestiques. Il collectionna les maîtresses, les villégiatures, les voitures de luxe, les œuvres d'art, et put enfin faire publier son roman : 3 000 exemplaires vendus en cinq ans… Bref, il n'avait plus l'attitude du ''grand intellectuel'' qu'on présentait il y a quelques années encore, mais demeurait juste un serviteur zélé de son maître HITLER. D'ailleurs, il ne faisait pas partie du cercle des décideurs, comme GÖRING[73] ou HIMMLER[74], et n'était informé que lorsqu'HITLER avait

---

[73] Avec le Führer : il rejoint le NSDAP en 1922. Président du Reichstag à partir de 1932, il prépare l'arrivée des nazis au pouvoir, mais, à la fin de la décennie, il entre peu à peu en disgrâce.
Fonctions : ministre de l'Aviation du IIIe Reich, commandant en chef de la Wehrmacht et ministre-président de Prusse de 1933 à 1945.
À Nuremberg : En l'absence de GOEBBELS, HITLER ou HIMMLER, Hermann GÖRING faisait office de ''vedette'' incontestable du procès de Nuremberg. Sans regrets ni remords, il se présenta à la barre comme le plus haut responsable nazi après Hitler et assuma jusqu'au bout les actes du IIIe Reich.
La fin : condamné à la pendaison à l'issue du procès, il parviendra à se suicider dans sa cellule avec une capsule de cyanure le 15 octobre 1946.

[74] Heinrich HIMMLER, le planificateur de l'horreur (1900 - 1945)
Avec le Führer : intègre le NSDAP d'Adolf Hitler en 1923, lequel lui voue une confiance absolue.
Fonctions : plus haut dirigeant de la SS (Organisation paramilitaire et policière nazie fondée en 1925 pour assurer la protection personnelle d'Adolf Hitler et qui devint une des principales organisations du régime national-socialiste) et ministre de l'Intérieur du Troisième Reich, il fut l'un des principaux maîtres d'œuvre de la Solution finale. Poursuivi par les Britanniques, il se suicide le 23 mai 1945 à Lunebourg.

besoin de lui. Il ne sut ainsi rien de la préparation du pacte germano-soviétique, et fut averti avec retard du débarquement en Normandie. Faute d'alliés, il demeura toujours isolé dans le parti, totalement dépendant, politiquement et psychologiquement, du soutien du chef. Son rôle se borna à préparer les esprits à la guerre, puis à mettre en scène le spectacle de l'enthousiasme général. Il échoua pourtant autant à définir une ligne claire qu'à s'imposer comme seule autorité en matière de propagande, composant toujours avec des rivaux à l'intérieur du parti et du gouvernement (Otto DIETRICH pour la presse, RIBBENTROP[75] pour l'international, ROSENBERG[76] pour l'éducation des masses). Et lorsque les premières défaites vinrent écorner l'image du Führer dans l'opinion, son activité redoublée n'y changea rien, car faute de forger un réel consensus, sa propagande n'avait servi qu'à en donner l'illusion, chose aisée quand toute expression dissonante a

---

[75] Joachim von RIBBENTROP (1893 - 1946)
Avec le Führer : s'inscrit au parti nazi en 1932.
Fonctions : ambassadeur à Londres de 1936 à 1938 puis ministre des Affaires étrangères du IIIe Reich. C'est lui qui, le 23 août 1939, signe le pacte germano-soviétique, également appelé pacte Molotov-Ribbentrop, qu'Hitler brisera en août 1941 avec l'opération Barbarossa.
La fin : poursuivi au procès de Nuremberg, il est condamné à mort et exécuté le 16 octobre 1946.

[76] Alfred ROSENBERG (1893-1946)
Avec le Führer : membre actif de l'Ordre de Thulé et du NSDAP, compagnon de route d'Hitler dès 1920, il joue un rôle primordial dans la définition du corpus idéologique du parti.
Fonction : ministre du Reich aux territoires occupés de l'Est, à partir de 1941.
La fin : reconnu comme acteur du génocide, il est condamné à mort en 1946 par le tribunal de Nuremberg.

été éradiquée. Son œuvre ne fut qu'un simulacre. Un mensonge énorme, englobant tous les autres. Sa foi en Hitler demeura intacte malgré la débâcle et il fut nommé durant l'été 1944 « plénipotentiaire du Reich pour la guerre totale ». À mesure que GÖRING, SPEER[77] et HIMMLER perdaient la confiance du chef, son étoile brilla de plus en plus. Mais il n'atteignit son sommet que lorsque tout était perdu, dernier chancelier du IIIe Reich le temps d'une unique journée (le 1er mai 1945), celle séparant le suicide d'Hitler du sien. Il se suicidera ce même jour à Berlin, en compagnie de son épouse Magda après avoir empoisonné leurs six enfants[78].

➢ **INTERPRÉTATION :**

De cette histoire, il y a plusieurs choses à retenir. Nous avons tous besoin de croire en quelque chose et en l'absence d'un grand système de croyances fédérateur, ce vide est facilement comblé par toutes sortes de microcosmes

---

[77] Alpert SPEER, l'architecte du Reich (1905 - 1981).
Avec le Führer : entre au parti nazi en 1931.
Fonctions : architecte proche d'Hitler, il deviendra en 1942 ministre de l'Armement et de la Production de guerre.
À Nuremberg : il écopera d'une peine "légère" (20 ans). "Il fut le seul à faire son autocritique, analyse Annette WIEVIORKA. Sa stratégie de défense se résumait ainsi : *« Je ne savais rien de tout ça, mais je suis criminel, parce que j'étais dans une organisation criminelle. »* Cet homme jeune, élégant et intelligent est parvenu à séduire le tribunal et à bénéficier de larges circonstances atténuantes. [...] Il finira sa vie de manière confortable, rédigeant des livres qui se vendront très bien."
La fin : il meurt d'une crise cardiaque à Londres le 1er septembre 1981.

[78]https://www.geo.fr/histoire/goebbels-et-le-grand-spectacle-de-la-propagande-nazie-200479
https://photo.geo.fr/himmler-goebbels-goring-les-principales-figures-du-nazisme-39409#rudolf-hess-dauphin-d-hitler-1894-1987-2oodr

et de cultes. Les adeptes de tels groupes remplacent leurs convictions extrêmes par une vision claire de ce qu'ils recherchent. C'est dans ce genre de cercles que se développent l'esprit de secte et le fanatisme surtout dans les domaines politique et religieux. En général, le leader désigne au groupe des ennemis considérés comme responsables de tout ce qui cloche dans le monde. Ces groupes sont un moyen pour les gens d'extérioriser leurs frustrations, envies et haines personnelles. Ils tendent à se sentir supérieurs, intégrés à un cercle où ils croient avoir un accès direct à la vérité, ce qui les établit de fait au rang des élus. L'objectif de ces groupes est plutôt flou. Ils ne peuvent pas définir de manière claire le genre de sociétés qu'ils veulent et la stratégie pour y parvenir. Une grande partie de leur raison d'être tourne autour de définitions négatives : *« débarrassons-nous de ces gens et de ces pratiques et le monde s'en portera mieux »*. C'est donc clairement le signe que leur groupe cherche avant tout à exprimer des émotions. Ces groupes dépendent souvent de grands rassemblements de personnes qui s'enivrent par le nombre et par les sentiments partagés. Vous l'aurez remarqué, c'est exactement ce qui se passe avec la plupart des mouvements féministes, le mouvement Woke etc. Beaucoup de personnes qui se lancent à corps perdu dans ces causes le font plus par besoin de thérapie, – en pensant que cela les aiderait à soigner leurs blessures intérieures - par frustrations plutôt que par conviction. Et beaucoup de leaders rusés les utilisent à leur avantage. Dans une foule, les gens sont très influençables et peuvent avaler les idées les plus folles. Quand il y a de la violence – dans les propos comme dans les actes -, ils sont soulagés de ne pas avoir de responsabilité à titre individuel à cause de la sécurité que procure l'effet de groupe. Ils se sentent transcendés et forts mais ce n'est qu'une illusion. En réalité, ils sont faibles car ils ont perdu leur volonté et leurs voix individuelles. Adopter une cause politique, religieuse etc. peut constituer une part importante de notre raison d'être mais elle doit provenir d'un processus interne au cours duquel on a longuement réfléchi au sujet. Notre implication dans cette cause fait partie de l'œuvre de notre vie. On ne choisit pas une cause ou une religion pour se sentir supérieur aux autres ou exprimer de méchantes émotions mais par une soif de justice et de vérité profondément ancrée dans notre propre raison d'être.

3- <u>L'ARGENT</u> :

Beaucoup de personnes sont motivées par la quête de l'argent et du statut. Ils choisiront un métier parce que ça paie bien ou pour s'aligner sur la tendance du moment. Pour ces gens-là, réfléchir à leur vocation n'est qu'une énorme perte de temps. Mais à long terme cette manière de penser se retourne contre eux. Ces individus seront souvent actifs dans des domaines où ils gagneront rapidement de l'argent. Ils visent les grosses payes. Leur choix de carrière a très peu de rapport voire aucun avec leur véritable penchant. S'ils y mettent suffisamment de zèle, ils peuvent bien s'en sortir pendant un temps mais, en vieillissant ils deviennent inquiets, alors ils tentent d'autres moyens de gagner de l'argent et de réussir. Ils font souvent de grosses erreurs durant leur quête obsessionnelle de l'argent car ils ne pensent qu'à court terme. Concernant certaines femmes, on remarquera qu'elles chercheront toujours à se coller aux hommes ayant un certain niveau social et financier, et le mariage devient pour elle un moyen de toucher « le gros lot », de se mettre à l'abri financièrement. Dans les cas où le mariage n'est pas possible, elles se contentent du statut de maîtresse et s'en accommodent avec tous les risques que cela implique. Si l'argent est le but premier dans la vie, on ne cultive jamais vraiment son caractère unique et quelqu'un de plus jeune et de plus ambitieux finira par nous supplanter. Ce qui motive souvent les gens dans cette quête, c'est le désir de se sentir supérieur aux autres. La conséquence est qu'ils ne peuvent donc jamais apprécier ce qu'ils ont car ils remarqueront toujours des personnes qui ont quelque chose de plus qu'eux et par forcément en termes matériel. C'est une quête infinie, épuisante et puisque le lien avec leur travail n'a rien de personnel, ces personnes s'éloignent de qui elles sont vraiment. À force, elles tombent dans la dépression, deviennent maniaques et finiront par perdre tout ce qu'elles ont gagné si leur obsession prend le dessus. Elles ignorent une vérité toute simple. C'est que les choses les plus agréables dans la vie arrivent souvent alors qu'on ne les attendait pas. La plupart des personnes qui ont réussi n'étaient pas obsédées par l'argent ou le statut mais par le souci de travailler de manière excellente afin d'apporter de la valeur aux gens.

4- <u>LE DESIR D'ACCAPARER L'ATTENTION</u> :

Depuis l'aube de l'histoire, beaucoup de gens ont cherché la célébrité et l'attention pour se sentir plus importants. Ils sont devenus dépendants du nombre de personnes qui les applaudissent, de la taille de l'armée qu'ils commandent, de la foule de courtisans qui les sert. Aujourd'hui, cette manie s'est démocratisée et étendue à travers les réseaux sociaux. N'importe qui peut avoir plus d'attention que les rois et les conquérants du passé. Malheureusement, puisqu'il y a désormais une foule de gens qui prétendent à cette attention, il faut se montrer de plus en plus audacieux, faire ou dire des choses de plus en plus osées sinon le public se lasse rapidement. C'est une quête épuisante et aliénante car on se voit obligé de revêtir le costume du bouffon, de l'amuseur public. Comme dans le cas de l'argent, on ne peut susciter une attention saine qu'en développant son originalité et en étant concentré sur la valeur que l'on apporte aux autres. C'est ce qui va naturellement les attirer.

5- __LE CYNISME__ :

Dans le monde actuel, cette forme de fausse raison d'être est de plus en plus répandue. Ce cynisme inclue certaines des croyances suivantes : *« la vie est absurde, dépourvue de sens (vanité des vanités, tout est vanité) »* ; *« il ne sert à rien de rechercher la vérité, de promouvoir l'excellence »* ; *« les jugements des gens ne sont que leur interprétation du monde et ne valent pas mieux que d'autres »* ; *« tous les politiciens sont corrompus, ça ne vaut pas la peine de s'intéresser à la politique, c'est inutile de voter » ; « ceux qui réussissent jouent avec le système, ils trichent, volent, ne payent pas leurs impôts »* ; *« je suis qui pour vouloir changer les choses ? Ceux qui parlent même pensent qu'ils peuvent faire quoi ? C'est eux qui vont changer le monde ? Mieux vaut rester dans son coin, se chercher et faire sa vie comme on peut, une fois qu'on sera mort ce sera fini et tout ce qui va arriver après ne nous concerne plus »*. En réalité, les personnes qui pensent ainsi sont simplement égoïstes. Leur attitude se veut narquoise et indifférente ce qui fait croire qu'elles peuvent détecter la vérité qui se cache derrière chaque situation. Mais derrière cette attitude, se cachent en réalité la peur d'échouer si elles essaient de sortir du lot et une grande paresse. Ce comportement console ceux qui n'ont rien accompli dans leur vie. Nous qui cherchons à marcher dans notre destinée, nous devons aller dans la direction opposée. La vie regorge aussi d'opportunités et de choses merveilleuses que nous découvrons à travers les œuvres d'autres personnes. Beaucoup de découvertes, de prouesses technologiques, cinématographiques, littéraires, musicales, sportives n'auraient pas vu le jour si leurs auteurs avaient adopté une attitude cynique et nous n'en aurions jamais profités.

➢ COMMENT DÉCOUVRIR SON CHEMIN DE VIE ?

En observant la pyramide des besoins d'Abraham MASLOW[79], chacun peut déterminer rapidement à quel

[79] Abraham Harold MASLOW, né le 1er avril 1908 à New York et mort le 8 juin 1970 à Menlo Park en Californie, est un psychologue américain humaniste, considéré comme le père de l'approche humaniste en psychologie. Il est connu pour son explication de la motivation par la

niveau de besoins comblés il se situe. Au fond, tout être humain aspire à satisfaire le besoin d'accomplissement de soi mais la majorité reste limitée aux paliers inférieurs. Le chemin pour y parvenir n'est pas linéaire et requiert certaines conditions. Les 04 étapes développées ci-dessous constituent une base solide pour trouver son chemin de vie et elles sont applicables à tout le monde en fonction de son profil.

I- CONNAIS-TOI TOI-MÊME :

Toute personne possède en elle une force intérieure qui peut la guider vers sa mission de vie. Cette mission est reliée en profondeur à notre spécificité, à ce qui nous rend unique. Chaque Homme est unique de naissance et cette unicité est génétiquement inscrite dans l'ADN. Son clone génétique n'a jamais existé et n'existera plus jamais après lui. Chacun a donc la responsabilité de découvrir sa propre finalité, l'œuvre de sa vie, sa mission et ensuite s'y atteler avec toute l'énergie qu'il peut fournir. Cette œuvre d'une vie est ce que chacun est destiné à accomplir en fonction de ses talents, dons et penchants respectifs. Pendant l'enfance, cette force qui nous guide est facile à toucher du doigt. Elle oriente chacun vers des activités et des sujets correspondant à des penchants naturels et attirant une curiosité profonde (voir le chapitre précédent). Pour Anna SOROKIN, c'était sa passion pour la mode ; en dépit de son parcours, elle avait énormément de connaissances et de talent dans ce domaine. Pour Yoky MATSUOKA c'était son intérêt pour la physique,

---

hiérarchie des besoins humains, souvent représentée par la suite sous la forme d'une pyramide.

les mathématiques, la biologie, la physiologie et le bricolage des machines ; pour Charles DARWIN, ce fut l'exploration de la nature et la collection de spécimens ; pour d'autres ce sera peut-être la lecture, les chiffres ou les formes géométriques, un certain type de travail manuel, la cuisine, la danse etc.... Ces inclinations influencent le développement de notre esprit de façon particulière et certaines personnes en font l'expérience plus fortement que d'autres. Dans les moments où nous entreprenons ces activités, on a la sensation que les idées que nous exprimons où les mouvements que nous exécutons nous viennent de manière si aisée que cela semble soit tout à fait naturel, soit de l'inspiration due à une passion. Parfois même, c'est notre entourage qui remarque que nous avons un talent en particulier et il sollicite souvent notre aide dans telle ou telle tâche simplement parce que personne ne la fait mieux que nous.

Tout est déjà en vous, vous n'avez rien à créer. Vous devez juste creuser dans vos souvenirs pour ramener ces activités que vous aimiez faire – ou même que vous faites toujours ou que vous auriez aimé faire - ou dans lesquelles vous êtes bons à la surface. Il n'est jamais trop tard pour se lancer dans ce processus. Découvrir cette finalité supérieure nous permettra de retrouver l'orientation dont nous avons tous besoin, chacun à son niveau. Elle est inscrite à l'intérieur de nous et parfois nous la percevons sous la forme d'un sentiment qui nous suggère d'aller dans telle ou telle direction. Quelques fois, c'est une idée qui revient plus ou moins souvent dans nos pensées sans qu'on l'invite. D'aucuns parlerons de l'intuition ou de la voix de la conscience. Nous ne l'entendons pas toujours car elle est en concurrence avec d'autres voix qui nous disent ce que nous devrions faire ou pas. Souvent, cette voix vous avertira par un mal être que vous ressentirez lorsque vous prendrez une direction ou des décisions qui ne vous seront pas profitables. Si vous l'écoutez attentivement, elle vous guidera vers des activités et des objectifs davantage en accord avec votre nature. Ne la confondez pas avec la voix de votre ego qui veut obtenir sans délais succès, attention et reconnaissance au contraire, cette voix vous fait vous absorber dans ce que vous devez faire. L'entendre demande un travail d'introspection et de l'entrainement mais plus vous apprendrez à lui obéir, plus vous aurez de facilité à la distinguer et il ne vous sera plus possible de faire marche arrière. Il ne faut pas non plus la confondre avec la voix de la peur. Dans son livre *''les secrets d'un esprit millionnaire'',* T. HARV EKER explique que l'une des différences entre les personnes dotées d'une mentalité de richesse et celles dotées d'une mentalité de pauvreté est que : les premières agissent en dépit de la peur alors que les autres laissent la peur les arrêter. La plus grande erreur que la plupart des gens font est d'attendre que la peur diminue voire disparaisse avant de passer à l'action. En général, ils attendent éternellement. Si vous n'êtes prêts à faire que ce qui est facile à faire, la vie sera difficile. Mais si vous êtes prêts à faire ce qui est difficile à faire, la vie sera facile. Tout nouveau défi nous place dans une position d'insécurité au début mais, à force de persévérance on finit parfois par se rendre compte que l'obstacle n'était pas si énorme que ça et on prend ses aises, et on grandit véritablement. Parfois, souvent même, nous aurons besoin de nous rebeller contre l'avis de nos proches en particulier nos parents qui, ne comprenant pas toujours notre vision, chercheront à nous canaliser selon leurs desseins. Ils le font souvent avec les meilleures intentions du monde car ils veulent nous protéger mais le problème c'est que le chemin vers la destinée, vers l'accomplissement de soi ne se trouve pas dans la sécurité. À de multiples occasions, nous traverserons de mauvaises expériences mais ce sont ces dernières qui nous outillent justement pour l'œuvre que nous devons accomplir et au final, nous nous rendons compte de leur bien fondé. Il ne s'agit pas non plus de s'enfermer dans une attitude arrogante et de ne pas leur donner le respect qu'ils méritent. Nos proches peuvent s'avérer être d'excellents mentors surtout si notre domaine d'activité se rapproche du leur. On peut écouter leurs conseils dans un premier temps et voir ce qu'il y a de bon à prendre, puis dans un second temps continuer à suivre notre inclination en veillant à ce qu'ils interfèrent le moins possible.

Certaines personnes se voient révéler de manière subtile, l'œuvre de leur vie à travers un rêve qu'elles entretiennent depuis l'enfance ou à un moment donné de l'adolescence. Mais, avec le temps, elles se laissent décourager par les critiques ou les circonstances de la vie et abandonnent. Yoky MATSUOKA avait par exemple rêvé de construire un robot joueur de tennis, ce qui serait pour elle le moyen de concilier tous ses centres d'intérêts. C'est en exposant ce rêve à la bonne personne que sa vie a pris une tournure radicale qu'elle n'avait pas envisagé. Si elle avait abandonné ce rêve, elle ne serait jamais devenue ce qu'elle est aujourd'hui. Ne sous-estimez pas le pouvoir de vos rêves aussi ridicules qu'ils peuvent paraître. Ils détiennent souvent la clé de votre destinée et rares sont les personnes qui pourront le comprendre. Toute œuvre faite de mains d'hommes a d'abord été un rêve, une aspiration profonde qui à force de persévérance a fini par se manifester dans la réalité alors que personne n'y croyait. Retournez dans vos souvenirs pour renouer avec des rêves que vous entreteniez auparavant et observez votre ressenti qui peut être un indicateur de l'importance de ce rêve pour votre vie. Protégez vos rêves et ne les divulguez pas à n'importe qui.

D'autres personnes ne se découvrent pas d'inclinations particulières pendant l'enfance, ni de chemin de carrière évident. Elles sont en revanche douloureusement conscientes de leurs limites et ont du mal dans des domaines que d'autres jugent faciles. L'idée de la destinée leur est étrangère. Dans certains cas, suite à une enfance difficile ou à des situations douloureuses qu'elles ont connues, elles intériorisent les jugements et les critiques qui les visent et finissent par se croire déficientes ou stupides. Et si elles n'y prennent pas garde, elles ratent leur vie. Si vous faites partie de ces personnes, vous devez comprendre dans un premier temps que les difficultés que vous avez traversées peuvent être révélatrices de votre mission. Votre expérience vous a donné sans que vous ne le réalisiez, la capacité d'aider les personnes qui vivent la même situation que vous jadis. Le monde est rempli de problèmes et dans tous les domaines de notre vie, nous avons besoin d'aide à un moment ou à un autre. Vous trouverez votre épanouissement en devenant une solution pour les gens qui vivent les difficultés dont vous avez déjà triomphés. Tout ce dont vous avez besoin est d'un bon accompagnement pour mettre en place la stratégie adéquate. C'est alors que vous serez dans ce processus que vous distinguerez au fur et à mesure la direction dans laquelle vous allez, tel un automobiliste qui découvre progressivement son chemin au milieu du brouillard.

II- <u>IDENTIFIER SA MONTAGNE D'INFLUENCE</u> :

Toute société repose sur des piliers c'est-à-dire des domaines dans lesquelles nous sommes tenus d'apporter notre contribution en fonction de nos talents et compétences particulières. Tous les métiers qui existent et même les personnes jouissant d'une certaine autorité sont rattachées à au moins un de ces domaines. Ce sont **les montagnes d'influence de la société**. Elles existent depuis toujours dans toutes les sociétés et n'ont jamais cessé d'évoluer en fonction des époques. On en dénombre 09 au total. En parcourant votre histoire ainsi que vos aptitudes particulières, vous devriez facilement déterminer la montagne sur laquelle vous êtes appelés à dominer.

1- LES MÉDIAS :

Les médias influencent notre perception des choses en communiquant des bonnes ou des mauvaises nouvelles, la vérité ou des mensonges, des informations avérées (news) ou des informations fallacieuses (fake news). Au cours de ces dernières années, l'influence des médias classiques a diminué. Les médias sociaux exercent par contre une influence qui ne cesse de croître. Aujourd'hui plus que jamais, bien des gens par des mensonges et de la désinformation, cherchent à susciter ou à amplifier dans le public toutes sortes de peurs, afin d'en faire des esclaves dociles. Nous avons davantage besoin de personnes qui mettent leurs talents dans ce domaine au service de la société. Je crois déjà m'être largement expliqué dans les chapitre 1 et 2 donc je ne m'étendrai pas davantage.

2- LE GOUVERNEMENT ET LA POLITIQUE :

Les parlements, à travers les lois qui sont adoptées, déterminent la destinée des nations. Les gouvernements doivent se conformer aux décisions du Parlement et celui-ci doit se conformer à la volonté du peuple. De nombreuses personnes se distancient des « bas-fonds de la politique » avec une certaine répugnance. Ils laissent aux politiciens l'organisation de la société, la formation de l'opinion publique et le développement de stratégies pour la nation, tout en les accusant d'être tous corrompus et de ne pas écouter leurs revendications. C'est du pur cynisme. Dans tous les secteurs d'activité, on trouve toujours du bon grain et de l'ivraie. Et personnellement, j'estime qu'on n'est pas en droit de critiquer les politiciens si à notre niveau, si petit soit-il, on ne fait pas de notre mieux. Et après tout, n'est-ce pas nous qui les avons choisis parce qu'on se reconnaissait en eux ? Les politiciens ne tombent pas du ciel, ils sortent du peuple lui-même. C'est peut-être alors nous qui avons un problème depuis la base. Si nous estimons incapables certains politiciens, c'est le moment de réfléchir à ce sujet et de conquérir cette montagne.

3- LA FORMATION ET L'ÉDUCATION :

Les enfants sont marqués dans leur famille par certaines valeurs, visions du monde ou buts à atteindre, mais le domaine de la formation exerce également une profonde influence sur eux dès l'âge scolaire. Depuis le « siècle des lumières », l'école est marquée par des concepts tels que l'humanisme, le libéralisme et le rationalisme : tout ce qui ne peut pas être démontré de manière rationnelle doit être rejeté.

Et ceci s'ajoute à tout ce dont j'ai déjà parlé dans le chapitre 6. Les hommes et les femmes ont besoin d'être enseignés, éduqués, formés, afin de susciter une génération compétente, cultivée, apte à bâtir des sociétés stables et à affronter les défis de l'avenir.

4- L'ÉCONOMIE :

Presque toutes les autres « montagnes » sont dépendantes de ce domaine d'influence. On peut même dire que c'est le noyau autour duquel gravite les autres montagnes. Une société qui n'a pas une économie forte se retrouve facilement à la merci de celle qui en dispose. On le voit très bien dans le cas des pays africains par exemple. Tout comme la politique, le domaine de la finance et de l'économie a plutôt mauvaise presse au sein de l'opinion publique. On se plait à le dépeindre comme une sphère envahie d'entreprises voraces et d'investisseurs sans pitié prêts à tous pour gagner de l'argent. Dans un sens ce n'est pas faux surtout quand on observe l'économie qui se forme autour des guerres, des épidémies etc. mais, comme dans les autres domaines, il faut d'abord chercher à avoir voix au chapitre si on veut espérer changer certaines règles. Steve JOBS disait que *« les gens qui sont assez fous pour penser qu'ils peuvent changer le monde sont ceux qui le font »*.

5- LA SANTÉ :

Cette montagne a toujours occupé une place prioritaire dans toute société. Dans beaucoup de pays ce secteur n'est pas développé comme il le devrait et ce sont les populations qui en pâtissent. La santé et le développement sont étroitement liés. Elle ne concerne pas seulement les professionnels du secteur médical car ces derniers agissent plus au niveau de la guérison. Nous avons autant, sinon davantage besoin de personnes spécialistes des mesures préventives comme des coachs qui militent afin de nous aider à combattre les erreurs nutritionnelles (par exemple, consommations excessives de certains aliments, comme les graisses d'origine animale) ou les abus comportementaux (alcool et tabac) entraînant des pathologies multiples qui ne doivent rien à la fatalité. La santé aux plans psychologique et émotionnel n'est pas non plus négliger. En dehors des professionnels du secteur médical, le travail des coachs est tout aussi important.

6- LA RECHERCHE SCIENTIFIQUE ET TECHNOLOGIQUE :

On pourrait croire que c'est la montagne la plus récente mais elle a toujours existé car les hommes ont, de tout temps, cherché des moyens de rendre leurs tâches quotidiennes moins pénible et leur environnement à la fois plus agréable et plus sûr. On y retrouve aussi tous les métiers d'ingénierie et d'industrie. Dans le monde d'aujourd'hui, le développement technologique est l'un des indices qui propulse le développement dans les autres montagnes d'influence et qui détermine les rapports de force entre les états. Malheureusement, beaucoup sont encore à la traine car ils ne lui accordent pas suffisamment d'importance.

7- LE DIVERTISSEMENT, L'ART ET LA CULTURE :

On y inclut aussi le domaine du sport. Toute civilisation ou société qui se respecte connait l'importance de cette montagne. Si l'Égypte, la Grèce antique et bien d'autres civilisations continuent de susciter l'admiration jusqu'à aujourd'hui, c'est bien à cause de l'héritage culturel qui a traversé les siècles. Aujourd'hui, les possibilités qui sont à la portée des personnes talentueuses dans ces domaines sont encore plus étendues grâce aux réseaux sociaux. Les personnes qui se sentent à l'aise sur cette montagne ne doivent pas laisser leur talent se perdre. Il y a un point que j'ai peut-être oublié de mentionner. C'est que le talent peut être utilisé à de bonnes ou de mauvaises fins. Certains vont par exemple les utiliser pour promouvoir, consciemment ou non, des contre-valeurs comme par exemple l'adultère, l'impudicité ou l'amour de l'argent ; tout ceci afin de générer de l'audience. Vous devez garder à l'esprit une chose. Vos talents ne vous appartiennent pas. Ils vous ont été donnés par le créateur à la naissance afin de servir un but précis que vous devez chercher à découvrir. Vous pouvez choisir d'ignorer cette voie et d'en faire ce que vous voulez mais dans ce cas, sachez qu'il vous faudra en assumer les conséquences tôt ou tard.

8- LA RELIGION :

Qu'on le veuille ou pas, c'est un domaine qui impactera toujours la vie des êtres humains quelles que soient les époques. Je me suis suffisamment exprimé sur cette question dans le chapitre 4. Nous avons besoin de personnes qui marchent véritablement en connexion avec l'esprit de

Dieu et qui nous enseignent à comprendre les valeurs que nous devons cultiver pour bâtir un monde plus juste. Si vous vous sentez un appel dans ce domaine n'ayez pas peur d'y répondre car beaucoup de gens auront besoin de vous.

9- LA FAMILLE :

La famille est la base de la société, on ne le dira jamais assez. C'est à partir d'elle que tout se construit : le caractère, les valeurs, la foi ou à l'inverse c'est à partir d'elle qu'on peut tout détruire. Ce sont les disfonctionnements dans les familles qui génèrent très souvent des sociétés instables et mal en point. Regardez nos sociétés actuelles. La famille occupe-t-elle toujours sa place d'antan ? Il y a un agenda destructeur qui a été initié depuis les sociétés dites développées et qui cherche à se répandre dans le monde entier. D'une part, le concept biblique de la famille est remplacé par des partenariats libres, sans engagements et sans fidélité à long terme. La sexualité réservée au cadre du mariage est jugée comme étant ennuyeuse (voir chapitre 3). D'autre part, le rôle dévolu à chacun des partenaires est qualifié d'obsolète. On observe une profonde tendance à vouloir inverser les rôles voire à les éliminer en faisant la promotion de la famille monoparentale et en limitant l'action du père (quand on tolère sa présence) à un rôle pécunier. C'est en regardant les parents que les enfants apprennent comment se comporter en couple plus tard. Nous avons besoin de personnes qui au travers de leur exemple, peuvent nous montrer le chemin pour construire des familles stables ou qui ont un talent de conseil touchant aux domaines de la vie de couple dont on ne parle pas assez. Il faut prendre particulièrement soin de l'union conjugale pour qu'elle puisse être attractive, épanouie et un modèle à imiter.

On peut se retrouver à exercer dans deux ou plusieurs montagnes à la fois dans un souci de visibilité et/ou d'efficacité de son activité, et d'ailleurs cela est très fréquent aujourd'hui. Vous verrez par exemple des entrepreneurs ou des professionnels dans un domaine créer un canal comme une chaîne YouTube pour mieux expliquer des thématiques concernant leur quotidien à des personnes qui rencontrent les mêmes challenges ou qui ont besoin d'informations avant de se lancer dans un projet.

III- TROUVER SA NICHE :

Toutes les montagnes d'influence regroupées sont les composantes du monde du travail. Ce dernier est comme un écosystème et les êtres humains y occupent des biotopes à l'intérieur desquels ils sont en concurrence pour des ressources et leur survie. Une fois que vous aurez identifié vos formes d'intelligence, les activités pour lesquelles vous avez plus d'inclinations ainsi que votre montagne d'influence, vous allez maintenant chercher une stratégie pour identifier une sphère que vous pourrez dominer. Cela pourrait demander un certain temps mais, au début, il faut choisir un domaine qui se rapproche de ce que l'on souhaite. Vous pourriez travailler dans le même domaine pendant plusieurs années ou occuper différents postes en plusieurs lieux pour réunir diverses compétences. Suivant le cas, on a ensuite le choix entre deux possibilités.

La première, c'est que depuis un domaine donné on recherche les issues intéressantes. Quand c'est possible, on peut se concentrer sur une spécialité parmi les nombreuses qui composent notre domaine d'activité initial. Sinon, on peut se distinguer dans ce domaine en adoptant une façon de faire différente des autres. À certains égards, cette spécialité ou cette façon de faire correspondra à ce que l'on a d'unique. Dans la seconde possibilité, une fois que l'on maitrise un premier domaine, on cherche de nouvelles connaissances qu'on peut acquérir. On peut alors combiner ce nouveau savoir avec les précédents éventuellement en créant un nouveau domaine où tout au moins en établissant de nouveaux liens entre tous, un peu comme ce qu'a fait Yoky MATSUOKA en créant la neurobotique après avoir d'une part, maitrisé le domaine de la robotique et d'autre part, complété ses connaissances en étudiant la neuroscience. On continue ce processus aussi longtemps que l'on veut et au bout du compte, on crée une discipline exclusive. Cette seconde conception convient bien au monde actuel où l'information est à la disposition de tous et où le fait de mettre les idées ensemble constitue une forme de pouvoir. Si vous avez remarqué, c'est exactement ce que je fais au travers de ce livre.

Dans les deux cas, on découvre des domaines qui ne sont pas encombrés de concurrents et on a la liberté d'y évoluer à sa guise en étudiant les questions les plus intéressantes. On se fixe son propre programme et on maitrise les ressources disponibles dans ces domaines. Quand on n'est pas écrasé par la concurrence et les conflits inutiles, on a le temps et l'espace nécessaires pour se consacrer à l'œuvre de sa vie.

IV- **MAITRISER SON ENVIRONNEMENT** :

Cet aspect implique deux conditions importantes.

A- **Ayez autour de vous des personnes de qualité** :

Beaucoup de gens ont donné des avis qui convergent sur le fait que l'environnement est important si vous souhaitez vous développer et vous consacrer pleinement à ce pour quoi vous avez été créés. Dans la mesure où on cherche à réaliser son potentiel, il faut le faire dans un environnement propice. Et un tel environnement doit être composé de personnes qui ont de l'avance sur vous dans un domaine. Ce n'est pas toujours aisé mais c'est toujours profitable de s'associer avec des gens plus avancés que soi. Il est préférable que ces personnes soient de nature positive, des personnes qui nous édifient au lieu de nous rabaisser, qui nous poussent à vouloir nous améliorer, des personnes qui marchent dans l'intégrité et pas dans des chemins douteux. Les personnes avec lesquelles vous êtes habituellement associées deviennent votre groupe de référence, elles déterminent à 95% votre réussite ou votre échec dans la vie. Dans la Bible, le roi Salomon disait : *« Celui qui fréquente les sages devient sage, mais celui qui se plaît avec les insensés s'en trouve mal. »*[80]

Jim RHON[81], dans la même logique, affirmait que nous devenons la moyenne combinée des 5 personnes

---

[80] Proverbes 13:20

[81] Jim ROHN, né le 17 septembre 1930 à Yakima et mort le 5 décembre 2009 en Californie, est un entrepreneur américain, écrivain et coach en développement personnel et en motivation dans le monde des affaires.

avec lesquelles nous passons le plus de notre temps. Il ajoutait qu'il est possible de déterminer la qualité de notre santé, de notre attitude et de notre revenu en regardant les personnes de notre entourage. Selon lui, nous commençons à manger ce qu'ils mangent, à parler comme ils parlent, à lire ce qu'ils lisent, à penser comme ils pensent, à regarder ce qu'ils regardent et à se vêtir comme eux. C'est à ce niveau que le biais de conformisme et le biais de favoritisme intragroupe (voir chapitre 2) vont jouer en votre faveur ou défaveur. John MAXWELL[82] affirme que le facteur le plus important dans l'environnement d'une personne c'est les gens. Si vous ne changez rien d'autre dans votre vie, à part les gens, vous aurez quand même décuplé vos chances de réussite. Les personnes qui occupent votre temps incluent aussi celles que vous suivez régulièrement sur les réseaux sociaux à travers les contenus qu'ils publient, les auteurs que vous lisez et même les chansons que vous écoutez. Ne faites pas l'erreur de penser que l'influence ne se limite qu'au contact physique. Par conséquent, réfléchissez longuement et sérieusement au sujet des personnes avec lesquelles vous passez le plus de temps car leur orientation sera aussi la vôtre. En outre, si vous êtes en couple ou marié, assurez-vous que ce soit avec une personne :

---

[82] John Calvin MAXWELL est un expert en leadership de renommée internationale, conférencier et pasteur. Il a écrit plus de 20 ouvrages dont "Les 21 lois irréfutables du leadership" (The 21 Irrefutable Laws of Leadership, 1998) et "Leader, avez-vous ce qu'il faut ? Les 21 qualités indispensables à tout leader" (The 21 Indispensable Qualities of a Leader, 1999) qui ont été vendu à plus d'un million d'exemplaires. Il s'adresse chaque année à plus de 250 000 personnes et change la vie de plus d'un million de gens grâce à ses séminaires, ses livres et ses cassettes audio.

1- qui vous aime inconditionnellement,
2- qui désire votre réussite,
3- qui possède de la maturité,
4- qui est capable de vous évaluer sainement par rapport à vos accomplissements,
5- qui est capable de vous soutenir quand vous avez besoin de soutien moral, émotionnel et même matériel.

Inutile de préciser que tout ceci doit être réciproque.

B- <u>Trouvez-vous un bon mentor</u> :

Dans la logique de ce qui précède, il est important que nous ayons autour de nous une personne capable de nous encadrer ou tout au moins de nous inspirer sur la façon dont nous devons procéder pour atteindre nos objectifs de vie. En dehors de nos parents et nos proches, il existe dans chaque domaine des personnes qui en savent plus que nous. Leur supériorité découle de leur expérience et leur autorité est réelle. Quel que soit le domaine dans lequel nous évoluons, notre objectif premier doit être d'acquérir des connaissances et des compétences de la façon la plus efficace possible. Pour cela, il faut des mentors dont on reconnait l'autorité et auxquels on se soumet. En reconnaissant, ce besoin on n'abandonne nullement sa dignité ; on reconnait simplement une situation provisoire de faiblesse que le mentor peut nous aider à surmonter. Dans le chapitre 6, vous avez d'ailleurs pu voir un exemple pratique de ce principe avec le cas de Charles DARWIN. Le talent seul ne suffit pas. Si l'on refuse cette évidence, on peut conclure à tort qu'on peut tout apprendre tout seul. Or cette attitude découle d'un manque fondamental de confiance en soi.

Il ne faut pas confondre un mentor avec un influenceur ou une personne qui nous inspire au travers des contenus publiés sur les réseaux sociaux. La différence réside dans ceci que le mentor est une personne avec qui vous avez une certaine proximité, une personne qui peut vous donner des conseils adaptés à votre situation et qui peut vous suivre dans votre évolution. Il peut être difficile de trouver une telle personne dans son environnement immédiat. Dans ce cas de figure, les livres et les contenus en ligne se rapportant au domaine où on a besoin d'encadrement peuvent déjà constituer un bon début. Les mentors ne constituent pas un raccourci, mais ils permettent de procéder de façon méthodique. Ils ont eux-mêmes eu (et ont encore sans doute) des mentors qui leurs ont transmis les connaissances plus riches et plus profondes qu'ils avaient de leur domaine. De plus, leurs propres années d'expériences leurs ont inculqués des leçons qui n'ont pas de prix ainsi que des stratégies d'apprentissage. Toutes ces connaissances peuvent nous éviter de faire des erreurs et de nous retrouver inutilement dans des impasses. Ils voient comment nous nous débrouillons et réagissent en temps réel, ce qui rend notre avancée d'autant plus efficace. Leurs conseils sont adaptés à notre situation et à nos besoins. En collaborant étroitement avec eux, on assimile l'essence de leur créativité qu'on peut accommoder à notre façon. Ce qui nous aurait pris 10 ans tout seul, nous prendrait la moitié ou moins si on est bien encadré et on gagne non seulement en temps, mais aussi en qualité de créativité ou de compétence.

Il faut faire très attention dans le choix de son mentor. Pour beaucoup, l'erreur de choix est souvent dû au fait que le mentor est extrêmement compétent, séduisant et populaire ; autant de raisons superficielles. Ne vous précipitez pas sur le premier venu, réfléchissez plutôt autant que cela sera nécessaire. Dans le choix de votre mentor, gardez à l'esprit l'œuvre de votre vie. Ce dernier doit être stratégiquement conforme à vos projets. Si vous hésitez sur la direction à prendre cherchez une personne capable de vous aider à tirer au clair ce que vous voulez. Si vous vous trompez, cela risque d'entraver lourdement votre progression. En outre, il ne faut pas se mettre en quête de mentor sans avoir acquis un minimum de compétence et de discipline susceptible d'intéresser ce dernier. Les personnes qui ont un tel profil manquent de temps, notamment pour traiter toutes les informations qui leurs sont destinées. Si vous faites preuve de capacité à pouvoir mieux les aider que d'autres dans la gestion de leurs priorités, il vous sera plus facile de retenir leur attention et de les inciter à approfondir votre relation. Ne craignez pas de devenir un porteur de sacs, c'est-à-dire d'accomplir des tâches subalternes de préférence à titre bénévole. Apprenez à voir le monde avec leurs yeux et demandez-vous ce dont ils ont le plus besoin. Les meilleurs mentors vous laisseront développer votre style personnel et vous rendront votre liberté au moment opportun en plus de demeurer des amis et des alliés pour la vie. Je tiens à parler de cela car c'est une mentalité qui n'est pas comprise surtout en milieu francophone et qui met en retard plusieurs.

Découvrir sa destinée implique certes, un certain travail intellectuel indiqué à travers ce que je viens de décrire mais il n'y a pas que cela. D'autres aspects concernent également des travaux que nous devons entreprendre au plan spirituel et c'est à l'un d'eux que je vais consacrer l'étude du dernier chapitre de cet ouvrage.

8.
La Culture du pardon

Sans pardon, la vie est gouvernée par un parcours sans fin de ressentiment et de vengeance.

Roberto ASSAGIOLI
(1888-1974)

Il était une fois un vieux et une vieille. Le vieux se nommait Gombéiji et la vieille Tora. C'étaient de bien braves gens. Ils vivaient dans une intimité parfaite, et savaient se contenter de peu. Toute leur fortune consistait en une misérable cabane, couverte de chaume, bâtie sur le flanc de la montagne, et en un petit champ de melons et d'aubergines, qu'ils cultivaient avec amour.

Or, à quelques pas de leur demeure, vivait aussi, dans un terrier profond, un blaireau d'un certain âge. Cet animal malfaisant passait toutes ses nuits à ravager tant qu'il pouvait le champ de ses voisins. Un jour Gombéiji, à bout de patience, finit par tendre un piège, dans lequel le blaireau se laissa prendre. Tout heureux d'avoir enfin capturé la méchante bête, le bon vieux la porte en sa cabane, lui ficelle solidement les pattes, et la suspend à un clou du plafond. Puis il dit à sa femme :

– Vieille, fais bien en sorte qu'il ne s'échappe point. Je vais au champ réparer les dégâts qu'il y a causés la nuit dernière.

À mon retour, nous le mettrons à la marmite. Ce doit être très bon, la viande de blaireau !

Là-dessus, il prend ses instruments et va au travail, confiant l'animal à la garde de Tora.

La position du blaireau n'était pas intéressante, et la perspective d'être mangé le soir ne lui souriait pas du tout. Il réfléchit longtemps au moyen de sortir d'une situation aussi peu agréable. Les blaireaux ont bien des ruses dans leur sac ! Il choisit celle qui, vu les circonstances présentes, lui sembla la meilleure. La bonne vieille est en train de piler du riz :

– Pauvre femme ! lui dit-il d'une voix compatissante, je souffre de te voir travailler de la sorte, à ton âge. Cela doit te fatiguer beaucoup. Veux-tu me permettre de t'aider ? Passe-moi le pilon. Je ferai la besogne à ta place ; pendant ce temps, tu te reposeras.

– Que me chantes-tu là ? répond la vieille en le regardant. Ah ! Oui, je vois bien ce que tu désires. Tu veux que je te détache. Puis, tu fileras, sans me dire au revoir. Pas de ça, mon ami ! Que dirait mon mari, en rentrant, s'il ne te trouvait plus là ? Non, non, reste où tu es, et laisse-moi tranquille.

Le blaireau ne se découragea pas de ce premier insuccès :

– Je comprends fort bien tes craintes, reprend-il. Tu crois que je veux m'échapper... On voit que tu ne me connais guère... Nous autres blaireaux, nous n'avons qu'une parole... Je suis pris ; c'est malheureux pour moi ; mais ce qui est fait, est fait... Je n'ai pas le moins du monde l'intention de me sauver... Je voulais seulement te rendre un service... Il te serait si facile de me lier de nouveau, et de me remettre à la même place, avant le retour de ton mari !... Il n'en aurait rien su du tout... Mais, puisque tu n'y consens pas, c'est bon. N'en parlons plus... Pile ton riz... Après tout, peu m'importe !

Tora n'était pas méchante, et ne soupçonnait point le mal chez les autres. Elle se dit qu'en définitive, cet animal pouvait être sincère, et que ce serait bien heureux, s'il consentait à piler le riz à sa place. Après quelques hésitations:

– Me promets-tu de ne pas te sauver, si je te détache ? demande-t-elle.

– Foi de blaireau, je te le jure ! répond le perfide animal.

La trop confiante femme détache le blaireau et lui passe le pilon. La bête le saisit et, avant même que la pauvre vieille ait eu le temps de pousser un cri, il lui en assène sur le crâne un coup d'une telle violence, qu'elle tombe raide morte sur le plancher de la cuisine. Le blaireau ne perd pas de temps. Il prend un coutelas, découpe en morceaux le cadavre encore chaud de sa victime, empile ces morceaux dans la marmite qui lui était réservée à lui-même, et se met à la faire bouillir. Puis, il se métamorphose. Car chacun sait que le blaireau possède l'intéressante faculté de se métamorphoser quand il lui plaît. Il prend donc l'apparence de la vieille Tora, se revêt de ses habits, s'assied sur la natte, et tout en attisant le feu, attend le retour du mari. Gombéiji est bien loin de se douter de ce qui s'est passé pendant son absence. Il quitte son champ à la tombée de la nuit et revient à la cabane, se délectant à l'avance, à la pensée du plantureux repas qui l'attend. Il trouve la fausse Tora, en train de faire bouillir la marmite :

– Tu l'as donc déjà tué ? lui dit-il en rentrant.

– Oui, répond-elle, j'ai pensé que tu aurais faim à ton retour. Tiens ! Vois comme ça sent bon !

Et, en parlant ainsi, elle soulève le couvercle. De la marmite en ébullition, s'échappe une odeur, que le vieillard ne peut s'empêcher de trouver très étrange ! Puis, il dépose ses instruments de travail, se lave les mains, s'assied devant la minuscule table où il prend ses repas, se fait servir, et commence à dévorer avec appétit. Pauvre Gombéiji ! Ne va pas si vite, et ne te délecte pas si fort ! Si tu savais ce que tu manges !... À peine a-t-il avalé la dernière bouchée, qu'il entend derrière lui un formidable éclat de rire. Il se retourne. Quelle n'est pas sa stupeur ! Sa vieille n'est plus là ! À sa place, le blaireau, qu'il avait cru manger ! Celui-ci, en effet, venait en un clin d'œil de reprendre sa forme naturelle, et riait à gorge déployée :

– Eh bien, vieux ! lui dit-il, était-elle bonne, ta vieille ? Car c'est elle que tu viens de manger ! Elle m'a détaché, la sotte ! Alors, je l'ai tuée, puis coupée en morceaux, puis je l'ai fait cuire à ma place, et tu l'as avalée ! Ah ! ah ! ah !...

Et, avant que Gombéiji ait pu revenir de sa surprise, le blaireau fit un bond vers la porte et s'enfuit de toute la vitesse de ses jambes. Le malheureux vieillard resta longtemps, bien longtemps, sans pouvoir se remettre. De désespoir, il se serait volontiers arraché les cheveux, s'il en avait eu encore.

– Pauvre Tora ! Ne cessait-il de répéter en pleurant ! C'est ta bonté qui t'a perdue !... Et moi, qui t'ai mangée !... Comment supporter le poids d'une pareille honte ?... Puis-je survivre à un tel malheur ?... Non, il ne me reste plus qu'à mourir, comme meurent les samouraïs...

Chacun sait que les samouraïs, pour sauver leur honneur, ne croyaient pouvoir mieux faire que de s'ouvrir le ventre. C'est donc à ce dernier parti que le malheureux vieillard se détermina. Il aperçoit à ses pieds le couteau de cuisine, ce même coutelas, dont le blaireau s'est servi pour couper en morceaux l'infortunée Tora. Il le saisit d'une main tremblante. Puis, tombant à genoux, il prononce la suprême prière, la formule sacrée que prononcent les héros qui se donnent la mort : *« Namu Amida butsu »*. Alors, rejetant son habit en arrière, il s'enfonce le couteau dans le ventre, et lentement, de gauche à droite, en promène la lame...

Mais, ô miracle ! Voilà qu'au même instant, la cabane s'illumine tout à coup d'une clarté mystérieuse. Une forme blanche et transparente s'approche du vieillard, étendu sans vie sur le sol... L'apparition touche la blessure de sa main diaphane... Du ventre entrouvert, pleine de vie et souriante, la vieille Tora s'échappe, et la blessure se referme... Puis, le fantôme disparaît et la lumière s'évanouit !... Les deux vieillards, revenus à la vie, se regardent... Au comble de la surprise, ils ne savent d'abord que penser et que se dire... Ils comprennent enfin que le ciel est venu à leur secours... Ils tombent à genoux, remercient les dieux, pleurent, se félicitent, s'embrassent...

Le lendemain de ce jour mémorable, les deux époux s'entretenaient ensemble sur les moyens de se venger du blaireau qui leur avait fait tant de mal. Qu'était, en effet, devenu le blaireau ? Il s'était réfugié dans sa tanière et, craignant à juste titre les représailles du vieux, il n'osait plus en sortir. Les deux époux causaient donc ensemble. Tout à coup, un bruit léger de pas se fit entendre à la porte de la cabane. Une voix très douce demanda la permission d'entrer.

C'était le lièvre, le joli lièvre blanc qui habite dans la montagne, et qui venait leur faire visite. Le lièvre n'est pas méchant comme le blaireau ! Aussi les deux époux le reçurent très poliment. Ils le firent asseoir auprès d'eux, et lui offrirent du thé. Alors le vieillard lui raconta comme quoi le blaireau avait assommé sa femme et la lui avait fait manger ; comment lui, de désespoir, s'était ouvert le ventre, qu'une divinité étant alors apparue avait rendu la vie à la vieille et guéri sa propre blessure. Ensuite il lui parla de leurs projets de vengeance, et lui demanda s'il ne connaîtrait pas un moyen de s'emparer du blaireau.

– Chers amis, répondit le lièvre, après avoir en silence écouté cet étrange récit, ne vous mettez pas en peine. Vous voulez une vengeance ? Vous l'aurez. Et c'est moi-même qui m'en charge. Foi de lièvre, vous n'attendrez pas longtemps !

Là-dessus tous les trois se firent les saluts d'usage ; le lièvre prit congé de ses amis et retourna dans son gîte, pour ruminer son plan. Le blaireau, dans son terrier, s'ennuyait à mourir. À quelque temps de là, le lièvre vint le voir :

– Camarade, lui dit-il en entrant, que se passe-t-il donc ? On ne te voit plus dans les champs. Serais-tu par hasard malade ?

Le blaireau ne voulut pas expliquer à son visiteur le vrai motif pour lequel il se tenait caché, et lui répondit qu'en effet, il se sentait un peu malade.

– Mon cher, repartit alors le lièvre, ce n'est pas en restant ainsi enfermé que tu te guériras. Regarde quel temps splendide nous avons aujourd'hui ! Voyons ! Ne viens-tu pas faire avec moi un tour de promenade ? Nous irons à la montagne où nous ramasserons du menu bois.

Le blaireau, d'un côté, s'ennuyait à mourir. De l'autre, il n'avait aucun motif de soupçonner le joli lièvre blanc de lui vouloir du mal. Ce fut donc sans hésiter qu'il accepta la proposition. Ils partent bras dessus bras dessous, s'en vont dans la montagne, ramassent de menus branchages, en font des fagots et se les attachent mutuellement sur le dos. Puis, ils se disposent à redescendre. Le lièvre avait apporté un briquet : car le lièvre avait son plan. Profitant d'un moment où son compagnon est distrait, il passe doucement, derrière lui, bat le briquet pour en tirer du feu : « Katchikatchi », fait le briquet. Le blaireau entend, et sans se retourner :

– Lièvre, demande-t-il, qu'est-ce qui a fait « Katchikatchi » derrière moi ?

– Ce n'est rien, répond l'autre. La montagne où nous sommes s'appelle Katchikatchi ; c'est son nom que tu as cru entendre !

Tout en parlant ainsi, le lièvre a mis le feu au fagot du blaireau. La flamme en crépitant fait « Ka-pika ». Le blaireau demande encore :

– Qu'est-ce qui a fait « Ka-pika » derrière moi ?

– Oh ! Ce n'est rien, répond le lièvre. La montagne où nous sommes s'appelle aussi Ka-pika ; c'est son nom que tu as cru entendre !

Le fagot brûlait... La flamme atteignit bientôt les poils du blaireau. À la première sensation de la douleur, celui-ci poussa un cri d'effroi ! Puis, la souffrance devenant de plus en plus cuisante, il se roula sur le sol, avec des contorsions horribles ; enfin, n'en pouvant plus, il se précipita au bas de la montagne, et s'enfuit dans sa tanière, où il passa la nuit dans d'affreuses tortures. Le lendemain matin, le lièvre vint lui faire une seconde visite :

– Camarade, lui dit-il, avec une tendresse feinte, il t'est survenu hier une aventure fort désagréable ! J'ai eu pitié de toi. Je suis allé trouver un pharmacien de mes amis. Il m'a remis ce remède. Bois-le ce soir, avant de t'endormir, et demain tes souffrances auront complètement disparu.

Et il lui tendit une petite fiole, laquelle contenait un poison très violent, qu'il avait lui-même préparé avec des herbes de la montagne. Le blaireau, qui ne soupçonnait pas son ami d'avoir à son égard de mauvaises intentions, accepta sans méfiance aucune le soi-disant remède. Le lièvre lui souhaita alors bonne chance, et le saluant profondément, retourna dans son gîte, jouissant en son cœur du succès de sa ruse. Le blaireau avala le poison. Aussitôt il éprouva dans tout son corps une brûlure épouvantable. Il se tordit comme un ver, au milieu d'atroces souffrances et se mit à pousser des cris déchirants. Le lendemain, à l'aurore, le lièvre vint voir si le blaireau était mort. Celui-ci n'était pas mort encore, car les blaireaux ont la vie dure. Il était couché et souffrait horriblement. Le lièvre jugea alors que l'occasion était on ne peut plus favorable pour assouvir sa vengeance :

– Blaireau, lui cria-t-il, tu te souviens sans doute de la vieille Tora, que tu as assommée et fait manger à son mari. Eh bien, apprends que les dieux punissent toujours le crime. C'est moi qu'ils ont choisi comme instrument de leur vengeance. C'est moi qui ai mis le feu à ton fagot de bois au mont Katchikatchi. Ce remède que je t'ai apporté hier est un violent poison que je t'avais moi-même préparé pour te faire mourir. Meurs donc ! Et que Gombéiji et Tora soient vengés !

Et saisissant une grosse pierre, il en assomma le blaireau, qui ne tarda pas à rendre le dernier soupir...

Le lièvre, après avoir accompli sa mission, se rendit de ce pas chez le vieux et la vieille qui l'attendaient dans leur cabane. Il leur raconta dans tous les détails l'histoire de la vengeance. Les braves gens furent bien heureux d'apprendre la mort de leur ennemi. Grande fut leur reconnaissance à l'égard du joli lièvre blanc qui les avait vengés. Ils l'adoptèrent pour leur fils, l'appelèrent Usagidono, l'aimèrent et le traitèrent bien. Le lièvre commença dès lors à leur rendre toutes sortes de services.

La veuve du blaireau vivait, avec ses deux enfants, dans une bien misérable condition. Tous les animaux de la montagne savaient ce qui s'était passé. On racontait partout, le soir à la veillée, les méfaits du blaireau, le secours inespéré du ciel, la vengeance du lièvre blanc. Ce dernier était porté aux nues, tandis que la conduite du premier était l'objet des appréciations les plus malveillantes. Aussi, point n'existait-il de pitié pour la veuve et ses deux fils. Les pauvres déshérités ne pouvaient plus paraître en plein jour ; dès qu'on les apercevait, c'était à qui les insulterait davantage. On leur jetait des pierres, les chiens aboyaient après eux, les loups les poursuivaient, les lièvres eux-mêmes riaient à leur passage. L'aîné des deux enfants portait le nom de Tanukitaro ; son frère s'appelait Yamajiro. Ils n'étaient pas méchants comme l'avait été leur père. Mais la situation dans laquelle ils vivaient était intolérable et, de tout cœur, ils haïssaient le joli lièvre blanc, qui avait tué leur père et les avait réduits à cette existence malheureuse. Un des devoirs les plus sacrés de la piété filiale leur ordonnait de venger la mort de leur pauvre père. Ils décidèrent, en conséquence, de faire mourir son meurtrier. Mais ils savaient que ce dernier n'était point lâche ni poltron, comme le sont, en général, tous ceux de son espèce. Ils jugèrent prudent de s'exercer d'abord au maniement des armes. Voilà pourquoi, toutes les nuits, les deux frères passaient plusieurs heures à faire de l'escrime, sur le devant de leur tanière. Yamajiro, quoique plus jeune, fit des progrès beaucoup plus rapides que son frère, car il était plus intelligent que l'aîné, chose que l'on rencontre assez souvent chez les bêtes. Il était aussi plus robuste et plus habile...

Pendant que les deux jeunes blaireaux se préparaient de la sorte à accomplir leur vengeance, le joli lièvre blanc habitait, comme nous l'avons dit, la cabane de Gombéiji. Sa renommée avait pris des proportions colossales. Tous les animaux le respectaient et le saluaient au passage. L'armée des lièvres l'avait nommé son général en chef. Lui, toujours humble au milieu des honneurs, bon et serviable, rendait à Gombéiji et à Tora toutes sortes de bons offices. C'était lui qui puisait l'eau du puits, faisait la cuisine, lavait la vaisselle, présentait le thé et le tabac aux visiteurs.

On était arrivé au quinzième jour du huitième mois. Or, c'est la nuit de ce quinzième jour que les lièvres célèbrent leur fête patronale. Cette nuit-là, en effet, la lune, leur patronne et leur protectrice se montre dans tout son plein, et dans tout son éclat, au milieu d'un ciel d'une parfaite pureté.

La tribu des lièvres se réunit donc chaque année en cette belle nuit pour festoyer, danser et boire. Cette année-là, la veille du grand jour, Usagidono, à force d'instances, avait obtenu de ses vieux maîtres la promesse de l'accompagner à cette réunion qu'il devait présider lui-même. Ils allaient se mettre au lit, quand ils entendirent les pas d'un visiteur. C'était un lièvre tout jeune. Il pénétra dans la cabane, salua profondément le général en chef, et lui parla en ces termes :

– Excusez-moi de venir vous déranger à une heure aussi tardive. Il s'agit d'une affaire de la dernière importance. Je viens vous supplier de ne pas vous rendre à la réunion de demain soir. Voici pourquoi : les deux jeunes blaireaux, dont le malfaisant père a péri sous vos coups, veulent profiter de la fête pour vous faire un mauvais parti. Ils ne parlent de rien moins que de vous mettre à mort. Ma mère tient la chose d'une belette, amie de la famille. Il paraît aussi que, depuis plusieurs jours, les deux frères s'exercent au maniement des armes, et que Yamajiro, le cadet, y est devenu d'une habileté rare. Vous connaissez le proverbe qui dit : Le véritable héros ne s'expose pas au danger.

Quand le visiteur eut fini de parler, Usagidono répondit :

– Tu es vraiment bien aimable d'être venu me prévenir, et je te remercie de cette preuve d'affection, mais je suis résolu à ne point tenir compte du danger dont tu me parles. Depuis longtemps, je le sais, les deux fils du blaireau complotent ma mort. Quoi de plus juste et de plus naturel ? N'ont-ils pas le devoir de venger leur père ? Chacun son tour en ce monde. Je m'étais figuré que mes deux ennemis, profitant de la faculté de se métamorphoser que leur a octroyée la nature, useraient de ruse pour me tuer à l'improviste. Il paraît qu'ils renoncent à employer ce déloyal stratagème, ils veulent se mesurer avec moi à face découverte. Je les admire et les estime. Je serai heureux de mourir de la main de ces deux braves. Bien loin donc de les fuir, je veux aller moi-même au-devant de leurs coups.

Ainsi parla le joli lièvre blanc. Le vieux Gombéiji l'avait écouté en silence. Puis, il prit à son tour la parole :

– Mon cher enfant, dit-il à son fils adoptif, ce que tu viens de dire est raisonnable, et je ne puis que t'approuver. Laisse-moi cependant te faire une remarque. Tu vas mourir, dis-tu, de la main des blaireaux. Qu'arrivera-t-il après ? Il arrivera que, les lièvres qui t'ont choisi pour chef voudront à leur tour venger ta mort : ce sera également leur droit et leur devoir. Ils tueront donc les deux blaireaux. Puis, la tribu des blaireaux voudra venger la mort des deux enfants. La lutte entre lièvres et blaireaux continuera de la sorte de génération en génération, chose fort regrettable. N'y a-t-il pas un moyen de mieux arranger les choses ? Écoute. Voici à quoi je pense depuis quelques jours. Le blaireau que tu as tué était mon ennemi quand il vivait ; maintenant, il n'est plus de ce monde ; je n'ai aucune raison de lui continuer ma haine. Je songe donc à lui élever un tombeau et à faire célébrer pour lui un service solennel, auquel seraient convoquées les deux tribus des blaireaux et des lièvres. Je ferais aussi une pension à la pauvre veuve. Les deux fils reconnaissants abandonneraient sûrement leur projet de vengeance, et la paix serait rétablie.

Usagidono approuva pleinement la géniale et généreuse proposition de son maître. Il fut donc convenu que tout le monde se rendrait à la fête et que le lièvre blanc annoncerait publiquement la chose. Là-dessus, le visiteur prit congé. Gombéiji, Tora et Usagidono se couchèrent, l'âme heureuse et le cœur plein d'espérance. Le moment solennel est arrivé. De toutes les montagnes avoisinantes, les lièvres accourent par groupes joyeux. Ils se réunissent sous une vaste tente, dressée au pied d'un pin énorme et tendue de drapeaux et d'oriflammes qui battent au souffle de la brise. Les salutations d'usage terminées, le repas commence. Plusieurs centaines de lièvres sont assis, formant un immense cercle. Chacun a devant soi la minuscule table qui porte la fiole de saké, l'assiette de poisson découpé en tranches et la tasse de riz. À la place d'honneur, sur un siège plus élevé, est assis Usagidono, président de la réunion. Il a à sa droite le vieux Gombéiji, et à sa gauche la vieille Tora. Les deux jeunes blaireaux s'étaient approchés en silence, étouffant le bruit de leurs pas. Ils avaient revêtu leur costume de guerre, et portaient au côté deux sabres à la lame affilée. Ils regardèrent à travers les fentes, et aperçurent leur ennemi. Yamajiro voulut à l'instant pénétrer sous la tente et accomplir sa vengeance, mais son frère le retint :

– Attends encore, lui dit-il, en lui saisissant le bras. Tu vois bien qu'ils sont plusieurs centaines. Que pourrions-nous contre un si grand nombre ? Attends ! Ils vont boire. Bientôt ils seront ivres alors nous pourrons sans danger accomplir notre vengeance.

Les lièvres, en effet, buvaient. Les tasses de saké circulaient de main en main. Les chants d'usage allaient commencer... Tout à coup, un grand silence se fit dans la salle. Le chef s'était levé et, d'un geste solennel, il avait commandé l'attention. Tous les regards s'étaient tournés vers lui. À la porte, les deux blaireaux intrigués tendirent l'oreille :

– Chers amis, commença l'orateur, puisque nous sommes tous réunis ce soir pour fêter notre illustre patronne, je voudrais profiter de la circonstance pour vous faire une proposition que, j'en suis sûr d'avance, vous voudrez tous accepter.

Des applaudissements éclatèrent, preuve que la proposition du chef, quoiqu'inconnue encore, était assurée à l'avance d'obtenir l'assentiment universel. Le lièvre blanc raconta ensuite dans tous ses détails l'histoire du blaireau et les péripéties de sa mort. Puis il ajouta :

– Sa veuve et ses deux fils mènent aujourd'hui une existence bien malheureuse. Mis au ban de leur tribu, insultés et maudits par tous les animaux de la montagne, ils subissent un sort qu'ils n'ont pas mérité, car il n'est pas juste que les crimes du père retombent sur ses enfants. Je viens donc vous proposer une réconciliation générale, vous demander de rendre votre amitié à la pauvre veuve et à ses deux braves fils.

Ici, les applaudissements redoublèrent. Les deux blaireaux se regardent, surpris de ce langage auquel ils étaient si loin de s'attendre. Usagidono continua :

– Mon vieux maître, ici présent, veut élever une tombe à son ancien ennemi. Il désire qu'on lui fasse des funérailles solennelles. Il nous demande aussi d'organiser une souscription généreuse pour faire une pension à la veuve infortunée.

À peine ces derniers mots eurent-ils été prononcés, qu'un grand bruit se produisit du côté de la porte. Les deux blaireaux venaient de faire irruption dans la salle. Les lièvres, effrayés, se levèrent d'un mouvement commun et se massèrent autour de leur chef. Les deux frères s'étant avancés jettent au loin leurs armes et se prosternent devant Usagidono, versant des larmes abondantes. Le lièvre blanc les relève et les embrasse. Alors un frémissement d'émotion s'empare de la salle entière. Les deux blaireaux sont portés en triomphe. Une danse folle s'organise et, jusqu'à l'aurore, jusqu'à ce que la lune ait disparu derrière la montagne, ce fut une fête telle que les lièvres n'en avaient jamais eu.

Le lendemain, Usagidono promena dans la campagne la veuve du blaireau et ses deux enfants. Il leur fit faire de nombreuses connaissances et les réconcilia avec tous leurs ennemis. Les deux tribus des lièvres et des blaireaux se réunirent ensuite : on se jura de part et d'autre amitié éternelle ; puis, un cortège s'organisa et le corps du blaireau fut transporté dans la tombe que Gombéiji lui avait préparée.

Depuis ce jour, lièvres et blaireaux ont toujours vécu dans les rapports de l'harmonie la plus parfaite et de la plus étroite amitié[83].

---

[83] *La vengeance du Lièvre*, tiré de « Fables et légendes du Japon » Claudius FERRAND (1868-1930), Textes et illustrations d'après l'édition publiée à Tokyo, Quarante-deux gravures de Ferdinand RAFFIN, Paris : Librairie d'éducation nationale, 1903. Collection Picard. Bibliothèque d'éducation récréative.

➢ **INTERPRÉTATION :**

En août 2022, j'ai participé à la première édition du *talent tour,* un séminaire organisé à Paris par William DJAMEN dans le cadre de son travail sur la libération des talents et de la destinée. L'un des sujets qui ont été évoqués et qui m'ont interpellé au cours de ce séminaire était l'importance de guérir des blessures intérieures et de pardonner pour pouvoir avancer dans notre destinée. La vie n'est pas un long fleuve tranquille, nous le savons tous. Dans le chapitre précédent, j'ai utilisé l'histoire de Zadig pour expliquer le fait que nous avons tous une destinée, une œuvre que nous devons accomplir et que nous devons chercher à découvrir. Mais, bien souvent, le chemin pour la découvrir est semé d'obstacles que nous créons nous-mêmes parfois sans nous en rendre compte et qui subtilisent l'énergie que nous devrions consacrer à l'accomplissement de notre destinée. Tous autant que nous sommes, nous faisons face souvent même de façon quotidienne à des situations qui nous blessent, nous frustrent, nous offensent. Pour beaucoup, ce sont des évènements douloureux qui ont bouleversé leurs vies de manière définitive. La plupart de ces situations peuvent subvenir suite à l'action consciente ou non d'une ou de plusieurs personnes et nous nous retrouvons parfois confrontés au dilemme de faire le choix de pardonner ou pas. Personnellement, je me suis toujours posé beaucoup de questions par rapport au pardon et en cherchant des réponses, je me suis rendu compte, une fois de plus, que c'est une notion que nous ne cernons pas de manière claire autrement il nous serait peut-être plus facile de l'appliquer. L'histoire de la vengeance du lièvre est une tentative d'illustration de réalités - certaines plus dramatiques que d'autres - auxquelles nous sommes tous confrontés à un moment ou à un autre de la vie. Quand j'ai commencé à rédiger mon analyse, j'avais une vision des choses assez modérée jusqu'à ce que je fasse une découverte inattendue. Je vais essayer d'y aller étape par étape en espérant, in fine, pouvoir vous convaincre d'adopter une vision radicalement différente du pardon à partir d'aujourd'hui.

I- <u>LA PROBLÉMATIQUE DES SITUATIONS INJUSTES</u> :

Tout comme le vieux Gombéiji et la vieille Tora, beaucoup de gens recherchent une existence paisible et font même de leur mieux pour ne nuire à personne. Malheureusement, ceci n'empêche pas parfois le méchant blaireau de venir causer des ravages dans leur vie. Dans beaucoup de familles, des enfants qui n'ont rien demandé naissent et se retrouvent à porter le poids des erreurs de leurs parents quand ce ne sont pas des traitements injustes induits par des traditions familiales obscurantistes ou des cœurs pervers. Des gens vivent des expériences traumatisantes souvent causées par quelqu'un qui leur est proche ou tout au moins en qui ils avaient confiance. Dans la plupart des cas, les gens peuvent être conscients des torts qu'ils causent mais persévérer quand même en pensant réellement qu'ils ont raison d'agir ainsi :

1- soit par manque d'éducation, de morale et de savoir-vivre (donc l'ignorance bien qu'elle ne soit pas toujours excusable et de toute façon on en paye quand même les conséquences),

2- soit parce qu'elles ont changé suite à une blessure émotionnelle ou un traumatisme,

3- soit encore parce qu'elles ont grandi ou côtoyé plus ou moins longtemps un milieu qui leur a appris à voir la vie d'une certaine façon et à considérer comme normal ce qui ne l'est pas en réalité,
4- soit enfin, à cause d'une déformation mentale causée par des troubles psychiatriques[84].

Leur hostilité envers nous n'est pas toujours affichée. On ne peut pas toujours les identifier clairement comme des ennemis - ce qui, en toute franchise serait préférable – car certaines se fondent dans notre entourage et dissimulent leurs pensées derrière le sourire sardonique du Joker[85]. Ces

---

[84] Un trouble psychiatrique (ou trouble psychique ou trouble mental), désigne un ensemble de troubles psychologiques, dont les origines peuvent être très différentes, entraînant des difficultés, des souffrances et des troubles du comportement. Le trouble psychiatrique regroupe un vaste ensemble de symptômes qui se caractérisent généralement par une combinaison de pensées, d'émotions, de comportements et de rapports avec autrui difficiles et douloureux dans la vie quotidienne :

- La dépression, les addictions, l'anxiété et les phobies, les troubles de comportement alimentaires, les psychoses (dont la schizophrénie), le trouble bipolaire ou la personnalité borderline sont des exemples de troubles psychiatriques.

Le diagnostic est posé par des médecins dont les psychiatres ou médecins spécialistes du trouble psychiatrique, avec de nombreuses méthodes fondées sur des questionnaires ou des observations. La plupart des troubles psychiatriques peuvent être traités par des traitements psychothérapeutiques ou médicamenteux. Les troubles psychiatriques peuvent être causés par de multiples facteurs et toucher tous les sexes et tous les âges. Les facteurs peuvent être psychologiques, génétiques, physiques ou environnementaux. C'est le modèle « bio-psycho-social ». Certains événements tels qu'une séparation, un décès, une enfance difficile, des antécédents familiaux, ou des difficultés économiques représentent des facteurs de risque de trouble psychiatrique.

[85] Le Joker est un personnage de fiction américain, super-vilain des comic books de DC Comics. Créé par Jerry ROBINSON, Bill FINGER et Bob KANE, il apparaît initialement dans Batman N° 1, au printemps 1940.

personnes sont en quelque sorte les blaireaux de nos vies. Alors qu'il était conscient qu'il méritait de payer pour le mal qu'il avait fait au couple de vieillards, le blaireau, non content d'utiliser la ruse pour se défaire des liens dont la mansuétude de la vieille Tora l'avait délivré, n'a pas hésité à la tuer et à la faire manger par son propre mari, au lieu de s'enfuir tout simplement ou mieux, de faire amende honorable en trouvant un moyen de négocier la paix avec le couple. Avouez qu'il faut être animé d'une cruauté particulière pour agir ainsi. Eh bien de telles personnes existent également dans notre quotidien. Ce n'est pas parce que nous sommes des animaux doués de raison et de conscience que nos comportements sont toujours guidés par ces dernières ; je pense d'ailleurs vous l'avoir démontré dans les chapitres précédents. Vous penserez peut-être que la vieille Tora a été trop naïve pour croire que le blaireau tiendrait parole et que c'est ce qui lui a valu son sort. À sa place, vous n'auriez jamais fait pareil direz-vous. N'en soyez pas si sûrs ! Parfois, un regard extérieur nous amène à juger des situations jusqu'à ce qu'on se retrouve confronté à la réalité des faits, et alors on se surprend à constater que notre attitude n'est plus la même. Toutefois, il y a une chose qu'il faudrait quand même retenir : c'est qu'il faut apprendre à tester les gens de plusieurs manières avant d'accorder sa confiance au risque d'en subir les conséquences. Car comme le disait si bien Machiavel, *« celui qui veut en tout et partout se montrer homme de bien, ne peut manquer de périr au milieu de tant de méchants »*[86].

Connu comme étant l'ennemi juré de Batman, le Joker a été responsable de la plupart des histoires qui définissent ce personnage.

[86] Nicholas MACHIAVEL, *Le Prince,* 1532

Quand nous sommes atteints dans notre âme, les premiers sentiments qui nous animent sont la colère, la haine et le désir de voir l'autre souffrir au moins autant qu'on a souffert. À ce moment, plusieurs dangers nous guettent. Selon notre niveau de réflexion voire même l'état de notre santé mentale, on peut choisir de ne diriger son ressentiment que contre celui ou ceux qui nous ont fait du mal, ou alors on y inclut aussi toutes les personnes ayant un trait commun avec notre cible (le sexe, la nationalité, la race, la profession, le groupe d'appartenance etc.) ou pire, on ajoute à ces deux catégories si elles existent, les personnes qui ne nous ont rien fait mais jouissent du bonheur dont nous avons été privés. On devient envieux, jaloux, aigris ne comprenant pas que c'est nous-mêmes qui en réalité nous maintenons dans notre condition.

Lorsque le blaireau a été puni pour ses crimes, sa famille qui n'avait rien à voir avec cette histoire s'est retrouvée ostracisée, mise à l'écart, continuant en quelque sorte à expier les péchés du père. Beaucoup de gens se retrouvent à souffrir injustement pour des torts qu'ils n'ont pas causés. Cela crée en eux du ressentiment et l'envie de se venger comme ont voulu le faire les fils du blaireau. Le lièvre, conscient de la situation a failli commettre une erreur malgré sa sagesse, erreur qui n'aurait fait qu'envenimer les choses en permettant au cycle de la haine de continuer. Je tiens quand même à vous faire remarquer que le lièvre a été certes indigné quand il a pris connaissance des actes du blaireau mais n'a jamais nourri de haine contre lui, même lorsqu'il lui fit payer pour ses crimes. L'histoire s'est bien terminée parce que, d'une part, ceux qui étaient en position de force ont tendu une main sincère à des personnes qu'elles auraient pu ignorer et d'autre part, parce que les personnes offensées malgré leur ressentiment n'avaient pas un mauvais cœur et aspiraient elles-aussi à la paix. Mais, dans la vraie vie cela ne se passe pas souvent comme cela. Nous pouvons nourrir des rancœurs contre des personnes qui nous ont offensé sans même qu'elles soient au courant ou pire, elles sont conscientes de l'offense mais ne s'excuseront jamais. Que faire dans ce cas ? Il peut arriver que nous ayons raison et même que notre méfiance ou hostilité vis-à-vis de quelqu'un soit justifiée. Mais, il y un adage qui dit qu'on peut avoir raison ou qu'on peut avoir la paix mais pas les deux. Si au fond de nous, nous savons qu'il existe une possibilité de faire la paix et que nous faisons le premier pas, cela démontre une grande maturité. Cela dépendra aussi de l'importance que nous accordons à la relation.

Je ferai quand même une nuance. Il existe des situations où on doit pardonner mais où la réconciliation n'est pas possible. Dans certains cas, pardonner ne veut pas forcément dire renouer des liens d'amitié et de confiance soit parce que nous ne sommes pas compatibles au niveau du caractère, des valeurs, de la manière de penser ou des objectifs de vie ; soit parce qu'on a affaire à des personnes qui seront prêtes à nous poignarder autant de fois qu'on leur en donnera l'occasion. Il peut nous arriver de croiser la route d'ennemis irréductibles dont le seul but semble être de nous anéantir pour diverses raisons. Dans ce cas, la meilleure attitude à adopter est de bannir ces personnes de notre environnement. Si toutefois, on ne peut pas éviter l'affrontement avec de telles personnes, il faut se résoudre à partir en guerre et à écraser l'ennemi aussi complètement qu'il le ferait. Comprenons-nous bien, il ne s'agit pas d'entretenir des sentiments de haine mais simplement de se défendre. Ce schéma est valable pour ceux qui se retrouvent contraints de mener des batailles spirituelles dans le cadre de leur foi. Cela s'applique également dans le quotidien quand nous faisons face à des personnes qui menacent notre intégrité physique jusqu'à l'extrême ou qui cherchent à ternir injustement et définitivement notre image en usant de stratagèmes pernicieux.

Illustration : Le Laboureur Et Le Serpent Qui Lui Avait Tué Son Fils

Un serpent, s'étant approché en rampant de l'enfant d'un laboureur, l'avait tué. Le laboureur en ressentit une terrible douleur ; aussi, prenant une hache, il alla se mettre aux aguets près du trou du serpent, prêt à le frapper, aussitôt qu'il sortirait. Le serpent ayant passé la tête dehors, le laboureur abattit sa hache, mais le manqua et fendit en deux le roc voisin. Dans la suite craignant la vengeance du serpent, il l'engagea à se réconcilier avec lui ; mais le serpent répondit : *« Nous ne pouvons plus nourrir de bons sentiments, ni moi pour toi, quand je vois l'entaille du rocher, ni toi pour moi, quand tu regardes le tombeau de ton enfant. »*
Cette fable montre que les grandes haines ne se prêtent guère à des réconciliations.[87]

[87] Le Laboureur Et Le Serpent Qui Lui Avait Tué Son Fils, fable N° 81, Esope, *Esope : Œuvres complètes : Les 358 fables et annexes* (French Edition)

Mais même dans ces cas, il est important de pardonner afin d'être en paix avec soi-même. Vous vous dites sûrement : *« ça c'est facile à dire ! »* Rassurez-vous, je pense la même chose. D'une manière générale, **si nous éprouvons des difficultés à pardonner c'est parce que nous ignorons d'une part, ce que le pardon implique et d'autre part, pourquoi nous devons pardonner.**

II- QU'EST-CE DONC QUE LE PARDON ?

Dans son livre, *Le pouvoir du pardon radical*, Colin TIPPING (1941-2019)[88] fait une distinction entre ce qu'il appelle le pardon ordinaire (qui est la forme de pardon que nous essayons d'utiliser habituellement) et le pardon total (qui est une forme plus profonde se rapprochant de la conception du pardon au sens divin du terme). Quand on essaie d'utiliser le pardon ordinaire, la volonté de pardonner est présente, ainsi que le besoin résiduel de condamner. Par conséquent, la conscience de victime est maintenue et rien ne change. Par contre, avec le pardon total, la volonté de pardonner est présente, mais PAS le besoin de condamner. Par conséquent, la conscience de victime disparaît et tout change.

---

[88] Né en 1941 en Angleterre, et ayant émigré aux USA en 1984, Colin C. TIPPING est l'un des leaders de l'enseignement du pardon dans le monde anglo-saxon, dont l'œuvre a notamment été saluée par des auteurs tels que John BRADSHAW, Caroline MYSS, Neale Donald WALSCH et Gregg BRADEN. Il est l'auteur de nombreux livres dont le best-seller, *Le pouvoir du pardon radical.* Avec sa femme, Joanna, ils ont formé plusieurs coachs du pardon aux Etats-Unis, en Europe et en Australie.

Tout d'abord, il a commencé par dresser une liste de ce qu'il appelle des pseudo-pardons. Ce sont des situations manquant d'authenticité et qui correspondent habituellement à des jugements soigneusement enrobés et à du ressentiment dissimulé, déguisé en pardon. La volonté de pardonner n'est pas là et, loin de diminuer la conscience de victime, elles l'agrandissent en réalité. La différence entre le pseudo-pardon et le pardon ordinaire n'est pas toujours facile à déterminer :

1- Pardonner par sentiment d'obligation : ce pardon-là n'est pas du tout authentique, pourtant beaucoup d'entre nous pardonnent avec ce sentiment. Nous pensons que le pardon est l'acte juste voire même spirituel à accomplir. Nous pensons que nous devrions pardonner sans vraiment intégrer pourquoi.

2- Pardonner par sentiment de droiture : il s'agit là de l'antithèse du pardon. Si vous pardonnez à quelqu'un parce que vous pensez que vous avez raison et que la personne est stupide, ou parce que vous la plaignez, il s'agit là de pure arrogance.

3- Accorder son pardon : il s'agit là d'une illusion pure. Nous ne possédons pas le pouvoir d'accorder le pardon à quiconque. Lorsque nous accordons le pardon, nous jouons à Dieu. Le pardon n'est pas quelque chose que nous contrôlons, il se produit simplement lorsque nous le décidons.

4- Faire semblant de pardonner : lorsqu'on fait semblant de ne pas être en colère alors qu'en fait nous le sommes, cela donne une opportunité de moins de pardonner que d'ignorer sa colère. Cela représente une forme d'invalidation de soi. Lorsque l'on fait cela, nous permettons à autrui de nous traiter, comme le dit l'expression, comme un paillasson. Une telle attitude a généralement pour origine la peur de ne pas pardonner, d'être abandonné ou la croyance que le fait d'exprimer sa colère est inacceptable.

5- Pardonner et oublier : cela crée simplement un refus de voir la situation. Chercher à oublier une situation ne veut pas forcément dire qu'on a véritablement pardonné. Dans la plupart des cas, c'est un refoulement de sentiments qui a lieu ; sentiments qui remonteront à la surface, à l'occasion d'une énième offense et que vous exprimerez à votre corps défendant, telles des vapeurs qui s'échappent d'une cocotte-minute. Les sages pardonnent mais n'oublient pas. Ils font l'effort d'apprécier le cadeau inhérent à la situation et de se rappeler la leçon que celle-ci leur a enseignée.

6- Faire des excuses : lorsque nous pardonnons, nous le faisons souvent en nous expliquant ou en faisant des excuses à la personne à qui nous pardonnons. Par exemple, nous pourrions dire : *« Mon père m'a maltraité parce que lui-même avait été maltraité par ses parents. Il a fait de son mieux. »* Le pardon devrait consister en un lâcher prise du passé et un refus d'être contrôlé par celui-ci. Si une explication aide à lâcher prise, elle peut alors être utile, bien qu'une explication n'enlève pas l'idée que quelque chose de mal s'est produit. Par conséquent, au mieux il ne peut s'agir que de pardon traditionnel. Il possède également une certaine vertu pouvant masquer une colère. À l'inverse, la compréhension des agissements d'une personne et l'empathie envers celle-ci nous relient à nouveau à notre propre imperfection et ouvrent la porte à la compassion et à la miséricorde, nous menant à une vibration plus élevée que le pardon traditionnel, mais n'étant toujours pas au niveau du pardon total.

7- Pardonner à la personne, mais ne pas excuser son comportement : cette approche largement intellectuelle n'est probablement qu'une mascarade de pardon, car elle reste dans le jugement et l'autosatisfaction. Elle pose également des problèmes pratiques et sémantiques. Comment séparer un meurtrier ou un violeur de l'acte qu'il a commis ? Ce dernier aspect pose la question de la responsabilité.

Il est important de comprendre que le pardon ne nous dégage pas de la responsabilité de nos actes. Nous vivons dans un monde gouverné à la fois par des lois physiques et des lois créées par l'homme, et en tant que tels il est nécessaire que nous rendions compte de toutes nos actions. Lorsque nous créons des circonstances qui font du tort à autrui, nous devons accepter qu'il y ait des conséquences à de telles actions. Le fait de subir les conséquences de nos actions, en allant par exemple en prison, en recevant une amende, en ayant honte ou en étant condamné, fait partie intégrante de la leçon et s'accorde parfaitement avec l'ordre divin. Ceci s'applique dans le cas où nous serions fautifs. À contrario, dans une situation où quelqu'un nous a fait du tort et où la réaction normale devrait être de chercher justice devant les tribunaux, une personne qui pardonne devrait-elle réellement accomplir ce type d'action ? Même si nous pourrions choisir de ne pas le faire, la réponse est oui. Nous vivons dans le monde physique qui opère selon les paramètres de la loi de la cause et de l'effet. À chaque action correspond une réaction égale. Quand on était enfant, on nous a appris très tôt que nos actions ont des conséquences. Si l'on ne nous tenait jamais responsables de nos actions, le pardon n'aurait ni sens, ni valeur. Si nous n'avions aucune responsabilité, ce serait comme si quoi que nous fassions, cela n'aurait aucune importance. Une telle action ou attitude ne génère absolument aucune compassion. Il est donc légitime de chercher à rendre autrui responsables de ses actions, mais cela doit se faire en respectant les lois établies. Il n'est donc nullement question de vengeance. De plus, quand nous exigeons justice, cela ne doit pas être avec haine et ressentiment (même si je conçois que ce n'est pas toujours évident, rappelez-vous du lièvre dans l'histoire). Pour ce faire, nous devons adresser des prières bienveillantes à Dieu pour nous-mêmes afin d'avoir l'état d'esprit qu'il faut, mais aussi pour celui ou ceux que nous avons en face.

Ici, j'imagine ce que vous pourriez être en train de vous dire. Je viens de mettre un grand coup de pied dans la fourmilière : *« Mais la justice n'est pas toujours équitable, souvent même elle protège les coupables ; combien de fois n'a-t-on pas vu des personnes ayant un certain statut commettre des crimes flagrants mais s'en sortir avec l'équivalent d'une tape sur les doigts ? Le monde est injuste, parfois on veut faire confiance au système mais on est déçu ; certaines personnes donnent l'impression d'être intouchables à cause de leur position, comment ne pas avoir la haine contre elles et ne pas se venger si l'occasion nous est donnée ».*

Je vais même enfoncer le clou. Au cours de mes recherches, je suis tombé sur un fait historique assez outrant je dois dire. En 1968, le haut magistrat Eduard DREHER devient chef du département de la justice criminelle au ministère de la Justice de la République Fédérale d'Allemagne (RFA). Sous le Troisième Reich, il avait été un procureur public très zélé à la Cour spéciale d'Innsbruck. DREHER a conçu une loi, votée à l'unanimité au Bundestag à l'automne 1968 comme un texte purement administratif, dans laquelle il insère au paragraphe 50 quelques lignes à propos des *« complices de meurtres pour lesquels les mobiles ne peuvent être prouvés »*. Par exemple, des nazis ayant tué des Juifs, mais pour lesquels il est impossible de prouver que leurs actes ont été motivés par une haine raciale personnelle et explicite. Cette nouvelle disposition stipule que ces complices de meurtre ne sont plus punis pour meurtre, mais uniquement pour « homicide involontaire », ce qui a des conséquences graves puisque cet acte est prescrit au bout de vingt ans. Autrement dit, l'astuce de la loi DREHER consistait à permettre à l'essentiel des crimes commis par les nazis d'être considérés comme prescrits en 1968, plaçant ainsi les auteurs à l'abri de toute poursuite judiciaire. Ce fait a d'ailleurs inspiré le film, *L'Affaire Collini* - adapté au cinéma par Marco KREUZPAINTNER - paru en 2019 sur la base du roman du même nom de Ferdinand Von SCHIRACH, devenu l'un des best-sellers de la littérature allemande récente. Fabrizio COLLINI, un immigré italien de près de 70 ans, assassine sauvagement Hans MEYER, un puissant industriel de la bonne société allemande, âgé de 80 ans, dans la chambre d'un hôtel chic de Berlin. L'homme se livre ensuite à la police mais se mure dans le silence sur les raisons qui ont motivé son acte. Un jeune avocat commis d'office trouve là sa première affaire. Il se lance dans le travail, épluchant des dossiers quasi vides, devant des collègues goguenards se demandant pourquoi le blanc-bec, s'investit tant dans une cause perdue d'avance (en effet, il apparaissait certain que la sentence serait la peine de mort). Certes, il connaissait la victime, dont il était un jeune protégé en tant que meilleur ami de son petit-fils, mort brutalement en pleine jeunesse dans un accident de voiture. Et surtout, l'affaire l'intrigue car le meurtre a été perpétré à l'aide d'une arme de guerre relativement rare, un pistolet d'officier de la Wehrmacht durant la Seconde Guerre mondiale. À force de creuser, le passé (nazi) d'Hans MEYER et ses crimes de guerre, alors qu'il commandait un régiment battant en retraite dans le centre et le nord de l'Italie à la fin de la guerre, refait surface. Fabrizio COLLINI était un enfant à l'époque et Hans MEYER avait volontairement exécuté son père ainsi que plusieurs autres civils sans défense sous ses yeux. La victime se change soudain en bourreau, et l'assassin en victime de l'histoire. Ce dernier a préféré se faire justice étant donné que la loi DREHER avait rendu impossible le recours à un tribunal. Qu'auriez-vous fait à sa place ? Et surtout, qu'auriez-vous fait à la place de l'avocat ? Accepteriez-vous de rétablir la vérité au nom de la justice et de ternir ainsi la mémoire d'une personne qui a été un père et un mentor pour vous à tous points de vue ? Lui pardonneriez-vous ?

Le plus drôle dans tout ça, c'est que la méthode du pardon total développée par Colin TIPPING, nous apprend à réaliser que malgré l'évidence du contraire, rien de négatif ne se produit et il n'y a rien à changer. Le principe qui se situe au cœur du pardon total est que, **sans exception, tout ce qui nous arrive est guidé par le Divin, intentionnel et se**

produit pour notre bien le plus élevé. *« Comment cela peut-il être possible ? »* direz-vous. Vous allez comprendre.

III- <u>POURQUOI LE PARDON TOTAL</u> ?

Quand on retourne dans l'histoire de la vengeance du lièvre, la première impression qu'on a est que d'un côté nous avons des victimes (le couple de vieillard / la famille du blaireau) et de l'autre un bourreau (le blaireau / la communauté des animaux voire même le lièvre). Quand on regarde dans la vraie vie, c'est exactement de la même manière que nous voyons les choses. Quand quelque chose de fâcheux nous arrive, nous avons tendance à tomber dans le paradigme de la victime et c'est justement là que se trouve tout le problème. Dans un premier temps, j'aimerais dire qu'il est normal de se comporter de cette manière car on ne peut pas demander à une personne fraichement atteinte émotionnellement de penser autrement. Mais rappelez-vous, dans l'histoire de Zadig, l'ange Jesrad avait commis des actions qui, jugées selon les apparences, seraient qualifiées d'injustice ou de folie. Mais lorsqu'il expliqua par la suite la réalité qui se cachait derrière ces actions, tout devint subitement plus clair et on se rendait compte qu'en fait rien d'injuste ne se passait. Notre problème est que nous ne cherchons pas à découvrir, au-delà de notre souffrance, l'enseignement qui se cache derrière la situation apparente. Je peux comprendre que l'idée ne soit pas facile à accepter pour tout le monde mais chaque mauvaise expérience que nous faisons porte en elle le signe que nous devons régler ou comprendre quelque chose dans notre vie afin de grandir. Tant que nous n'aurons pas réglé ou compris cette chose, nous continuerons de vivre des situations désagréables similaires.

Ici, j'imagine déjà certaines objections que j'ai d'ailleurs eues moi-même. *« Mais ce n'est pas possible ! Et dans le cas où des personnes telles que des enfants qui n'ont rien fait de mal, ni même rien demandé subissent des choses horribles ? Vous voulez dire que tout ça c'est normal ? »*. À cet égard, TIPPING a émis la réflexion suivante et je trouve, quelque part, qu'elle ne manque pas de sens : *« La question qui se pose à nous est la suivante : si nous supposons que la croissance spirituelle de l'enfant est soutenue par cette expérience, devrions-nous agir ou pas, puisqu'en interférant nous empêcherions l'âme de l'enfant d'évoluer ? Ma réponse est toujours que, en tant qu'êtres humains, nous devons faire ce qui est juste en fonction de notre conscience du moment de ce qui est juste et injuste, comme le définit la loi humaine. Nous agissons donc en conséquence tout en gardant à l'esprit que selon la loi spirituelle il ne se passe rien de mal. Ensuite, naturellement, nous intervenons. En tant qu'êtres humains, il n'est pas possible d'agir autrement. Mais notre intervention n'est ni mauvaise ni bonne car de toute façon c'est l'Esprit qui gère les choses. Mon raisonnement est le suivant : s'il était dans le plus haut intérêt de l'âme de l'enfant qu'il n'y ait pas d'intervention, l'esprit arrangerait la situation afin d'empêcher cette intervention. En d'autres termes, si je n'étais pas censé intervenir, l'esprit ferait en sorte que je n'aie pas connaissance de la situation. À l'inverse, si l'esprit me donne connaissance de la situation, je suppose que mon intervention n'est pas un problème. Finalement, ce n'est même pas moi qui décide. Cependant, lorsque j'interviens, je le fais sans jugement ni besoin de faire des reproches. J'agis simplement, en sachant que l'Univers a mis les choses en place pour une raison particulière et que la perfection se situe quelque part dans cette situation. »*

Ici, nous devons comprendre quelque chose de crucial. Nous avons souvent tendance à nous plaindre des injustices ; du comportement des gens dans la vie courante comme sur les réseaux sociaux ; des leaders politiques, religieux ou des personnes qui nous sont hiérarchiquement supérieurs dans notre travail ou dans la société. Mais, nous attendons toujours que ce soit d'autres qui agissent pour changer les choses. Nous sommes indifférents aux problèmes des autres parce que nous estimons que nous en avons suffisamment nous-mêmes, et nous voulons, dans le même temps que le monde s'améliore. N'est-ce pas un peu contradictoire ? D'après ce qu'explique TIPPING, si l'univers fait en sorte de nous mettre au courant d'une situation injuste, nous avons alors le devoir de réagir à la hauteur de ce que nous pouvons faire au lieu d'attendre que ce soit d'autres qui le fassent. Je pense que, d'une part, c'est parce que nous avons adopté cette attitude d'indifférence que certains phénomènes de société perdurent jusqu'à atteindre un niveau où l'opinion publique ne peut plus les ignorer, et c'est alors qu'on constate les vagues d'indignation sur les réseaux sociaux qui poussent finalement les autorités à réagir (ou pas). Rappelez-vous de ce que j'ai dit précédemment : **chaque mauvaise expérience que nous faisons (ou chaque mauvaise chose qui attire notre attention) porte en elle le signe que nous devons régler ou comprendre quelque chose dans notre vie afin de grandir. Tant que nous n'aurons pas réglé ou compris cette chose, nous**

continuerons de vivre des situations désagréables similaires.

D'autre part, l'univers à sa propre manière de gérer les choses qui nous échappent totalement. À la base, l'univers est divisé en deux parties que sont le monde physique que nous pouvons percevoir à travers nos cinq sens et le monde spirituel encore appelé le monde invisible ou le monde des esprits. Or ce qu'il faut savoir, c'est que le monde physique est constamment sous l'influence du monde spirituel. Dieu, qui est le créateur de ces deux mondes a également créé l'être humain à son image et pour être parfait comme lui. Par nature Dieu est esprit, cela veut donc dire que l'homme en réalité est un esprit (doté d'une âme) qui vit dans un corps physique. Même si dans nos sociétés nous avons des lois faites par des hommes, ce ne sont pas les seules qui nous dirigent. Toutes les lois de la nature que nous connaissons prennent leur source dans le spirituel. Rappelez-vous la loi de la cause et de l'effet. Toute action entraine une réaction. Étant donné que nous sommes également sous l'influence des lois spirituelles, les actes que nous posons ont également des répercussions dans le monde spirituel que nous récoltons tôt ou tard. C'est ce que certains appellent le karma. Tout ça pour vous dire qu'aucun acte ne reste impuni ou sans récompense en dépit des apparences. La justice divine qui est infaillible, incorruptible et intemporelle se charge toujours de tout même si nous ne le voyons pas. C'est la raison pour laquelle l'apôtre Paul, inspiré par l'esprit de Dieu, dans le livre de Romains encouragera les croyants au travers des paroles suivantes :

« Bénissez ceux qui vous persécutent, bénissez et ne maudissez pas.

Réjouissez-vous avec ceux qui se réjouissent ; pleurez avec ceux qui pleurent.
Ayez les mêmes sentiments les uns envers les autres.
N'aspirez pas à ce qui est élevé, mais laissez-vous attirer par ce qui est humble.
Ne soyez point sages à vos propres yeux.
Ne rendez à personne le mal pour le mal.
Recherchez ce qui est bien devant tous les hommes.
S'il est possible, autant que cela dépend de vous, soyez en paix avec tous les hommes.
Ne Vous vengez point vous-mêmes, bien-aimés, mais laissez agir la colère ; car il est écrit :
À moi la vengeance, à moi la rétribution, dit le Seigneur.
Mais si ton ennemi a faim, donne-lui à manger ; s'il a soif, donne-lui à boire ; car en agissant ainsi, ce sont des charbons ardents que tu amasseras sur sa tête. Ne te laisse pas vaincre par le mal, mais surmonte le mal par le bien. »[89]

J'irai plus loin. En réalité, ce ne sont pas les personnes par qui les situations néfastes arrivent que nous devons combattre ; en tout cas pas directement. Souvenez-vous, dans le chapitre précédent, l'ange Jesrad expliquait à Zadig que si l'esprit du malin parvient à continuer ses œuvres, c'est parce qu'il trouve des êtres humains qu'il arrive à séduire, tromper et utiliser en tant que vecteur. La justice humaine doit bien sûr s'appliquer car cela fait partie de la leçon ; nous devons récolter les conséquences de nos actes et apprendre de nos erreurs. Mais, nous devons aussi garder à l'esprit que ce n'est pas « l'objet » qu'il faut combattre mais celui qui s'en sert. Je crois d'ailleurs vous avoir expliqué ce principe en parlant

[89] Romains 12 V 14-21

de l'argent. L'apôtre Paul, toujours dans le même ordre d'idées, nous lancera cette injonction dans l'épître aux éphésiens :

« *Au reste, fortifiez-vous dans le Seigneur, et par sa force toute-puissante. Revêtez-vous de toutes les armes de Dieu, afin de pouvoir tenir ferme contre les ruses du diable. Car nous n'avons pas à lutter contre la chair et le sang* [c'est-à-dire contre les autres êtres humains], *mais contre les dominations, contre les autorités, contre les princes de ce monde de ténèbres, contre les esprits méchants dans les lieux célestes. C'est pourquoi, prenez toutes les armes de Dieu, afin de pouvoir résister dans le mauvais jour, et tenir ferme après avoir tout surmonté.* »[90]

Je comprends qu'il peut être difficile pour certains d'être réceptif à ce point de vue mais n'oublions pas que le monde spirituel ne fonctionne pas suivant la logique humaine et il serait vain, je pense, de vouloir y introduire trop de rationalité. L'idée, c'est de se montrer réceptif au fait qu'une bonne chose se cache dans toute situation imparfaite et de ce fait, on commence petit à petit à ne plus se considérer comme une victime et à ne plus en vouloir à celui ou ceux par qui la situation est arrivée.

[90] Ephésiens 6 v 10-13

IV- LE PROBLEME DES SENTIMENTS RÉPRIMÉS ET DE NOTRE PART D'OMBRE :

Lorsque nous ruminons ou réprimons des émotions négatives, ces dernières trouvent refuge dans notre subconscient et même dans le corps physique au niveau cellulaire, ce qui crée un blocage énergétique dans le corps. Si trop de temps passe avant qu'une solution ne soit trouvée, ce blocage donne naissance à des problèmes soit mentaux et émotionnels, soit physiques, soit les deux. Les émotions réprimées sont désormais reconnues par de nombreux chercheurs comme l'une des causes principales du cancer. Nous ne pouvons pas être en bonne santé si notre corps est encrassé par l'énergie du ressentiment, de la colère, de la tristesse, de la culpabilité et du chagrin. Chaque fois que nous jugeons, donnons tort à quelqu'un, faisons des reproches, projetons, réprimons notre colère, avons du ressentiment, etc., nous créons un blocage énergétique dans notre corps. Dans de nombreux cas, cela se manifeste d'abord sous forme de dépression. Finalement, notre corps tombe malade et, si les blocages ne sont pas éliminés, nous pouvons mourir. Chaque fois que nous pardonnons totalement, nous libérons d'énormes quantités d'énergie et de force de vie qui peuvent ensuite être mises à la disposition de notre guérison, de notre créativité et de l'expression du but véritable de notre vie.

D'une part, les sentiments que nous réprimons peuvent subvenir suite à des situations extérieures à nous. Un traumatisme grave, tel que la mort d'un parent, peut causer chez un individu la répression d'une émotion. De manière similaire, quelque chose qui semble insignifiant, comme une remarque critique faite à la légère et prise au sérieux, ou un événement au sujet duquel on suppose que quelqu'un est en faute, peut causer la répression des émotions. Par exemple, les enfants interprètent pratiquement toujours un divorce comme étant leur faute. Les recherches suggèrent même que les enfants se rappellent les conversations qu'avaient leurs parents alors même qu'ils étaient encore dans l'utérus. Une discussion sur une grossesse non désirée avant la naissance peut créer chez l'enfant le sentiment de ne pas être désiré et la peur d'être abandonné. De telles émotions seraient alors réprimées, même chez les enfants en très bas âge.

D'autre part, nous avons souvent coutume de dire que personne n'est parfait. Tous, nous possédons en nous une part d'ombre que souvent nous nions parce que nous en avons honte. Cette ombre représente la face cachée de nous-mêmes, la partie que nous ne voulons pas voir ni laisser voir. Cette partie de nous-mêmes sait que nous pourrions tuer un autre être humain, elle sait que nous pourrions avoir participé aux nombreux génocides qui parcourent l'histoire si nous avions du côté des bourreaux à ces époques, elle sait que nous pourrions avoir possédé et brutalisé des esclaves noirs si nous étions nés blancs à une certaine époque, elle sait que nous pourrions blesser ou violer quelqu'un, elle est avare ou cupide, pleine de rage et de vengeance. Bref, elle a d'une manière ou d'une autre un comportement déviant ou inacceptable. Nous classifions toute caractéristique nous concernant ou tout domaine de notre vie qui suscite en nous des sentiments de honte comme étant notre ombre, puis nous la réprimons. TIPPING explique que le fait de réprimer ce type d'énergie équivaut à être assis sur un volcan. En effet, nous ne savons jamais à quel moment nous serons à bout de forces, permettant ainsi à la lave (l'ombre) de jaillir et de créer le chaos dans notre monde. Kery James, une fois de plus, a brillamment décrit ce sentiment que nous éprouvons tous dans sa chanson *lettre à mon public* au travers des paroles suivantes :

J'ai honte de ne pas être celui que vous admirez,
Je ne serai jamais uniquement celui que vous espérez,
En moi y'a de l'amour,
Mais en moi y'a de la haine,
En moi y'a de la peine
Et il me reste un peu d'humour,
En moi y'a de la tendresse, mais je peux être une brute,
Dans ma bouche y'a de la sagesse mais y'a parfois des insultes,
J'aime la paix, mais j'aime aussi la résistance,
Conscient que la violence, peut être la dernière chance,
D'obtenir la paix.
Moi aussi j'ai ma part d'ombre,
Et je suis seul face à elle, quand ma part de lumière tombe,
Ma part d'ombre a peu de morale et de vertu
Ce qu'abandonne ma lumière ma part d'ombre le perpétue.
Trop exposé au plaisir de la chair,
Ma part d'ombre pourrait éteindre ma lumière,
Ma part d'ombre déteste lever le drapeau blanc,
Si ce n'est pour t'étouffer avec et le tremper dans ton sang.
Ma part d'ombre pourrait déraper, frapper, s'armer, armer,

Une arme à feu faire feu et la décharger.
Mes ennemis ignorent de quoi je suis capable,
Je suis sur les ailes de la colombe, mais mon équilibre est instable.
Y'en a trop qui prennent mon honneur pour une serpillère,
Je patiente,
Mais ma part d'ombre en attente,
A de quoi les faire taire.
T'as pas idée de ce qu'elle me murmure,
Du sang sur les murs et des larmes sur les figures.
En lutte avec moi-même comme Kamel je résiste,
Je vis avec la crainte que ma lumière se désiste.
Je vis avec la crainte qu'ils me poussent à bout,
Que je gâche tout sur un seul coup,
Leur vie et la mienne même sur un seul doute.

Cela explique pourquoi nous avons besoin de trouver un bouc émissaire sur lequel rejeter toute cette honte. Nous pouvons ainsi en être libérés, au moins de manière temporaire : c'est le mécanisme de la **projection**. Même lorsque nous réprimons les sentiments et/ou les souvenirs associés à un événement de notre vie, nous savons, à un niveau inconscient, que la honte, la culpabilité ou l'autocritique qui y sont associées restent en nous. Nous essayons alors de nous débarrasser de cette souffrance en la faisant sortir de nous et en la transférant sur quelqu'un ou quelque chose d'autre, à l'extérieur de nous-mêmes. Ce mécanisme de la projection nous permet d'oublier que ces sentiments étaient déjà enfouis en nous. Une fois que nous avons projeté ce dont nous ne voulons pas sur quelqu'un d'autre, nous attribuons à cette personne, plutôt qu'à nous-mêmes, ces défauts. Ainsi, explique TIPPING, *« si nous réprimons notre culpabilité et qu'ensuite nous la projetons, autrui devient celui qui a tort. Si nous réprimons notre colère et qu'ensuite nous la projetons, nous avons l'impression que l'autre personne est en colère. Nous pouvons accuser autrui de toutes les choses dont nous avons craint de nous accuser nous-mêmes. Il n'est pas étonnant que nous nous sentions soulagés lorsque nous projetons une émotion ! Ce faisant, nous rendons quelqu'un d'autre responsable de quelque chose de terrible qui s'est passé dans notre vie ou de ce que nous considérons comme négatif en nous-mêmes. Ensuite, nous pourrons exiger que ces personnes soient sanctionnées pour nous sentir encore plus dans notre droit et à l'abri d'une attaque. Cela explique pourquoi nous adorons regarder les informations à la télévision. Les informations nous donnent l'occasion de projeter toute notre culpabilité et notre honte sur les meurtriers, les violeurs, les politiciens corrompus et les autres personnes mauvaises que nous voyons à l'écran. Après avoir fait cela, nous pouvons aller nous coucher en nous sentant en paix avec nous-mêmes. Les informations et tous les autres programmes télévisés qui mettent en scène des personnes et des situations mauvaises nous permettent de trouver sans cesse des boucs émissaires commodes sur lesquels nous pouvons faire nos projections. »*

Lorsque vous vous surprenez à juger quelqu'un, sachez que vous êtes en train de faire une projection. La colère est le compagnon constant de la projection, car l'ego utilise cette émotion dans sa tentative de justifier la projection d'une culpabilité. Chaque fois que vous vous mettez en colère, sachez également que vous projetez votre propre culpabilité. Les aspects d'autrui que l'on trouve tellement désagréables ne sont plus qu'un reflet de cette partie de nous que nous avons rejetée et reniée en nous-mêmes (notre ombre) et projetée sur autrui à la place. Si ce n'était pas le cas, nous ne serions pas irrités. La preuve c'est que nous ne réagissons pas de la même manière au comportement de notre prochain. Même dans les films, vous remarquerez que « les méchants » trouvent toujours des personnes pour les défendre et « les gentils » trouvent toujours des personnes pour les critiquer. Cela ne veut pas dire qu'il est mal de se mettre en colère face à une situation. Le but, c'est que vous appreniez à identifier les causes profondes de votre colère car cela vous permettra ensuite de mieux calibrer votre comportement lorsque vous devrez réagir. D'après TIPPING, ce concept selon lequel **ce que nous attaquons et jugeons chez autrui est en vérité ce que nous condamnons chez nous-mêmes** constitue une idée centrale qui sous-tend le pardon total et est la clé de notre guérison au niveau de l'âme. Il continue en disant que : *« Si vous voulez savoir ce que vous n'aimez pas chez vous-même et que vous avez probablement renié, regardez simplement ce qui vous pose problème chez les personnes qui entrent dans votre vie. Regardez dans le miroir qu'elles constituent. Si vous semblez attirer beaucoup de personnes en colère dans votre vie, c'est que vous n'avez probablement pas encore géré une colère en vous. Si des personnes semblent se retenir dans leur amour envers vous, cela signifie qu'une partie de vous-même n'est pas désireuse de donner de l'amour. Si des personnes semblent vous voler, c'est qu'une partie de vous-même se comporte malhonnêtement ou se sent malhonnête. Si des personnes vous trahissent, peut-être avez-vous trahi quelqu'un par le passé. Observez également les problématiques qui vous irritent. Si vous vous mettez très en* *colère à l'évocation de l'avortement, c'est peut-être qu'une partie de vous-même fait preuve de peu de révérence envers la vie d'une autre manière, ou alors qu'une partie de vous-même sait qu'elle pourrait maltraiter un enfant. Si vous êtes fermement opposé à l'homosexualité, c'est que vous ne pouvez peut-être pas accepter la partie de vous qui parfois est enclin à l'homosexualité. (...) Lorsque nous acceptons que toutes ces émotions trouvent leur origine en nous et non pas en autrui, nous pouvons alors abandonner le besoin de se sentir victimes. (...) Ce qu'il y a de tragique est que, en tant que victimes, nous comprenons rarement cela. Nous imaginons que nous avons simplement eu la malchance de tomber sur une personne en particulier ayant un comportement nuisible. Il ne nous vient pas à l'esprit que nous avons peut-être (au niveau de l'âme) attiré la personne et la situation dans notre vie pour une raison particulière et que, si ça n'avait pas été cette personne, cela aurait été une autre. Nous faisons l'erreur de penser que s'il n'y avait pas eu cette personne, nous n'aurions pas eu ce problème. En d'autres termes, nous considérons que le problème est entièrement lié à l'autre personne, ce qui justifie alors notre haine et notre ressentiment envers elle car elle a causé notre souffrance et notre malheur ».* Vous comprenez mieux à présent ? Lorsque nous nous voyons comme des victimes, nous ne pensons qu'à en finir avec le messager et nous ratons le message. Cela explique pourquoi des personnes aujourd'hui, vont de relation en relation ou de mariage en mariage en recréant la même dynamique relationnelle chaque fois. Elles ne comprennent pas le message avec le premier partenaire, et donc elles vont en trouver un autre qui continuera (inconsciemment) d'essayer de faire passer le message que l'ancien partenaire n'avait pas réussi à véhiculer.

Je dois apporter une précision. Prendre conscience des défauts qui constituent notre part d'ombre ne veut pas dire que nous sommes de mauvaises personnes au fond de nous. Si c'était le cas, nous nous permettrions d'agir en laissant libre cours à nos déviances. Notre part d'ombre est plutôt là pour nous montrer la nature des défauts que nous devons corriger en nous et parfois même, des situations qui nécessitent notre intervention dans le monde. Dans le bouddhisme, le concept d'illumination est justement cet état de plénitude que l'être humain atteint quand il a purgé son être de toute l'ombre tapie au fond de lui. Dans la chrétienté, on parle de la nouvelle naissance par l'action du Saint-Esprit qui confère à celui qui s'abandonne à lui, un cœur nouveau et un esprit nouveau associés à des dons spirituels. Toute la difficulté consiste à d'abord reconnaitre les défauts qui constituent la part d'ombre en nous. Mais une fois qu'on y arrive, il faut ensuite chercher à identifier un problème qu'on a dans notre vie, qui est lié à cette négativité et le résoudre. Vous devrez peut-être changer vos habitudes ou améliorer votre caractère sur un point précis. Hitendra WADHWA, professeur à Columbia Business School et fondateur du Mentora Institute, a commenté une des caractéristiques qui ont fait de Martin Luther KING Jr, un grand leader et a contribué à préserver son dessein, son message et son héritage. C'était sa détermination à contrôler sa colère devant les injustices et les insultes qu'on lui jetait continuellement, et à canaliser cette colère vers des objectifs constructifs. King, disait-il, *« avait assez de raisons d'être sans cesse en butte à la provocation. Il était menacé et attaqué physiquement par des gens intolérants, a été emprisonné à de nombreuses reprises par les autorités (parfois pour de banales infractions au code de la route), harassé par le FBI et même calomnié par ses collègues leaders noirs qui préféraient des formes de résistance plus agressives. »* KING raconte lui-même, dans son autobiographie, comment il s'est admonesté. Il se disait : *« Tu ne dois pas entretenir la colère. Tu dois être prêt à souffrir la colère d'un opposant, mais sans pourtant la retourner. Tu ne dois pas devenir amer ».*

« C'est seulement en calmant sa propre colère que KING a gagné le droit de devenir le messager de la lutte non-violente pour les habitants du pays. »[91] conclura Hitendra WADHWA. Notre part d'ombre peut même renfermer des indicateurs précieux sur la nature de notre destinée. Si dans votre environnement, vous remarquez des choses qui vous énervent ou vous attristent, c'est probablement parce qu'ils entrent en résonance avec votre ombre et vous avez donc le devoir d'agir pour mettre fin à ces situations.

V- **L'IMPACT DES CROYANCES SUR NOTRE VIE** :

Certaines personnes pourraient quand même émettre des objections en disant : *« mais tu ne sais pas ce qu'il/elle m'a fait, tu ne peux pas comprendre ; tu n'as pas traversé tout ce que j'ai traversé ; qu'ai-je fais de mal pour mériter qu'on me fasse une telle chose ? Je ne peux pas pardonner ça ».* Le type de personnes que nous attirons dans notre vie

[91] Hitendra WADHWA, *the wrath of a great leader* ; http://www.inc.com/hitendra-wadhwa/great-leadership-how-martin-luther-king-jr-wrestled-with-anger.html

est fonction des croyances que nous avons et dont nous sommes inconscients la plupart du temps. Une fois qu'elles sont dans notre vie, ces personnes de manière inconsciente vont se comporter de manière à valider ces croyances. Si ces dernières nous sont bénéfiques alors les choses se passeront bien de manière générale mais dans le cas contraire les situations qui en découlent sont le signe que nous devons changer nos croyances et notre attitude au lieu de nous en prendre à notre vis-à-vis. Si vous croyez par exemple que tous les hommes sont des infidèles mais que dans le même temps vous cherchez un mariage sans infidélité, vous serez constamment déçues car vous n'attirerez que des personnes qui vous prouveront que vous avez raison. Ceci est valable dans beaucoup d'autres domaines. La loi de la cause et de l'effet est le principe fondamental qui se trouve au cœur de l'idée selon laquelle nous créons notre réalité. Toute cause doit avoir un effet, et tout effet doit avoir une cause. Puisque les pensées de l'homme sont causales par nature, chaque pensée a un effet sur le monde. En d'autres termes, nous créons par nos pensées, et de manière inconsciente pour la plupart d'entre nous, la réalité dans laquelle nous vivons. Lorsque nous entretenons notre esprit à travers des activités comme la prière ou la méditation nous pouvons créer consciemment et intentionnellement par la pensée. Cependant, la plupart du temps, nous créons tout à fait inconsciemment. Les pensées individuelles aléatoires ne contiennent pas beaucoup d'énergie et donc leur effet est relativement petit. Cependant, les pensées accompagnées de grandes quantités d'énergie, notamment s'il s'agit d'énergie émotionnelle ou créative, ont un effet beaucoup plus grand sur le monde. Parmi beaucoup d'exemples, on peut citer au plan émotionnel le fait qu'une personne avec qui nous entrons en contact après que nous ayons pensé à elle pendant un certain temps, nous dit qu'elle pensait également à nous. Ceci explique aussi que nous soyons touchés par l'énergie créatrice qui se dégage d'une chanson, une œuvre artistique, littéraire etc. Lorsqu'une pensée réunit suffisamment d'énergie pour devenir une croyance, elle a un effet encore plus grand sur notre perception du monde. Elle devient un principe qui opère dans notre vie et nous créons ensuite des effets sous forme de circonstances, situations et même d'évènements physiques qui vont dans le sens de cette croyance. Notre vie sera toujours le reflet de nos croyances. **L'acceptation du principe selon lequel la pensée est créatrice est fondamentale pour pouvoir comprendre le pardon au sens total du terme, car cela nous permet de voir comment tel ou tel évènement de notre vie représente ce que nous avons créé par notre pensée ou nos croyances.** Cela nous permet de voir que nous projetons simplement toutes nos pensées et croyances sur l'agencement du monde. Si vous voulez connaître vos croyances, observez ce que vous avez dans votre vie ou ce que vous n'avez pas. Si, par exemple, vous n'avez pas d'amour et que vous ne semblez pas capable de créer une relation amoureuse stable, examinez vos croyances quant à votre dignité ou concernant votre sentiment de sécurité vis-à-vis du sexe opposé. Bien sûr, cela ne sera peut-être pas aussi facile que cela en a l'air, car les croyances peuvent être enfouies dans les profondeurs de notre subconscient.

Cependant, TIPPING nous rassure aussi sur le fait qu'il n'est pas nécessaire que nous sachions pourquoi nous avons créé notre situation ni quelles croyances nous ont mené à sa création. Il suffit juste de considérer l'existence de cette situation comme une opportunité de la percevoir différemment, c'est-à-dire d'avoir la volonté de la considérer comme étant parfaite, pour créer le changement nécessaire dans notre perception et une guérison de la souffrance originelle. Étant donné que nous vivons dans le monde physique, nous sommes forcément limités et il n'est pas possible de connaître toutes les raisons d'une situation, car la réponse se trouve dans le monde spirituel et nous ne pouvons pas connaître grand-chose de ce monde tant que nous sommes sous une forme humaine. Tout ce que nous pouvons faire est de nous abandonner à la situation c'est-à-dire de lâcher prise.

VI- <u>PARDONNER NE NÉCESSITE PAS DE GROS EFFORTS</u> :

Une croyance erronée qui est très répandue d'ailleurs consiste à croire que pardonner nécessite un effort de volonté surhumain. Une étude intéressante concernant le pardon et le temps a été menée à l'université de Seattle. L'étude portait sur une série d'entretiens avec des personnes qui, selon leurs dires, avaient été des victimes. Les chercheurs voulaient découvrir comment cette perception changeait avec le temps. Des découvertes préliminaires ont montré que la sérénité, qui était décrite comme le fait de « ne plus avoir de ressentiment », ne se manifestait PAS par un quelconque acte de pardon, mais par une découverte soudaine qu'elles avaient pardonnée. Toutes ont indiqué que plus elles essayaient de pardonner, plus cela devenait difficile et plus elles avaient de ressentiment. Elles ont arrêté d'essayer de pardonner et ont simplement lâché prise. Étonnamment, après différents intervalles de temps, elles ont réalisé qu'elles ne portaient plus en elles de ressentiment et qu'elles avaient, en fait, pardonné. Une découverte plus récente et encore plus intéressante a révélé qu'avant de réaliser qu'elles avaient pardonné, ces personnes avaient, elles-mêmes, été pardonnées (il importait peu de savoir qui leur avait pardonné quoi). Cela indique certainement que le pardon est un changement énergétique. Ayant été pardonnées, ce qui avait créé une libération d'énergie bloquée, elles étaient capables de libérer leur propre énergie bloquée concernant quelqu'un d'autre. Cette étude renforce non seulement l'idée que le pardon ne peut pas être voulu, mais elle montre aussi que le pardon se produit en tant que processus de transformation interne résultant à la fois du fait que l'on lâche prise sur son attachement au ressentiment et que l'on accepte d'être pardonné.

Pour le dire autrement, vous ne pouvez pas contrôler le processus du pardon mais vous devez en nourrir le désir en changeant votre perception des situations au vu de tout ce qui a été dit précédemment et vous rendre compte que vous n'êtes la victime de personne. Au final, vous vous rendrez peut-être même compte qu'une partie de votre destinée se cachait dans une situation dont vous avez réussi à triompher. *« La clé qui nous permet de comprendre son pouvoir en tant qu'être humain se trouve dans l'archétype du guérisseur blessé, qui nous enseigne que notre pouvoir réside dans nos blessures, au sens où c'est la blessure en moi qui évoque la guérison en vous et la blessure en vous qui évoque la guérison en moi. Nous sommes tous des guérisseurs blessés, mais nous ne le savons pas. Lorsque nous gardons nos blessures cachées et totalement privées, nous nous séparons de toute guérison et la nions non seulement envers nous-mêmes, mais également envers d'innombrables autres personnes.* » Colin TIPPING

Je vous recommande vivement son livre, *le pouvoir du pardon radical* et j'espère qu'au terme de cette lecture votre cœur sera désormais plus léger et que certaines de vos questions auront trouvé des réponses si vous étiez confrontés à la problématique du pardon.

Conclusion

Si tu es arrivé(e) jusqu'ici, je tiens à t'en féliciter. Pour l'avoir déjà vécu, je sais que ce n'est pas toujours évident de terminer un ouvrage qu'on commence même si c'est avec beaucoup d'enthousiasme. Je suis conscient de la quantité d'informations qu'il te faudra digérer c'est la raison pour laquelle je t'invite à faire deux choses : la première, c'est de relire ce livre autant de fois que nécessaire afin de te faire une idée plus claire des changements qu'il te faudra opérer dans ta manière de penser. La deuxième chose, c'est de passer à l'action. Toute information aussi précieuse qu'elle soit n'a aucune valeur à moins d'être utilisée dans des actions concrètes. Ne te repose pas sur tes lauriers. J'ai moi-même commis cette erreur à différentes périodes de ma vie et j'ai dû faire face aux conséquences. Je veux donc t'encourager à persévérer et si tu es croyant, à prier afin que le Saint esprit t'indique la marche à suivre. Je crois fermement au pouvoir de la foi, de la relation avec Dieu et je suis convaincu qu'il peut guider tous ceux qui se tournent vers lui avec un cœur sincère.

Bibliographie

BAUDRILLARD, Jean, *Simulacres et simulation*, Editions GALILEE, 2 avril 1985

BERNAYS, Edward, *Propaganda : comment manipuler l'opinion en démocratie*, paru aux éditions H. Liveright, New York, en 1928 et réédité chez Ig publishing en 2004

DJAMEN, William, *Comment libérer les talents de ses enfants*, 8 mai 2020

FERRAND, Claudius, *Fables et légendes du Japon*, Textes et illustrations d'après l'édition publiée à Tokyo, Quarante-deux gravures de Ferdinand RAFFIN, Paris : Librairie d'éducation nationale, 1903.

GREENE, Robert, *Atteindre l'excellence*, novembre 2012

GREENE, Robert, *Les lois de la nature humaine*, octobre 2018

HUGEDE, Norbert, *Quand se brisent les chaines*, éditions S.D.T, 1967

MAXWELL, John C., *Les 15 lois inestimables de la croissance*, septembre 2014

MUNROE, Myles, *Power of character in leadership*, Whitaker House, 2014

TIPPING, Colin C., *Le pouvoir du pardon radical : 5 étapes pour vous libérer du passé et accueillir la joie de vivre,* Guy Trédaniel. Édition du Kindle.

VOLTAIRE, *Zadig*, Les Editions de Londres. Édition du Kindle.

www.ingramcontent.com/pod-product-compliance
Lightning Source LLC
LaVergne TN
LVHW012044160826
845678LV00014B/2696

* 9 7 8 2 9 5 9 6 7 7 3 0 4 *